www.tredition.de

AF204088

Klaus Rose

POLACKEN

EINE RADTOUR IN MEINE INNERDEUTSCHE
FLUCHTVERGANGENHEIT

ISBN
Paperback   978-3-7482-4161-4
Hardcover   978-3-7482-4162-1
e-Book   978-3-7482-4163-8

Verlag und Druck: tredition GmbH
Halenreie 40-44, 22359 Hamburg

©2018 Klaus Rose
Umschlag, Illustration: Klaus Rose
Verlag: tredition GmbH, Hamburg

KLAUS ROSE

POLACKEN

REPUBLIKFLUCHT ALS AUSWEG

Die tragenden Figuren der Handlung sind meiner Fami-
liengeschichte entnommen. Auch andere Personen sind
kein Produkt des Zufalls, ebenso wenig Übereinstim-
mungen mit vorhandenen Einrichtungen.

Das Buch:

Was hatte den Vater im Jahr 1954 zur Flucht aus der DDR veranlasst, und das ohne seine Familie? Gab es Probleme mit den Machthabern? Waren es Schwierigkeiten privater Natur? Hatten ihn gar wirtschaftliche Erwägungen dazu bewegt?

Erst Monate später war ihm seine Frau mit mir achtjährigen Knirps und der elfjährigen Schwester in eine ungewisse Zukunft gefolgt. Wie war es der Mutter, und vor allem mir Rotznase, bei dem innerdeutschen Fluchtspektakel ergangen? Es war ein Himmelfahrtskommando. Wie ging es mit uns im goldenen Westen weiter? Uns Flüchtlingen wurde nichts geschenkt, also war es kein Zuckerschlecken im Westparadies. Und da, wo wir per Zufall gestrandet waren, beschimpften uns die Einheimischen als „Polacken".

Auch heute, die Eltern sind inzwischen gestorben und ich bin Rentner, ist das Thema Flüchtlinge hochaktuell. Wie in den Fünfziger Jahren schwappt eine Welle an Hass über das Land. Der Zorn entlädt sich besonders gegenüber Flüchtlingen mit dunkler Hautfarbe und erzeugt unbegreifliche Hysterie.

Um die Hasstiraden auch nur im Ansatz zu begreifen, beschäftigt mich der Fluchtgrund der Eltern. Waren sie der Magie des Reichtums erlegen, oder war es die Gier nach Wohlstand? Traf das zu, dann waren sie Wirtschaftsflüchtlinge, wie die AfD sie schimpft.

Werde ich nach den Grundwerten der Eltern befragt, dann ist mir eine positive Antwort sehr wichtig. Also arbeite ich die Hintergründe mit einem *Roadmovie* auf. Das spielt sich allerdings nicht auf der Straße, sondern auf Radwegen ab. Demnach begebe ich mich mit dem Fahrrad an die Stationen meiner Fluchtvergangenheit.

Entlang der Nordsee und dem Nordostseekanal erreiche mit dem Flüchtlingslager *Blankensee* bei *Lübeck* eine wichtige Fluchtstation. Von dort radle ich nach *Berlin*, wo ich das Notaufnahmelager *Marienfelde* aufsuche, dabei erscheint die Flucht mit der U-Bahn in den Westsektor in meiner Wahrnehmung, als wäre ich abermals das Flüchtlingskind.

Weiter führt mich die Radtour in meinen Geburtsort in der Nähe *Bernburgs*. Nach fünfzig Jahren kehre ich an meine Wurzeln zurück, prompt sehe ich in Rückblicken den Vater vor mir, der die Ideologie des Arbeiter- und Bauernstaates strikt abgelehnt hatte. Somit stand er auf der Abschussliste. Hatte man ihn auf eine bevorstehende Verhaftung hingewiesen, woraufhin er die DDR Hals über Kopf verlassen hatte?

Als Ausklang radele ich auf dem Saale-Radweg nach *Erfurt*. Dort besuche ich eine Ex-Arbeitskollegin.

Grob zusammengefasst ist meine Geschichte eine Liebeserklärung an das Etappenradfahren. Sie ist die Aufforderung, sich trotz des Renteneintritts nicht hängen zu lassen. Man fühlt sich nicht dem „alten Eisen" zugehörig, sobald man aktiv bleibt für positive Unternehmungen, egal welcher Art.

Der Autor:

Klaus Rose, Jahrgang 1946, kommt 1955 als Flüchtling nach Aachen. Nach dem Studium lebt er in München. Er kehrt nach Aachen zurück, wird zweifacher Vater und engagiert sich in der Kommunalpolitik. Nach dem frühzeitigem Renteneintritt verbringt er die Freizeit mit dem Schreiben seiner Romane.

Wenn wir bedenken, dass wir alle verrückt sind, dann ist das Leben erklärt.

Mark Twain

Für meine Schwester, die nach einem Schlaganfall im
Pflegeheim lebt.

1

„Du Glückspilz hast den Erfolg gepachtet. Pausenlos bewegst du dich auf der Überholspur. Und alles, was du anpackst, das geht dir locker von der Hand."

Mir hängt das dämliche Geschwätz zum Hals raus, denn aus dem spricht der Neid. Noch dazu läuft es auf die folgenden Fragen hinaus: „Wie machst du das nur? Findest du das normal?"

„Erfolgreich ist meist der Tüchtige", antworte ich den Neidhammeln. „Dafür braucht es eine Portion Selbstbewusstsein und die passende Partnerin."

Und das mit meiner Partnerin stimmt, denn sie ist intelligent, sportlich und hübsch, demnach eine Augenweide. Mit fünfundfünfzig Jahren weiß sie, worauf es ankommt. Besonders zu loben ist ihr gefühlsbetonter Umgang mit Unstimmigkeiten.

Allerdings hängt momentan der Haussegen bei uns schief, denn meine Lebensgefährtin ist zurecht stinksauer, woran ich allein die Schuld trage. Unser Streitobjekt ist der von mir geplante Alleingang, mit dem ich beabsichtige, eine mehrwöchige Radtour in meine persönliche *Vergangenheit* zu unternehmen, und die sorgt verständlicherweise für Knatsch.

Doch da ich Gezänk jeder Art hasse, gehört es aus der Welt geschafft. Ich überlege in alle Richtungen: Meine Radtour will ich nicht aufgeben. Die steht nicht zur Debatte. Aber womit rette ich die Stimmung? Wie stelle ich den zufriedenstellenden Normalzustand zwischen uns wieder her?

Nichts ist einfacher. Die Situation erfordert kein langes Überlegen. Gegen unnötige Reibereien gibt es ein bewehrtes Allheilmittel, mit dem ich dicke Pluspunkte sammeln kann, und das ist eine wunderbare Radtour. Für die müssten wir die Fahrräder in unseren Citroen Berlingo laden und mit dem nach Holland fahren, dort könnten wir ein paar Stunden gemütlich an der Maas entlang radeln.

O ja, die Maastour ist das Nonplusultra. Bei der Idee als Problemlösung strahle ich innere Zuversicht aus. Der Vorschlag wird die düstere Miene meiner Partnerin aufhellen. Er wird mich aus dem Gröbsten befreien und die Rettung bedeuten.

Und so ist es, denn kaum habe ich den Vorschlag unterbreitet, da ernte ich breite Zustimmung. Meine Partnerin als Fahrradjunkie nickt wohlwollend, wobei ihre Augen ein zufriedener Glanz überzieht.

Mir ist mit der Spritztour durch die überwältigend schöne Flusslandschaft an der Maas das perfekte Abschiedsgeschenk eingefallen, denn das Radelvergnügen ist die letzte gemeinsame Aktivität vor der vielversprechenden *Vergangenheitsradtour*. Und das an einem wunderbaren Frühlingstag. An solchen Tagen werden Helden gezeugt, was für mich natürlich nicht mehr in Frage kommt, denn als Rentner bin ich zu alt für derlei Späßchen.

Wir verstauen die Räder in den Innenraum des Berlingo, danach fahren wir von *Aachen* über die deutsche und später über die niederländische Autobahn zum Ausflugsort Roermond am Maasufer. Das Städtchen dient als Ausgangspunkt für unser Radelvergnügen, das an einem seiner Parkplätze beginnen soll.

Nachdem wir die Räder ausgeladen und die Stadt auf dem Sattel verlassen haben, verfliegt der Trübsinn. Wir streiten nicht mehr über meine Eigenmächtigkeit, sondern treten wohlgemut in die Pedale, denn es fährt sich phantastisch auf den perfekt ausgeschilderten und asphaltierten Radwegen an der Maas. Es weht nur ein Windhauch, und der Himmel ist wolkenlos. Die Wassermassen der Maas wälzen sich im Flussbett dahin, als hätten sie die letzte Nacht durchgezecht.

Wir radeln durch hübsche Dörfer, dann führt uns der Fahrradweg durch Anbaugebiete, also bepflanzte Felder und saftige Obstwiesen, alsdann über eine der vielen Schleusen, und überall säumen freundliche Ausflugslokale die Streckenführung.

In einem Nebenarm der Maas schwimmen wir eine Weile im kalten Wasser, dann trocknen wir uns ab und legen uns auf die Handtücher, dabei weht uns das laue Lüftchen um die Nasen. Wir genießen die wärmenden Sonnenstrahlen, die sanft über unsere Haut streicheln. Am späten Nachmittag essen wir leckere Apfelpfannekuchen mit Zucker und Zimt vor einem Restaurant an der Promenade des Örtchens Maaseik. Der Trip an die Maas ist ein Festschmaus für den Magen und der Genuss für die Sinne geworden, wobei mich die Visionen der bevorstehenden Tour in meine Vergangenheit beschäftigen.

Doch das nicht lange, denn meine Partnerin reißt mich aus den Träumen. Sie knufft mich sanft, womit sie meine Zukunftsschwärmerei beendet und ich mich wieder unserem Ausflug zuwende.

Die weiteren Stunden auf dem Fahrrad gelingen reibungslos, nichtsdestotrotz rückt der Zeitpunkt unaufhaltsam näher, der den Ausklang bedeutet.

Es ist schon dunkel, als wir wohlbehalten heimgekehrt sind. Da ist die gewünschte Harmonie zwischen meiner Partnerin und mir wieder hergestellt, schließlich kennen wir uns fünfundzwanzig Jahre. Uns kann keine Macht der Welt auseinanderdividieren, so beglückwünschen wir uns zu dem gelungenen Tag.

Doch das sich anschließende früh zu Bett gehen ist eine Schnapsidee. Dagegen spricht, dass ich viel zu aufgekratzt bin, und natürlich mein Einschlafdilemma vor besonderen Ereignissen. Ich kenne viele Menschen, denen es ähnlich geht.

Um die Schwäche auszutricksen, schnappe ich mir das Buch über misslungene Fluchtversuche aus der DDR. Die Hartcoverversion ist eine Trauerausgabe zu Ehren der Ermordeten an der *Berliner* Mauer. Der Grenzwall hat mindestens dreißig Menschen durch Schussverletzungen das Leben gekostet.

Im Buch schildern Augenzeugen die abscheulichsten Verbrechen, die durch den Schießbefehl begangen wurden, und alle haben eins gemeinsam: Sie endeten tragisch, also mit dem Tod.

Es ist düster im Schlafraum, als ich in dem Bildband blättere. Das liegt an der schwachen Funzel auf dem Nachtischschrank meiner Partnerin. Die liest einen Krimi ihrer skandinavischen Lieblingsautorin. Ich knipse meine Nachttischlampe an und schiebe mir das Kopfkissen zurecht, dann beginne ich zu lesen.

Doch den Leseversuch breche ich ab, weil mich die Eindrücke aus meiner Kindheit mit der Flucht aus der Deutschen-Demokratischen-Republik überfallen, in der Kurzform DDR oder auch Ostzone genannt. Es war das Jahr 1954, als sich mein persönliches Fluchtspektakel abgespielt hatte.

Für mich war das ein verflixtes Jahr, denn jäh wurde mein noch junges Leben in eine Abenteuerspielwiese umgewandelt. Die aus dem Erlebnis der Flucht resultierenden Gefahren für meine Entwicklung, die waren für mich als Kind nur sehr schwer zu verarbeiten, außerdem mit unvorhersehbaren Folgen verbunden. Eine unbeschwerte und von Zufriedenheit geprägte Kindheit zu erleben, das hatte mir die Flucht verbaut.

Die *Berliner* Mauer als Relikt der Unterdrückung, die hatte im Jahr 1954 noch nicht existiert. Und vor deren Bau war die Grenze so löchrig wie ein Schweizer Käse, weil die mit den Ostmachthabern verbündeten Sowjets die Lage nicht in den Griff bekommen hatten. Die DDR U-Bahn *Berlins* hatte damals in den Bahnhöfen im Westsektor gehalten, doch dessen Bahnsteige boten den Fluchtwilligen das Schlupfloch, durch das sie der DDR entfliehen konnten. Die Folge war die in Scharen genutzte Republikflucht der Unzufriedenen.

Doch diese Schwachstelle in der Grenzsicherung war den DDR-Befehlshabern ein Dorn im Auge. Das Abhauen in den Westen war für sie unerträglich geworden. Es gehörte abgeschafft. Und was tat man gegen die massenhafte Abwanderung?

Was nur Visionäre erahnen konnten, das wurde zur Realität. Das Verbrecherpack stellte das U-Bahnnetz um, sodass die U-Bahn des Ostens nicht mehr durch den Westsektor fuhr, und zusätzlich installierte man die skandalöse *Berliner* Mauer. Praktisch drehte man den Fluchtmöglichkeiten den Hahn zu und riegelte die DDR vom Westen ab, so ähnlich, wie man an einer Schraube dreht.

Von dem Zeitraum an war die Grenze dicht. Doch damit nicht genug, hatten die Machthaber den Schießbefehl auf Flüchtende unterschrieben und damit die Aufforderung zum vorsätzlichen Mord in kraftgesetzt.

Es waren schockierende Schweinereien, aber der verschärfte Maßnahmenkatalog war erfolgreich. Für eine Anzahl an Fluchtwilligen, die sich trotz der neuen Lage von der DDR abwenden wollten, wurden die Maßnahmen verhängnisvoll, denn sie forderten die erwähnten Toten.

Und was geschah im Westen?

In der Bundesrepublik und bei den Westmächten war ein blasser Aufschrei zu vernehmen. Mehr passierte damals nicht, obwohl die Schreckensbilder von Angeschossenen und deren Verbluten einer breiten Öffentlichkeit durch Zeitungen und Medien zugänglich gemacht wurden. Eine militärische Auseinandersetzung wurde von den Alliierten kategorisch ausgeschlossen. Für die an der Mauer Ermordeten beginnt man keinen Krieg. Der war höchstens von der neuerlich aufstrebenden Rüstungsindustrie gewollt.

Ich lege das Buch beiseite, dann lösche ich das Licht. In der Dunkelheit will ich mich zurückerinnern an die Flucht mit der Mutter und der Schwester, dabei stört mich ein gespenstisch anmutendes Lichtstrahlengeflecht an der Zimmerdecke.

Großer Gott, denke ich, das Gebilde sieht schauerlich aus. Durch welche Auswirkungen entsteht diese undefinierbare Abbildung?

Die Ursache der Lichtsequenz ist ein Sprossenfenster im gegenüberliegenden Altbau, rekonstruiere ich, aber wer wohnt hinter dem Fenster? Hat man in der dazugehörigen Wohnung Syrer oder Schwarzafrikaner einquartiert?

Schon bemächtigen sich Gräuelbilder von flüchtenden Familien auf der gefährlichen Balkanroute meines inneren Auges.

Danach schwirrt mir ein Wirrwarr an Fragen zu meiner Republikflucht im Jahr 1954, also vor dem Mauerbau, wie ein Wespengeschwader durch meinen überfrachteten Kopf

Die erste Frage lautet: Wie ging es mir Knirps während der Flucht mit der Mutter in den goldenen Westen? So wurde die Bundesrepublik in den fünfziger Jahren genannt. Und eine weitere Frage drängt sich auf: Weshalb war unsere Mutter dem Vater gefolgt und hatte die Heimat mit ungewisser Zukunft verlassen?

Eigentlich war es unverantwortlich von ihr gewesen, das Himmelfahrtskommando Flucht ins gelobte Land mit zwei Kindern zu wagen. Die ihr Nahestehenden hatten sie eindringlich von dem Vorhaben abgeraten, sie zumindest gewarnt.

„Mach das nicht", hatten sie meine Mutter bekniet. „Die Kinder verstehen dein Vorhaben nicht und werden sich verplappern."

Hinterher kann ich die Reaktion der Mahner nachvollziehen, denn für mich Kind war die Flucht aus der vertrauten Umgebung eine Zumutung. Ich war seinerzeit acht Jahre jung und meine Schwester mit ihren elf Jahren nur drei Jahre älter.

Der Vater, er war ein überzeugter Pazifist, hatte den Krieg ohne körperliche Blessuren überstanden. Clever hatte er sich mit Attesten eines befreundeten Arztes dem Kriegsdienst in Hitlers Armee entzogen, ja, er hatte sogar den Marschbefehl zum Volkssturm verbrannt, dann war er untergetaucht.

Seine Antikriegshaltung erwähne ich mit Stolz, denn diese Ansichten sind mir in Fleisch und Blut übergegangen. Kritisch dagegen sehe ich die Nacht- und Nebelaktion, mit der er die DDR verlassen hatte.

Tja, was war das damals? War's eine Verzweiflungstat? War's eine Wutreaktion? Dann stellt sich die Frage: Auf wen? Auf die DDR-Regierungsriege oder auf etwas völlig anderes?

In unserem Land gibt es fremdenfeindliches Gesindel, das wirft mit Begriffen wie Wirtschaftsflüchtling und Asylschmarotzer nur so um sich. Jeder fremd Aussehende ist für sie ein unerwünschtes Subjekt. Sie erkennen weder Notsituationen wie den Hunger oder schwere Misshandlungen an, was lächerlich ist.

Für die Unangreifbarkeit des Vaters spricht, dass er seine Frau und uns Kinder zurückgelassen hatte. Der Zeitpunkt seines Aufbruchs hatte keinen Aufschub erlaubt, und der Zeitrahmen für die Vorbereitungen einer gemeinsamen Flucht hatte nicht ausgereicht. Somit passt er nicht in das Bild, das sich die Flüchtlingsgegner von einem Schmarotzer machen. Mit seiner regimekritischen Persönlichkeit gehörte er eher auf die politische Schiene. Auch das spricht gegen den Verdacht, er sei ein Wirtschaftsflüchtling gewesen.

Wir ahnungslose Kinder hatten von seinem Verschwinden nichts mitbekommen, deshalb wollten wir nicht begreifen, was mit dem Vater geschehen war. „Warum kommt der Vati nicht heim?"

Diese bedeutsame Frage hatte ich ohne Unterlass an die Mutter gerichtet, doch die hatte sich schroff von mir abgewendet.

Nach ein paar Wochen hatte die Mutter eine Nachricht des Vaters erreicht, mit der er seinen Lageraufenthalt im Westen mitgeteilt hatte. Den Ortsnamen hatte er aus Angst vor der Möglichkeit, dass der Brief abgefangen werden könnte, als versteckten Code erwähnt.

Und die Mutter war geschickt, denn ihr war es tatsächlich gelungen, mit der Ortsangabe *Blankensee* die Unterkunft des Vaters zu entschlüsseln, woraufhin sie sich unentwegt den Kopf gemartert hatte. Will ich über die Grenze zu meinem Mann? Der Gedanke wird ihr durch den Kopf gegangen sein, und auch der: Wage ich die Flucht, dann aber wie?

Sie hatte lange hin und her überlegt und die Risiken abgewogen. Sollte sie den Wahnsinn der Flucht durch den Todesstreifen im Harz oder das Spektakel mit der *Berliner* U-Bahn eingehen?

Für die Mutter gab es nur den Weg über *Berlin.* Die Fluchtroute mit der U-Bahn sollte es sein. So war sie ein halbes Jahr nach dem Vater mit uns Kindern nach *Potsdam* aufgebrochen, trotz der Überwachung unseres Hauses. Sie hatte ihr Hab und Gut zurückgelassen und eine lange Haftstrafe in Kauf genommen, denn Republikflucht war das verabscheuungswürdigste Vergehen im Arbeiter- und Bauernstaat, und die Strafen dafür waren happig.

Jetzt beschäftigt mich natürlich: Was hatte ich als Sprössling nach dem Verschwinden des Vaters empfunden? Wie bin ich damit umgegangen, so plötzlich ohne Vater dazustehen?

Seine unverständliche Abwesenheit war überaus schwierig für uns Kinder, denn er war ein guter Vater. Erschwerend für mich kam hinzu, dass mich mancher Schulfreund links liegen gelassen hatte. Aus Furcht vor Repressalien hatten deren Eltern diese Freundschaften unterbunden. Das mit den Freunden weiß ich noch gut, da sie im Heranwachsendenalter wichtig waren. Aber weit mehr interessiert mich der Umstand: Welche Eindrücke von der Flucht sind nach fünfzig Jahren in meinen Gehirnwindungen hängen geblieben?

Fest steht: Ich hatte als Knirps ein Tal des Jammers durchschritten, trotz allem habe ich nur Teilsequenzen der Flucht in meinem Hinterkopf abgespeichert, was bei einem Kind in dem Alter normal war. Aber an ein Beispiel erinnere ich mich gut.

In dem hatte ich mit weit aufgerissenen Kinderaugen zugesehen, wie zwei Volkspolizisten einen Flüchtling in der U-Bahn abgeführt hatten und die Mutter und wir Kinder sollten nach dem armen Mann abgeholt werden. Ich sehe uns von schrecklicher Angststarre befallen auf den Bänken der U-Bahn sitzen. Das Fluchtdetail war eine von vielen Apokalypsen, doch dazu später mehr.

Inzwischen sind die Eltern tot. Zuerst starb der Vater im Alter von dreiundfünfzig Jahren, kurz danach die Mutter. Die ruhen sie in einem gemeinsamen Grab.

Von der Elternseite werde ich nichts über die Hintergründe der Flucht erfahren. Doch ich werde mein Schicksal durchleuchten, denn eine Vergangenheit aus ungelegten Eiern ist schlimm. Soweit es meine Kindheit und mein Aufwachsen betrifft, gehört dem der Schleier entzogen.

Aber muss die Prozedur mit all dem Herumwühlen im Fluchtelend wirklich sein? Reicht das momentan stattfindende Ertrinken auf den Fluchtrouten über das Mittelmeer nicht aus?

Natürlich ist es schrecklich, dass so viele Menschen im Mittelmeer ertrinken. An diese Bilder werde ich mich nie gewöhnen, und dagegen setzte ich mich auch po-litisch ein, doch was heute geschieht, das hat mit der innerdeutschen Fluchtproblematik nur den Tod gemeinsam. In der jetzigen Zeit sind die Begleitumstände für die Massenflucht aus dem Arbeiter- und Bauernstaat nahezu unbekannt, doch die zerre ich ans Tageslicht. Es war der Terror, der die Panik unter den Systemgegnern verbreitet hatte. Die Fluchttragödien waren ein Zeichen der Angst vor Repressalien.

Mir ist klar, dass mein Wunsch nach Aufarbeitung der damaligen Fluchtumstände niemand versteht. Selbst enge Freunde stufen die Flucht als belanglos ein.

„Andere Familien haben ähnliche Tragödien im Gepäck." Das sagen sie ohne eine Regung zu zeigen, dabei schütteln sie mit dem Kopf.

Auch meiner Partnerin geht es ähnlich. Die schließt sich der Allgemeinmeinung nahtlos an. Ihr geht meine Aufklärungstour mächtig gegen den Strich, denn sie versteht meine Sturheit am allerwenigsten. Könnte es sich bei meiner mit dem Kopf durch die Wand Vorgehensweise um eine Art Altersstarrsinn handeln?

Das ist möglich, denn seit meinem Renteneintritt bin ich vom Aufklärungswahn besessen. Mit akribischer Spurensuche will ich herausbekommen, weshalb mir die Eltern den Schlamassel mit der Flucht als Kind zugemutet hatten, schließlich hatten sie meinen Werdegang damit beeinflusst.

Da wären die schulischen Ausfallzeiten durch lange Lageraufenthalte und der verpasste Weiterbildungserfolg. Der aufgezwungene Unterrichtsausfall hatte mir den Besuch des Gymnasiums vermasselt. Dieses Defizit schleppt man ein ganzes Leben mit sich herum, denn aus mir hätte was Großes werden können.

Aber leider ist es anders gekommen. Aus mir ist kein Arzt oder Wissenschaftler geworden. Das habe ich akzeptieren müssen, trotz allem bleiben die Ausbildungsversäumnisse für mich eine unerschütterliche Herzensangelegenheit.

Okay, meine Motivation habe ich verdeutlicht. Meine Überlegungen, die Wiederbelebung der Flucht betreffend, habe ich abgeschlossen. Es gibt nur den Weg, meinem Gedächtnis mit einem *Road-Movie* auf die Sprünge zu helfen. Das spielt sich allerdings nicht auf der Straße, sondern auf Radwegen ab. Die Erlebnisse meiner Kindheit will ich aus mir herauskitzeln. Ich hatte eine Vielzahl tragischer Situationen auszuhalten, wovon wesentliche Szenarien in Vergessenheit geraten sind. Nicht umsonst tappe ich bei einer Menge an Ungereimtheiten im Dunklen.

Demnach stellen sich mir folgende Fragen: Was war ich für ein Kind? War ich ängstlich oder ein mutiges Kerlchen? Dass die Republikflucht meinen Lebenslauf durchwachsen gestaltet hat, das ist mir durch die Ausbildungsproblematik bitter aufgestoßen.

Aber auch andere spannende Spekulationen bewegen meine Gehirnströme. Besonders die Hypothese: Was wäre aus mir in der DDR geworden, hätte die Mutter die Flucht nicht gewagt? Wie wäre ich unter der DDR-Knute aufgewachsen, und wie wäre ich mit der umgegangen?

Der Fragenkomplex beschäftigt mich. Wahrscheinlich hätte ich mich der Protestbewegung angeschlossen und wäre damit im Gefängnis gelandet. Oder wäre ich ein linientreuer Parteigänger geworden? Eventuell gar ein Stasispitzel?

Das mit dem Parteigänger oder Stasispitzel ist wenig wahrscheinlich. Nehme ich meine politische Einstellung als Grüner, dann wäre ich am DDR-Regime gescheitert, oder hätte mich mit dem schwer getan. Da hätten auch Gehirnwäschen nicht gefruchtet. Für die Methode war ich ungeeignet. Und was habe ich sonst noch an wissenswerten über den gescheiterten Arbeiter- und Bauerstaat auf dem Radar?

Dass das sozialistische System Marke DDR nur mit mäßigem Erfolg existiert hatte, das ist inzwischen jedem klar. Durch Misswirtschaft war es zum Scheitern verurteilt. Die DDR stand vor dem Ruin. Weil man den Menschen durch Perspektivlosigkeit und Gleichmacherei ihre Kreativität beraubt hatte, war sie Lichtjahre von einem funktionierenden Staat entfernt.

Denke ich an die rigorosen DDR-Machthaber, dann steigt bei mir der Dampf im Kessel, ja, es schwillt mir vor Wut der Kamm. Die Schweinereien der sogenannten Ost-Eliten gehen in die Geschichte der Menschheit ein. Skrupellos war es ihnen gelungen, der kriegsmüden Bevölkerung mit dem imperialistischen Westen ein Feindbild vor die Nase zu setzen. Die Folge war der kalte Krieg zwischen Ost und West.

Doch für ihre Ideologie brauchten sie willige Untertanen, die es komischerweise gab. Und die hatten sie mit viel Einfallsreichtum bei der Stange gehalten. Jedes schmutzige Mittel war ihnen recht. Sogar Begriffe aus der Französischen Revolution hatten sie für ihre Strategie missbraucht. Die DDR'ler hatten nicht ansatzweise an der Freiheit geschnuppert.

Unter Mithilfe der Sowjetunion, war einem Wilhelm Pieck, einem Otto Grotewohl, und selbstredend diesem Walter Ulbricht mit der Fistelstimme, die Vereinnahmung der Bürger tadellos gelungen. Was die Borkenkäfer für den Wald, das waren jene Herren für einen gerechten Sozialismus.

Zusammen mit den Russen hatte das Politbüro seine Verführungskünste perfektioniert. Skrupellos hatte es den von den Kriegsgräueln gezeichneten Menschen eine heile Welt nach dem Vorbild der Sowjetunion vorgegaukelt. Man hatte die DDR-Bewohner eingelullt und ihrer strengen Kontrolle unterzogen. Das Politbüro hatte leere Phrasen gedroschen und die in den Mittelpunkt ihrer Kampagnen gestellt. Als Absicherung gab es ja die

Russen. Mit deren militärischer Unterstützung saßen die Verantwortlichen fest im Sattel.

Linientreue Genossen sahen in der DDR ein gerechtes Land. Daher war es kein Wunder, dass sich die bescheuerten Thesen der Apparatschiks überzeugend verbreiten konnten. Sie schufen ein Erscheinungsbild, weit weg von der Realität, worauf ihre verblendeten Anhänger allzu gern hereingefallen waren.

Nach Umfragen in den neuen Bundesländern, ist es im Osten heute noch gängige Praxis, den DDR-Staat als Vorbild für soziale Errungenschaften hinzustellen. Doch dabei wird gern übersehen, dass die Elite den Staat sprichwörtlich heruntergewirtschaftet hatte. Der Arbeiter- und Bauernstaat war schlichtweg pleite, an der Wahrheit führt kein Weg vorbei. Die wirtschaftlichen Fehlerquellen waren alles andere als Kollateralschäden, denn sie hatten die Wiedervereinigung dramatisch beschleunigt.

Was ich jetzt schreibe, das mag dumm klingen, aber ich tue es trotzdem, denn es war nicht alles schlecht in dieser Scheindemokratie. Eine großflächige Kinderbetreuung, dazu eine geringe Arbeitslosigkeit, das waren gelungene Modelle des Sozialismus. Und in vielen Sportdisziplinen hatten die Funktionäre ihr Land zu einer beachtlichen Großmacht geformt, was allerdings durch das Staatsdoping begünstigt wurde.

Mit meinen Ansichten bin ich beileibe kein Leisetreter, der eine vorgefertigte Meinung vertritt. So gab es auch gute Seiten am Arbeiter und Bauernstaat, doch bedeutend mehr hundsmiserable. Das Pendel war zur schlechten Seite ausgeschlagen.

O je, da bricht die angestaute Wut gewaltig aus mir raus, denn was ich jetzt schreibe, das klingt nach einer offenen Rechnung, und die reibe ich den DDR-

Machthabern gern unter die Nase. Für mich haben sie keine bessere Behandlung verdient. Meine Kritik an den menschenverachtenden Unterdrückungsmethoden im DDR-Staat ist beabsichtigt und mein Rachegefühl ist mächtiger, als es das Hammer- und Sichel-Emblem für die linientreuen DDR-Bürger war. Aber im Gegensatz zu dem Emblem, das man aus der DDR-Fahne ausradieren konnte, ist meine Rache im Kopf präsent geblieben. Daher habe ich im Namen der geschundenen Insassen in den Gefängnissen so manches Hühnchen mit den Staatsratsvorsitzen zu rupfen.

Für jeden, der die DDR hasst, ist es leicht, ausreichend Haare in der Suppe eines Systems aus Bürokratie und Brutalität zu finden. Beides hatte ein Leben in der DDR unerträglich gemacht. Es gab unzählige kritisch Denkende, die ohne Gerichtsverfahren spurlos in irgendeinem Knast verschwunden waren.

Und dann die Revolution am 17. Juni 1953. Den Aufstand des Volkes für Freiheit und Menschenrechte wurde von den Machthabern mit den Panzern der Sowjetunion plattgewalzt. Sie hatten ihn im Keim erstickt, was zu überfüllten Gefängniszellen führte.

Nichtsdestotrotz war es der Witzfigur Honecker gelungen, der DDR zur völkerrechtlichen Anerkennung zu verhelfen, und das war ein schlechter Witz.

Erich Honeckers oft missbrauchte Redeanwendung, „im Namen des Volkes", und die damit verbundenen Aktivitäten, stelle ich auf eine Stufe mit skandalösen Folterungen, die in der DDR praktiziert wurden. Auch diese Vorgehensweise gehörte zur Philosophie des Unrechtsstaates.

Zu dem Thema fuhrwerken mir zwei Fragen durch die dafür zuständige Gehirnpartie: Hatten meine Eltern das Unterdrückungssystem früh durchschaut? Waren ihnen die verabscheuungswürdigen Machenschaften der SED-Riege bekannt?

Trotz mancher Widersprüche ist es eine Tatsache, dass sich viele DDR-Bürger schon bald nach der Staatsgründung vom Hof gemacht hatten. Das lag zum Teil an den wilden Versprechungen des Kapitalismus mit dem vorexerzierten Wirtschaftswunder in der Bundesrepublik. Der Warenüberfluss in den West-Schaufenstern, und der dadurch entstandene Neid bei den staunenden Ostlern, das machte es schwer, den Verlockungen zu widerstehen.

Und prompt taucht er wieder auf, der Bereicherungsaspekt. War der Vater dem zu erwartenden Wohlstand doch erlegen und wirtschaftliche Verbesserungen waren der Fluchtgrund für die Eltern?

Ich kann und will es mir nicht vorstellen, denn steinreich werden war für die Eltern bedeutungslos. Das passte nicht zu ihrer Lebensphilosophie. Sie waren keine Schmarotzer. Für sie lege ich die Hände ins Feuer. Diese Theorie gehört auf den Müll.

Wäre es anders, dann hätte ich dafür Belege in ihrer späteren Lebensform gefunden. Anderseits sind materielle Wünsche zur Verbesserung des Lebensstandards verständlich. Ist der Schmarotzerverdacht daher wirklich so suspekt?

Hatte es die Bereicherungserwägungen bei der Flucht gegeben, dann waren die ihr unausgesprochenes Geheimnis geblieben. Erläuterungen dazu hatten die Eltern für sich behalten. Kein Sterbenswörtchen war über ihre Lippen gekommen. Sie hatten uns Kinder mit Andeutungen abgespeist. Ihr gemeinsamer Tenor hieß: Vieles habe in der DDR nicht gestimmt.

Schluss, Punkt, aus, und damit hatte es sich. In der Fluchtbeurteilung waren sie sich einig. Aber diese Erklärung reicht mir nicht. Deshalb werde ich mich nicht hinsetzen und mir zufrieden die Hände reiben. Das ist mir zu mager.

Doch nun zu was anderem.

Was weiß die jetzige Generation über die damaligen Fluchtursachen? Interessieren sich junge Leute für die Gründe? Herrscht gar Unverständnis über die Fluchtwelle von Ost nach West?

Zur Wiedervereinigung kam es vor bald dreißig Jahren, dennoch bleibt die vorherige Fluchtbewegung ein heikles Thema, so kehre ich ein letztes Mal zum springenden Punkt zurück.

Und der ist, dass die DDR-Machthaber zwar ihre soziale Ausrichtung beteuert hatten, und dessen Errungenschaften hatten sich auch großartig angehört, aber mit sinnlosen Worthülsen und Angriffen auf den Kapitalismus des Westens hatte man die sich mehrenden Fehler im eigenen bankrotten Wirtschaftssystem übertüncht. Bei ihren Lobhudeleien über den DDR-Sozialismus hatte es sich um Augenwischerei gehandelt.

Mit pausenlos aufgewärmten Parolen, wie: „Einheit, Gleichheit, Brüderlichkeit", waren die Menschen den Verführern ins Netz gegangen, obwohl sie sich für die Sprüche nichts kaufen konnte. Aber sie klangen vielversprechend. Sie ähnelten dem heutigen populistischen Gewäsch, aber der jetzige Populismus steckt im Gegensatz zur DDR im braunen Gewand, und das ist rechtsradikal.

Und nun noch einmal, und das zum mitschreiben: Die sozialistische Einheitspartei Deutschlands, kurz SED, hatte sich darauf konzentriert, dass ihre Ideologie auf fruchtbaren Boden fallen möge. Sie hatten ihre Phantastereien den Unterdrückten mit reißerischen Plakaten vor die Nase gesetzt.

Und das hatte bestens funktioniert, denn die Slogans der Macher waren den Gehirngeschädigten durch die Naziherrschaft als volle Dröhnung ins Blut eingedrungen. Sie hatte die systemkonformen Anhänger begeistert, nichtsdestotrotz waren die Wahlergebnisse mit einhundert Prozent für die SED-Einheitspartei unglaubhaft, aber rechtskräftig.

Die waren Wahlbetrug am Volk. Und der war möglich, weil die Opposition keinen Fuß in die Tür bekommen hatte oder im Knast vermodert war. Die Einflussnahme der Gegner wurde von den DDR-Drahtziehern rigoros ausgeschlossen, das ist amtlich. Ich kann es gar nicht oft genug betonen: In der DDR hat es nie freie Wahlen gegeben.

So, jetzt muss es aber gut sein. Ich habe mich über die Machenschaften in der DDR ausführlich ausgetobt. Die Erkenntnisse müssen ausreichen. Mehr Wissenswertes gibt es über deren Chronik nicht festzuhalten. Es lohnt nicht, den Irrtum der Geschichte aufzuwerten. Die DDR ist Gott sei Dank Vergangenheit.

Und das es letztendlich zur Wiedervereinigung gekommen war, das war kein Verdienst der westdeutschen Politiker, die sich gern damit geschmückt hatten.

O nein, es hatte daran gelegen, dass die Sowjets den bankrotten DDR-Staat fallen ließen, wie eine zu heiße Kartoffel.

Als Schlusspointe halte ich fest: Durch den 17. Juni hatte es keine wünschenswerten Veränderungen gegeben. Das Unrechtssystem blieb in Stein gemeißelt. Der Vater hatte nicht mehr an eine positive Wende geglaubt, deswegen hatte er sich der Gefahr für Leib und Leben ausgesetzt und sich über den Grenzwall in die Bundesrepublik gewurstelt.

Aber jetzt, nach fünfzig Jahren, sind Zweifel an der Glaubwürdigkeit dieser Geschichte in mir aufgeflammt. Mir liegen die Fluchtgründe zu offensichtlich auf der Hand. Sie wirken zurechtgeschustert. War eventuell doch ein bescheidener Wohlstand der Fluchtgrund? Oder hatten familiäre Spannungen unter der Oberfläche gebrodelt?

Das Zusammenleben innerhalb der Verwandtschaft im Heimatdörfchen ging damals nicht reibungslos über die Bühne, aber über Problematiken innerhalb der Familie hatten die Eltern stillschweigen gewahrt. Sie hatten die Reibereien nicht an die große Glocke gehangen. Darüber sprach man nicht. Uns Kindern gegenüber gab es keine Ungereimtheiten im Familienverbund, obwohl ein anderer Eindruck in mir schlummert.

Waren gekränkte Eitelkeit, gepaart mit Gefühlsverletzungen, der wahre Anlass für die abrupte Flucht des Vaters?

Mit großem Elan werde ich Ursachenforschung betreiben. Warum der Vater, und später die Mutter mit uns Kindern, die Fliege gemacht hatten, das bekomme ich mit der *Deutschlandradtour* in meine Vergangenheit raus, auch wenn es schwierig erscheint.

Aber von unmöglich Erscheinendem lasse ich mich nicht ins Boxhorn jagen. Das die Eltern politische Flüchtlinge waren, das werde ich untermauern, aber dazu brauche ich Gewissheit. Ich will mich meiner Eltern rühmen und Flüchtlingshassern die Stirn bieten, anstatt mich wegen der Eltern angreifbar zu machen.

Gegen die Beschimpfungen der ewig Gestrigen, wie: „Du bist der Sohn von Wirtschaftsflüchtlingen. Solche Parasiten wie euch hätte man gar nicht ins Land lassen dürfen", will ich mich wehren können.

Mit Gleichgesinnten werde ich gegen die üble Rechtspropaganda ankämpfen. Keinen Zentimeter werde ich den Schwachköpfen für ihre Hasstiraden überlassen. Ist das verständlich?

Dabei helfen wird mir das Aufsuchen der Fluchtstationen. Ich verspreche mir von den Fluchtorten eine lückenlose Aufklärung der Fluchtgründe, ob mir diese zusagen, oder nicht.

Doch bevor mein Spektakel vonstatten gehen kann, brauche ich Schlaf. Aber leider geht die Nacht sprichwörtlich in die Hose. Die Hollandradtour noch in den Knochen, wälze ich mich von der Seitenlage über den Rücken in die Bauchlage. Und bin ich kurz weggedöst, dann träume ich vom himmlischen Heer der Engel auf Rädern. Mich umschwirren Fahrräder, immer wieder Räder.

Sehr witzig.

Noch dazu liege ich mit der Blase im Clinch. Mehrmals stehe ich auf und schlurfte zur Toilette. Da sind auch altbewehrte Psychotricks aussichtslos, denn ich schaffe es einfach nicht abzuschalten, weshalb meine Lebensgefährtin murrt: „Mensch Klaus, nun schlaf endlich."

Tja, man schläft schlecht, stemmt sich die Abschiedsbeklemmung gegen die Aufbruchstimmung. Der Denkapparat ist auf Konfrontation geschaltet. Total unnötig arbeiten die Gehirnzellen im Akkord.

Aber so ist das mit der inneren Unruhe. Leider bin ich nicht gelassen und abgebrüht, wie ich's mir wünsche. Weiterhin befällt mich die Aufregung vor Arztterminen und Behördengängen, manchmal reicht der bevorstehende Wandertag auf dem Eifelsteig oder eine Radtour in die Umgebung.

Die Nacht verabschiedet sich. Es ist sechs Uhr in der Frühe und der ominöse Tag X nimmt seine Betriebstemperatur auf. Einen Tusch auf den Montag. Ich bin innerlich in Hochstimmung, was ich beweise, indem ich meine neben mir schlummernde Lebensgefährtin mit einem herzhaften Kuss wecke.

Danach stehe ich auf und schmeiße die Kaffeemaschine an, dann setze ich das Eierwasser auf. Anschließend hole ich die Zeitung vom Haustürbriefschlitz, und letztlich decke ich den Frühstückstisch, während sich meine Partnerin duscht.

Als sie fertig ist, putze ich mir die Zähne und dusche ebenfalls, dann ziehe ich die Klamotten für die Abreise an. Auf dem Kalenderblatt lese ich, wie der verstaubte Volksmund meine Vorgehensweise nennt: *Morgenstund hat Gold im Mund.*

Für meine Herzallerliebste ist der Spruch wenig erbaulich. Sie ist das Gegenmodell der Frühaufsteherin. Bei ihr läuten eher bei dem Spruch: *Reisende soll man nicht aufhalten,* die Alarmglocken, denn der tangiert unser Reizthema.

Wegen meiner Radreise in die Vergangenheit mit dem Ziel, die Gründe für die Republikflucht zu durchleuchten, ist sie immer noch angesäuert. Wegen der hatte sie mir Egoismus vorgeworfen.

Wir hatten wie die Kesselflicker über die Notwendigkeit der Radtour gestritten. „Lass deine Eltern in Frieden ruhen", hatte meine Partnerin rumort. „Was ändert es für dich, ob sie dies oder jenes waren."

Aber an meiner Grundeinstellung war nicht zu rütteln. „Das stimmt ja alles, meine Liebste", hatte ich geantwortet. „Aber mir geht es um das Reinwaschen der Eltern. Ihre Flucht zu rechtfertigen, darin bin ich hartnäckig."

„Ja, das bist du", hatte sie nachgeschoben, woraufhin ich den Disput mit den Sätzen beendet hatte: „Und darin werde ich mich auch nicht ändern. Nimm mich bitte, wie ich bin."

Es klingt jetzt zwar verrückt, aber die Macke hat sich tief in meine Gehirnstränge eingebrannt. Von meinem in der Vergangenheit wühlen, kann mich keine Macht der Welt abbringen.

Nun gut, den Streit haben wir während der Hollandradtour beigelegt. Bei meiner Partnerin und mir ist alles im Lot, so sagt man wohl dazu. Zwischen uns passt kein Blatt Papier.

Wir frühstücken in liebgewonnener Manier. Ich habe Vollkornbrötchen mit Körnern aufgebacken und liebevoll auf den Tellern verteilt. Mein Brötchen schneide ich in zwei Hälften und die beschmiere ich mit Honig. Wir lesen in der Zeitung und hören Radio. Das Ritual hat sich seit zwanzig Jahren bewährt. Danach haucht mir meine Partnerin ins Ohr: „Pass gut auf dich auf. Wir haben danach noch allerhand vor."

Ich verberge meinen Abschiedsschmerz, als ich meine Partnerin zum Auto begleite, wo ich ihr einen dicken Kuss auf die Wange drücke, bevor sie als Lehrerin in ihre Gesamtschule verschwindet.

Die Zeiger der Uhr stehen auf sieben Uhr dreißig und ich habe noch eine Menge Zeit bis zum Aufbruch. Die Wettervorhersage ist verheißungsvoll. Achtzehn Grad an der Nordsee sollen es werden, das sind phantastische Voraussetzungen für manchen Freudensprung.

*

Anstatt Freudensprünge zu veranstalten, könnte ich als Rentner die Hände in den Schoß legen, doch mein Lebensmotto lautet: *DA GEHT NOCH WAS.*

Mensch Leute, lasst es Krachen. Mit vierundsechzig gehört man nicht zum alten Eisen. Von wegen, es sich mit dem Kissen auf der Fensterbank bequem machen, oder mit der Knabbertüte vor dem Fernseher versauern und schwabbelig werden. Nein, sich fit halten, das ist wichtig.

Ich will nicht als Gesundbeter oder Apostel der einen oder anderen Krankenkasse auftreten, aber Sport hat noch keinem geschadet. Wie wär's mit joggen, walken reicht auch? Was halten Sie von täglichen Radtouren? Bewegung hält jung. Ich kann zurecht behaupten, dass ich vielen Jüngeren locker davonrenne. In meiner Tennisklicke bin ich der Hero, denn es gewinnt derjenige, der mit mir im Doppel antreten darf.

Dennoch lautete die meistgestellte Frage vor meinem Renteneintritt im Freundeskreis, wobei man milde angelächelt hatte: „Was machst du eigentlich, wenn du nicht mehr arbeitest? Dir fällt sicher die Decke auf den Kopf."

Tja, diese landläufige Meinung ist sehr weit verbreitet, deshalb hatte ich darauf geantwortet: „Es gibt wichtigeres auf dem Planeten, als die Arbeit. Für mich ist die Gesundheit das höchste Gut."

Und ich weiß, wovon ich rede, denn ich habe vor wenigen Jahren meine zweite Chance bekommen. Völlig unvorbereitet hatten mich die Folgen eines Herzinfarktes überrascht, den ich auf dem heimischen Sofa an der Seite der Lebensgefährtin durchgestanden hatte. Mein Herz war zum rasenden Ungeheuer geworden. Es drohte zu bersten. Nur hauchdünn hatte ich den Infarkt überlebt. Seither kenne ich den Begriff Todesangst.

Die Vorboten des Infarktes spürte ich bei der Heimfahrt in der Höhe des Aachener Klinikums. Das verdächtige Ziehen im Bereich des linken Armes und die dazugehörigen Atembeschwerden.

Es waren Symptome, die ich bis dato nicht kannte, deshalb hatte ich den Seitenhieb ignoriert. Anstatt zum Klinikum abzubiegen und mich in die Obhut der Fachärzte zu begeben, hatte ich die Autofahrt fortgesetzt.

Und als sei nichts passiert, hatte ich am darauffolgenden Tag den Kindergeburtstag meines Sohnes mit einem Fußballspielbesuch im Stadion des 1. FC Köln gefeiert.

Zwei Tage nach dem Zwischenfall war ich zum Hausarzt gegangen, und der hatte mir meinen Dusel mit einem EKG drastisch vor Augen geführt.

„Mensch, Klaus", hatte er Gott zum Erbarmen geschimpft. „Du hattest einen Herzinfarkt. Ab ins Klinikum."

Energisch hatte er mir Beine gemacht, was richtig war, denn auf der Intensivstation wurde ich notversorgt. Es dauerte eine Stunde, dann brachte man mich in den OP, wonach mein erster Stent für Entspannungen in der Herzregion sorgte.

In den Krankenhaustagen hatte ich viel Zeit, über meine miserable Lebensführung nachzudenken. Mir wurde klar, dass ich meine ungesunden Gewohnheiten abzustellen hatte. Ich setzte auf gesunde Ernährung, verabschiedete mich vom Rauchen und versuchte mich mit autogenem Training in die Spur zu bringen.

Eine Rolle rückwärts galt es zu vermeiden und den lasterhaften Umgang mit Fehlern und Schwächen nicht mehr zuzulassen, doch hinterher blieb es bei Lippenbekenntnissen. Ich redete mir die Laster schön.

Erst nach drei weiteren Stents war mir der Radikalschnitt mit dem Schlussstrich unter meine Lasterhaftigkeit gelungen, zu sehr hatte ich am Weiterleben gehangen.

Die Eingriffe an meinem Herzen hatten mein Leben verändert. Immer wieder hatte ich meine Vergangenheit hinterfragt, dabei war ich auf meine Republikflucht in der Kindheit gestoßen. Schrill hatte der Wunsch in mir aufgeleuchtet, das Katastrophenszenario neu aufleben zu lassen, da es an Leib und Seele geknabbert hatte. Ich aber hatte es verdrängt oder vor mir hergeschoben.

Doch die Aufarbeitung war wichtig für meine innere Ausgewogenheit. Sich über seine Erlebnisse der Vergangenheit zu Lebzeiten Klarheit zu verschaffen, das ist eine Unabdingbarkeit.

Um es in der Sprache meiner Kinder auszudrücken, fand ich die Idee mit der *Radtour* oberaffengeil. Komischerweise war mir der Einfall bei einem Plausch mit der Schwester gekommen, mit der ich so gut wie gar nichts gemeinsam habe. Sie ist eine Frau ohne Lebensfreude und Zukunftsperspektive.

Nach dem Tod der Mutter und der Scheidung von ihrem Mann, der wegen seiner Plumpheit schlecht zu ihr gepasst hatte, war ihr Lebensablauf in tristen Bahnen verlaufen. Für sie war die Zeit stehen geblieben. Ihre Redebeiträge drehten sich nur um das Fluchterlebnis mit mir und der Mutter aus der DDR.

Auch in der jetzigen Zeit ist das so. Sie hält sich weder an der PEGIDA-Bewegung mit deren Hetzparolen, noch an den Diskussionen über die Menge an Flüchtlingen und der Integration selbiger auf. Warum war der Vater damals allein geflüchtet? Nur der Gedanke beschäftigt sie und macht sie krank.

Sie hatte den Vater vergöttert, doch sein Fluchtverhalten hatte zu ellenlangen Diskussionen über seine Beweggründe geführt, weil er seine Flucht ohne die Mutter und uns Kinder politisch begründet hatte, und das bis zum Tod. Aber stimmte das wirklich?

Ich will nicht als Wadenbeißer dastehen, der die Eltern schlecht macht, denn das politische Motiv kommt auf jeden Fall in Frage, doch ich vermute auch private Verzweiflung durch schlimme häusliche Zustände als möglichen Fluchthintergrund.

Und genau da liegt der Hase im Pfeffer, denn diese Unwissenheit nervt. So ist es kein Wunder, dass mir die Ursache für das Fluchtspektakel nicht aus dem Kopf geht.

Doch das muss nicht so bleiben. Ich decke die Umstände rigoros auf, die zur Flucht geführt hatten. Waren unangenehme Dinge im Verborgenen geblieben, dann bekomme ich heraus, welche es waren.

Zwar erinnere ich mich schwammig an zwischenmenschliche Abläufe in jener Zeit, die auf Spannungen im Elternhaus hindeuten, doch die reichen nicht für ein Gesamtbild. Ich werde alle Verschleierungen sichtbar machen. Die waghalsige Flucht hat meinen Werdegang geprägt, deshalb werde ich sie mir bis auf das letzte Fitzelchen ins Gedächtnis zurückrufen. Und wo macht man das am besten? Natürlich an den Orten, die der abenteuerlichen Flucht die Bühne boten.

Jawohl, so mache ich es, denn ich werde die Fluchtstationen mit den Flüchtlingslagern in *Blankensee* bei *Lübeck* und dem in *Berlin Marienfelde* mit dem Fahrrad besuchen, und später mein Geburtshaus in *Preußlitz* bei *Bernburg an der Saale*. An den Orten werde ich herumstöbern. Diese schicksalsbehafteten Schauplätze können mir helfen, meine Gehirnzellen zu regenerieren.

Der Anblick der Unterkünfte wird mein Erinnerungsvermögen mobil machen, da bin ich mir sicher.

Ähnlich dem Journalisten und Literaturkritiker *Hel-
muth Karasek*, er stammt aus *Bernburg*, war meine
Mutter mit mir und der Schwester in der U-Bahn vom
Ostsektor Berlins in den *Westsektor* geflüchtet, und von
da wurden wir nach *Hamburg* ausgeflogen. Diese Ner-
venschlacht hatte uns im Auffanglager *Blankensee*
wieder mit dem Vater vereint. Das sind die Fakten.

Ja, in der Art war die Fluchtorgie in groben Zügen abgelaufen. Aber so einfach, wie's hinterher klingt, war es
natürlich nicht. An Dramatik waren die Vorbereitung
und die Ausführung der Republikflucht nicht zu überbieten gewesen. Das ganze Drumherum war ein Psy-
chothriller. Es war ein Vabanquespiel, immerzu mit den
Vopos im Nacken und die Verhaftung vor Augen. Und
jetzt, fünfzig Jahre später, ist aus dem ehemaligen
Flüchtlingskind ein Rentner geworden.

Tja, das ist der Lauf der Zeit.

Jedenfalls zieht es mich zuerst zum Lager in *Blankensee* bei *Lübeck*. Die damalige Notunterkunft werde ich
ausfindig machen und aufsuchen. Aber existiert das
Flüchtlingslager überhaupt noch? Zu Kriegszeiten war
es eine Kaserne, die hatte man nach Kriegsende provisorisch umfunktioniert. Wie wird das Arial heute genutzt?

Dessen Nutzung wird sich herausstellen. Das wird
kein großartiges Detektivspielen erfordern. Und bin ich
in der Unterkunft, dann kehrt die nervenaufreibende
Flucht in meinen Fokus zurück. Das erhoffe ich mir von
meinem Besuch und davon gehe ich fest aus. Lebendige
Bilder werden vor mir auftauchen, die ich nie wieder
vergessen werde, aber dazu später mehr.

Erst einmal fahre ich mit der Bahn von *Aachen* nach *Norddeich* an der *Nordsee*, von dort gedenke ich an der *Nordsee* entlang zu strampeln, bei *Glückstadt* über die Elbe überzusetzen, und dann am *Nord-Ostsee-Kanal* zur *Ostsee* zu radeln. Dort mache ich einen Zwischenstop bei einem Freund in *Neustadt*.

Der Plan ist hervorragend, daher strotze ich vor Optimismus, denn der Start der *Radtour* erfolgt jetzt im Wonnemonat Mai, und enden soll die *Tour* Mitte Juni in *Erfurt*. Das ist vernünftig, denn aus Erfahrung sind der Mai und der Juni sehr wetterbeständig.

Meine Aufklärung darf mir nicht durch böse Überraschungen vermiest werden. Vom Schmuddelwetter, bis hin zu sibirischen Zuständen oder Hitzeschlachten, ist alles möglich. Nichts kann man ausschließen. Das Gelingen einer *Tour* ähnelt in etwa dem Roulett. Etwas Glück gehört dazu.

Mein Fahrrad steht abreisefertig bereit. Es ist das Abschiedsgeschenk der Bürokollegen zum Renteneintritt. Den hatte ich ein Jahr vorgezogen, denn ich fühlte mich der Hektik und dem Stress nicht mehr gewachsen. Mein Herzinfarkt ist Zeuge der strapaziösen Arbeitsbedingungen. Täglich schlucke ich fünf verschiedene Tabletten und bis zum Schwerbehinderungsgrad vierzig habe ich es gebracht.

Tja, und was merken Sie daran? Ich bin kein Jungspund mehr, aber den Lenker, die Gangschaltung und die Handbremsen kann ich noch problemlos bedienen. Trotzdem werde ich in mich hineinhören und auf die Signale meines Körpers achten. Ob ich die beabsichtigten achtzig Kilometer am Tag mit voller Gepäckauslastung schaffe, das steht in den Sternen.

Mein Kardiologe sieht die Aktion optimistisch: „Wenn du deine Tabletten regelmäßig schluckst, dann erlebst du keine Überraschungen."

Seinen Segen hat er mir mit auf den Weg gegeben, um ihn mit einem Ratschlag zu erweitern: „Vermeide zu große Anstrengungen. Außerdem ist das Radfahren die beste Medizin gegen Rückschläge."

Nichts anderes wollte ich hören, denn seine Beurteilung ist Balsam für meine Gehörgänge.

So, damit habe ich Ihnen das Wissenswerte mitgeteilt. Meine Schilderungen müssen für den Anfang genügen. Mit denen habe ich eine Menge Hintergrundmaterial über meine Eigenarten preisgegeben.

Auch die Unterstützung meiner erwachsenen Kinder ist darin enthalten, denn auf meine Nachkommen kann ich zählen. Ich habe einen Sohn und eine Tochter aus erster Ehe, die den Trip voll geil finden und mir kräftig die Daumen drücken.

Tja, und da gibt es meine Lebenspartnerin. Als Exemplar einer kühlen Norddeutschen ist sie wenig angetan von meinem Spagat zwischen meiner Liebe zu ihr und der Herausforderung. Für sie war meine *Radtour* von Anfang an ein rotes Tuch, denn ich lasse sie allein mit den Nebenwirkungen unserer einhundertvierzig Quadratmeterwohnung und dem üppigen Garten.

Da kann ich meinen Wunsch schönreden, soviel ich will, meine Partnerin will ihn nicht nachvollziehen.

„Die Radtour ist nicht mein Herzenswunsch, sondern deiner." Diese und ähnliche Abfälligkeiten hatte sie bis zum Tag meiner Abfahrt gemurrt, um schlussendlich einzulenken: „Wenn du es für dich brauchst, dann tu, was du nicht lassen kannst."

2

Die heiße Phase der Abreise ist eingeläutet. Das *Radmenü* ist angerichtet. Für mich Positivverrückten ist es ein unbeschreibliches Gefühl, denn auf meine *Vergangenheitstour* hatte ich wie besessen hingearbeitet.

Ich schleppe das bepackte Rad aus dem Hausflur auf die Straße. Das Gerät ist eine Leichtmetallversion, und trotzdem sauschwer, obwohl ich mich für die leichte Fahrradvariante entschieden hatte. Verantwortlich für das stattliche Gewicht ist die Gepäckausrüstung mit den notwendigsten Bedarfsutensilien.

Aber eins ist von vornherein klar: Die Radtour wird keine Spazierfahrt in die *Vergangenheit*, denn mit dem Abenteuer betrete ich Neuland. Mein Erfahrungsschatz beschränkt sich auf Tagestouren und auf Fahrten zum Büro oder in die Stadt. Könnte meine Unerfahrenheit zum Handicap werden?

Na dann schau'n wir mal.

Als Bewohner des Viertels um die Frankenburg ist mein Ziel der Hauptbahnhof. In *Köln* steige ich um, dann bringt mich ein ICE nach *Norddeich-Mole*. Der Platz für das Fahrrad ist reserviert. So ist es geplant und das klingt einfach. Einen Abbruch der Tour kann es nicht geben, denn die Tageszeitungen haben mit netten Artikeln über meine Vergangenheitsradtour berichtet.

Es ist neun Uhr dreißig. Ich schwinge mich auf das Fahrrad und starte meinen ersten Fahrversuch mit den Seitentaschen, dem Zelt und dem Schlafsack.

Oh, oh, das Rad wirkt instabil, folglich radle ich Schlangenlinien. Meine Geschicklichkeit ist nicht das Gelbe vom Ei.

Doch es dauert nicht lange, dann beherrsche ich das Monstrum. Ich wende eine ruhigere Handhabung beim Lenken an. Das heißt, ich darf nicht so zappelig gegensteuern und nicht zu ruckartig schalten. Noch habe ich viel Zeit, denn ich bin vor Aufregung zu früh losgefahren. Ich wollte auf Nummer sicher gehen, falls etwas nicht klappt.

Alles klappt. Mir bleibt bis zur Abfahrt eine halbe Stunde, dann rollt der doppelstöckige Regionalzug in den Bahnsteigbereich. Ich schaue in aller Ruhe am Zug entlang, und siehe da, das Fahrradabteil ist im ersten Wagen und als Zugabe höhengleich mit dem Bahnsteig. Genauso soll es sein. Noch dazu bin ich der einzige Radfahrer. Der Montag ist perfekt gewählt. Hoffentlich gelingt das Umsteigen in *Köln* ähnlich souverän?

Auf dem Bahnsteig 9 komme ich an, von dort muss ich auf den Bahnsteig 4 hinüber. Für die Prozedur habe ich zehn Minuten, eigentlich eine Ewigkeit, trotz allem bin ich hypernervös, und das grundlos. Gar nicht weit weg von mir gibt es den Fahrradaufzug, doch leider bin ich mit Blindheit gestraft, daher sehe ich ihn nicht.

So schimpfe ich: „Verfluchte Bahn."

Dann wuchte ich das Rad samt Packtaschen und Zelt die steile Treppe auf den Verteilergang hinunter. Ich stöhne fürchterlich dabei. Mich bringt das Gewicht des beladenen Rades wegen der Anstrengung fasst um. Der Kraftaufwand wird zur Herkulesaufgabe. Kein Mitreisender hilft mir und packt mit an. Anschließend wiederholt sich das Manöver beim Treppenaufgang hinaufschleppen des Monstrums zum Bahnsteig 4.

Geschafft.

Ich wische mir mit einem Tempotaschentuch den Schweiß von der Stirn. Und wohin jetzt?

Instinktiv stelle ich mich mit meinem zweirädrigen Begleiter so auf, dass ich in den vordersten Waggon des Eilzuges einsteigen kann. Mit mehr Zeitaufwand wäre die Anordnung des Fahrradabteils herauszubekommen gewesen.

Und tatsächlich stehe ich goldrichtig.

Doch was ist das? Die Einstiegstür ist extrem schmal und vier Stufen hoch. Verflixt und zugenäht, das Hinaufwuchten des Rades fällt mir sauschwer. Schier unmöglich gar ist das Hineinquetschen in den Zug bei der Überbreite durch die Packtaschen.

Aber was bleibt mir übrig?

Ich habe keine Wahl, denke ich, also versuche ich das Unmögliche wahr zu machen, prompt hänge ich mit meinem Ungetüm in der Tür fest. Es gibt kein vor und kein zurück. Mein Nervenkostüm liegt blank.

Rinnsale an Schweiß laufen mir als Sturzbäche übers Gesicht und den Nacken hinunter, weswegen ich laut fluche: „Scheiß Bahn!" Damit übertöne ich sogar den Lautsprecher mit den Ansagen.

„Schön ruhig bleiben, nur nicht ausrasten", rede ich beschwichtigend auf mich ein. Ich bemühe mich meine

Nerven im Zaum zu halten. Umsonst. Ich rüttelte und schimpfte auf die Verantwortlichen.

„Diese gottverdammten Armleuchter!"

Das Rad reagiert nicht, das Ungetüm steckt fest.

„Was mache ich bloß?"

Doch es gibt sie, die Wunder in Form eines Helden der Bahn, denn die Rettung naht durch einen Fahrgast aus dem Zuginneren. Der hatte meine Notsituation erkannt.

„Ich schnappe mir das Vorderrad und ziehe kräftig, du drückst von hinten nach", brüllt er zu mir runter.

„Okay, vielen Dank", rufe ich zurück und quetsche und schiebe, hast du was kannst du.

Nichts. Das Ungetüm rührt sich nicht.

Nicht nachlassen, denke ich, und drücke mit all der mir verbliebenen Kraft. Mir hängt vom Ächzen die Zunge weit aus dem Hals. Hätte ein Mitreisender das Spektakel fotografisch festgehalten, er hätte das Foto des Jahres geschossen.

„Ja, endlich!"

Der Helfer hat mit ungebremster Energie seine Erfolgsmeldung aus sich herausgeschrieen, denn das Rad macht einen ruckartigen Satz nach oben.

„Noch mal", brüllt er hinterher, kurz darauf ist das Wunder vollbracht.

Ich hechte dem Fahrrad hinterher und stelle es oben im Abteil in eine dafür vorgesehene Halterung. Danach bin ich fix und fertig und atme tief durch, dann sinke ich auf einen Notsitz dem Rad gegenüber und starre auf den Schaden. Die Packtaschen sind zerkratzt.

„Das Dilemma will ich kein zweites Mal erleben", schimpfte ich. Dann denke ich als logische Konsequenz aus der Aktion über das Erlebte nach: Spinnt man bei der Bahn? Wieso macht sie die Radabteile so schwer zugänglich? Das nächste Mal nehme ich die Packta-schen vom Fahrradständer, das habe ich daraus gelernt.

Aber langsam verstehe ich den Unmut über die Bahn. An der Zugänglichkeit der Fahrradabteile muss sie fei-len.

Unter tausend Dankesbekundungen meinerseits steigt der Retter in Düsseldorf aus. Und nun allein im Rad-abteil, gerate ich ins Grübeln. Ist es tatsächlich sinnvoll, was ich hier mache? Ist meine *Vergangenheitsradtour* wirklich eine tolle Idee?

Der Schaffner reißt mich aus meinen Grübeleien und verlangt den Fahrschein.

Ich beschwere mich, wegen der Probleme beim ein-steigen, da schüttelt er den Kopf und erwidert unwirsch: „Was wollen Sie von mir? Ich habe die Waggons nicht konstruiert."

Natürlich nicht, denke ich und wende mich ab. Der Mann ist unschuldig und der falsche Ansprechpartner. Für Kurzsichtigkeiten gibt es andere Idioten.

*

Sechzehn Uhr trudelt der ICE in *Norddeich-Mole* ein. Ich nehme die Packtaschen, die Lenkertasche, das Zelt und den Schlafsack von meinem Fahrrad, dann bugsiere ich das Rad aus dem Zug. Als es draußen ist, hole ich die Ladung nach und belade mein Gefährt.

Oh, Mist, die Kette ist abgesprungen, wahrscheinlich bei der Prozedur des Ausladens. Was für eine Sauerei, denke ich.

Ich entpacke das Fahrrad, drehe es um und stelle es auf den Lenker und den Sattel. In Windeseile und etwas Fummelei ist die Kette wieder am angestammten Platz und das Rad intakt.

„Wunderbar", jauchze ich mit vor Stolz geschwollener Brust und bewundere mein Werk, dann stelle ich das Rad auf seine Räder und bepacke es erneut. Es sieht wieder tadellos aus und die Aktion hat keine fünf Minuten gedauert.

Chapeau, das Strampelspektakel kann beginnen. Mein Gefühl für die Tour ist voll ausgeprägt, denn das die Nase in den Wind Halten ist wundervoll. Links des Radweges türmt sich der Deich majestätisch auf, der duftet nach Gras und Schafsköttel. Soweit das Auge reicht erstreckt sich das gigantische Bollwerk, dahinter tost die Nordsee. Ich bewundere die Schutzvorrichtung, die bei Sturmfluten ihre Tauglichkeit beweist. Rechts der Deichanlage liegen vereinzelte Gehöfte, kleine Binnenseen, lange Entwässerungsgräben und durch Hecken unterteilte Wiesen.

Von den Eindrücken überwältigt, radele ich an Campingplätzen vorbei und ergötze mich an der märchenhaften Sumpfwiesenlandschaft. Mir geht es bestens und ich strotze vor Tatendrang. So und nicht anders habe ich mir mein Fahrradspektakel ausgemalt.

Der Wind steht günstig. Wie an den meisten Tagen weht er kräftig aus Westen. Keine Macht der Welt kann mich stoppen, höchstens ein Wolkenbruch. Einem auf Kufen über das Eis Flitzenden ähnelnd, gleite ich wie Segelflugzeug dahin. Das sieht so aus, als wäre ich ein pfeilähnliches Geschoss im Schwebezustand.

Unwiderstehlich fresse ich eine große Zahl an Kilometern. Die Griffe der Lenkstange zittern vom unruhigen Asphaltbelag. Die frisch geschorenen Deichschafe scheinen mir zuzuzwinkern und die wunderbar anzuschauenden Flugmanöver der Möwen begleiten mich auf der rasanten Tour entlang des Deiches, wodurch ich das Fahren auf dem ausbalancierten Rad um so mehr verehre. Zufrieden denke ich: Der Umgang mit dem Rad ist reine Gewohnheit.

Im Hafen von *Dornumersiel* lasse ich mich von einem netten Ehepaar vor der Hafensilhouette knipsen. Das Bild mit meinen vom Wind zerzausten Haaren beweist, dass ich wohlgelaunt bin. Und obwohl mir der Seewind barsch um die Nasenspitze weht, laufen meine Bewegungen wie geschmiert. Mich verfolgt das Glück des Mutigen.

In *Bensersiel* denke ich über einen Schlafplatz nach. Es ist neunzehn Uhr und es ist Zeit für das Finden einer Übernachtungsmöglichkeit. Soll ich das Zelt auf einem Campingplatz aufbauen oder in einer Jugendherberge schlafen, das ist die Preisfrage?

Es siegt das Übernachten in der Jugendherberge und zu der in *Esens* frage mich durch. Doch als ich in der angekommen bin, staune ich über die Menge an herumwuselnden Schulkindern.

Holla, die Waldfee, denke ich. Das Wunschobjekt ist überfüllt. Vor den Sommerferien ist Hauptsaison für Klassenfahrten, und die Nordsee ist beliebt.

Und was nun? Ein Hotelzimmer ist viel zu teuer. Das kommt nicht in Frage. Die Ideallösung wäre eine Gaststätte mit Zimmervermietung.

Nach längerem Rumkurven finde ich einen Gasthof. Der bietet anständige Zimmer an und mir reicht das spärliche Ambiente. Der sympathische Gastwirt ähnelt mit geröteter Knollennase einem Clown. Ich kann mir das Lachen kaum verkneifen.

Und der Preis? Dreißig Euro inklusive Frühstück ist annehmbar. Ich habe satte fünfunddreißig Kilometer in drei Stunden in den Beinen. Mein lieber Scholli, das kann sich sehen lassen. Und die Strampelei war phantastisch, deshalb schlafe ich wie ein Murmeltier.

3

Erwartungsschwanger schaue ich nach meiner Morgentoilette und Tabletteneinnahme aus dem Fenster und stelle entsetzt fest, in der Nacht hat es geregnet und es regnet immer noch.

Verdammt noch mal, denke ich, eine verregnete Radtour ist nicht eingeplant. Die Wolkenbeschaffenheit beunruhigt mich.

Als ich in den Frühstücksraum gegangen bin und mich an den vorbereiteten Tisch gesetzt habe, macht mir der Gastwirt Mut: „Die Wolkendecke soll bald aufreißen. Es ist nur ein Schauer."

Hat der Komiker mit der Knollennase, die wie ein Radieschen aussieht, hellseherische Fähigkeiten, oder gar den siebten Sinn?

Das wird wohl so sein, denn das Regnen hört tatsächlich auf, welch eine Wendung. Noch dazu habe ich weiterhin Rückenwind und komme blendend voran.

Aber mein erstel Ziel ist der Ort *Wittmund* und der ist wie vom Erdboden verschluckt. Auf der Radkarte sieht die Wegstrecke ganz einfach aus. Habe ich mich verfahren?

Ich hätte an der unübersichtlichen Kreuzung geradeaus radeln müssen, vermute ich, dann greife ich zu meiner Geheimwaffe. Es schlägt die Stunde des Fahrradnavigationsgerätes. Das Ding hilft mir sicher aus der Patsche.

Ich installiere es auf die dafür vorgesehene Lenkervorrichtung und gebe den Ort *Jever* ein, schon näselt eine Frauenstimme: „Bitte wenden. Bitte wenden."

Ich wende wie geheißen, schon näselt die Stimme: „Jetzt geradeaus weiterfahren und in zweihundert Meter links abbiegen."

Na bitte, denke ich und arrangiere mich mit der einprägsamen Frauenstimme, schließlich hat die mich in die Spur gebracht, also weiter.

Mit der Hilfe des Navigationsgerätes ist mir der Einstieg in die zweite Etappe gelungen, und das Fahrrad zeigt sich von seiner besten Seite. Unter dem mächtigen Schub des Westwindes jage ich am *Jade-Busen* entlang, immer vor einem drohenden Schauer vorneweg. Jetzt erst bin ich in der Radtour angekommen. Den prallen Regenwolken gebe ich keine Chance. Habe ich jemals eine Strecke in diesem Höllentempo zurückgelegt? Ich kann mich nicht daran erinnern.

Mit der Auswahl meines Rades habe ich ins Schwarze getroffen. Das Rad und ich, wir sind ein aufeinander eingespieltes Ehepaar, bei dem ist alles hervorragend abgestimmt. Meine Radtour ist eine Liebeserklärung an das Fahrradfahren. Sie ist das erlesene Schmankerl, also gebe ich Gas.

Am Hauptbahnhof in Bremerhaven nervt mich ein Haufen schräger Jugendlicher. Deren Rempeleien und Pöbeleien gegenüber Passanten treiben mir die Zornesröte ins Gesicht. Die unterbelichteten Kappenheinis sind auf Randale aus.

„He, Alter. Lass was rüberwachsen", höre ich, oder: „Mensch, Alter, rück dein Handy raus. Du brauchst das Ding doch nicht."

O nein, den primitiven Stuss tue ich mir nicht an. Ich habe Angst um mein Rad und verzichte auf das Anecken mit dieser Brut, zudem finde ich wenig Bezug zu *Bremerhaven*. Und schlaftechnisch ist es außerhalb der Städte sowieso preiswerter. Alsdann rann an den Speck und die Pedale qualmen lassen.

Als die Dunkelheit hereinbricht ist meine Trittfrequenz tief im Keller. Aber die letzten Kräfte mobilisiert, erreiche ich tatsächlich das Ortsschild mit dem Namen *Drangstedt*. Und hinter dem Eingangsschild steht das Hinweisschild auf einen nahegelegenen Gasthof. Gelobt sei meine Tour, daher gilt mein Dank der Glücksgöttin Fortuna.

Ich miete in dem ländlichen Gasthof ein Zimmer und gönne mir eine Portion Bratkartoffeln, denn genug Kalorien habe ich verbraucht, bei einhundertvierzig sagenhaften Kilometern in den Wadenmuskeln. Dafür werde ich bei der Heimankunft das Verdienstkreuz am Bande der Altersklasse ab sechzig Jahre aufwärts mit Herzinfarkt beantragen.

*

Voller Tatendrang springe ich aus dem Bett und reibe mir den Knies aus den Augen, danach schlucke ich die Tabletten. Das sind der obligatorische *Betablocker*, dann *Ass 100* zur Blutverdünnung und ein Medikament zur Blutdrucksenkung. Im medizinerdeutsch leide ich an einer koronaren *Dreigefäßerkrankung*, und die führte zwangsläufig zum *Infarkt* und den vier *Stents*.

Doch Dank meines eisernen Willens tendiert meine Rückfallgefahr gen Null. Trotz allem kommt mir eine Sonderstellung im Abenteuerwesen zu, denn mit meiner Medikamentenmixtur geht niemand auf eine Radtour dieser Kategorie. Aber leider rührt sich Unbehagen im Bereich des Hinterteils. Gegen das Problem schicke ich meine Radlerunterhose ins Rennen.

Es ist kurz vor Sieben. Die Morgensonne scheint vehement in mein Zimmer. Voller Tatendrang springe ich aus dem Bett und reibe mir den Knies aus den Augen, erst danach schlucke ich meine Tabletten.

Den bei Herzkranken obligatorische *Betablocker*, dann *Ass einhundert* als Blutverdünner, und eine *Amlodipin*, die den Blutdruck senkt. Und vor dem Schlafengehen nehme ich zwei weitere Tabletten. Eine halbe *Pravastatin* zur Cholesterinspiegelsenkung und *Blopress* gegen Herzmuskelschwäche.

Seit zehn Jahren leide ich an der koronaren *Dreigefäßerkrankung*, wie sie im medizindeutsch heißt. Zwangsläufig führte die zum *Infarkt* und den *Stents*. Die Erkrankung ist zum Teil Vererbung, aber auch das Relikt privater Probleme, außerdem dem Bürostress geschuldet, und dem von mir zu spät erkannten Bewegungsmangel.

Ich hatte wie ein Berserker vor dem Herzinfarkt geschuftet und unzählige Überstunden geschoben, dabei hatte ich meinen geistigen Raubau übersehen, ebenso den körperlichen. Irgendwann pfiff ich sprichwörtlich aus dem letzten Loch. Doch nicht genug damit, war ich ein ekelerregender Kettenraucher, und ich hatte ein Alkoholproblem.

Aber erst nach dem Infarkt war mir klargeworden: Wenn ich nicht aufpasse, dann ist mein Leben ratzfatz vorbei. Aus, Ende, ab in die Urne.

Der verkorkste Lebensstil ist Dank eisernen Willens Vergangenheit. Die Rückfallgefahr tendiert gen Null und das ist gut. Leider sind die Schäden an meinem Herz irreparabel. Setze ich meine Gesundheitsschäden mit der Abenteuerradtour in Verbindung, dann steht mir eine Sonderstellung zu. Mit einer derartig aufgemotzten Medikamentenmixtur geht niemand auf eine Radtour dieser Kategorie.

Und wie geht's mir nach zwei Etappen?

Mein Fitnesszustand versetzt mich in Erstaunen. Meine Balance stimmt, meine Körperkoordination ist bemerkenswert, um meinen Kreislauf steht es bestens und von den gestrigen Anstrengungen spüre ich nicht einen Hauch. Nicht die kleinste Spur von Muskelkater behindert mich, nur im Bereich des Hinterteils rührt sich Unbehagen. Hoffentlich bringen die neu ins Rennen geschickte Radlerunterhose und der Gel-Sattelbezug Erleichterung?

Vor dem Frühstück dusche ich ausgiebig und creme mich mit Sonnenmilch ein, danach streife ich mir ein frisches T-Shirt über. Das Getragene hat Schweißränder auf dem Rückenteil. Das ist der Nachteil des enganliegenden Fahrradrucksacks. Er fördert bei Kraftanstrengungen die Schweißbildung.

Dann verlasse ich mein Zimmer und gedenke mein Kraftfutter zu mir zu nehmen. Als ich den Frühstücksraum betrete und mich an einen Tisch setze, bin ich der einzige Gast. Ich schlinge das weichgekochte Ei, zwei Vollkornbrötchen mit Honig, zwei Tassen Kaffee und ein Glas Orangensaft in mich hinein, schon bin ich pappevoll.

Nach dem Bezahlen verabschiedete ich mich und begebe mich mit Sack und Pack zum gut gesicherten Rad. Die von einem Wetterfrosch vorausgesagte Sonnenbestrahlung versüßt mir die Abfahrt.

Jeder neue Tag ist eine Wundertüte, denn es ist betörend, wie ich unbeschwert durch die Natur radele. Das Rad und ich sind gute Kumpel geworden. Wir sind eins, denn wir bilden eine verschworene Gemeinschaft.

Vor Wochen saß ich zugepackt mit Arbeit vor dem Bildschirm im Büro und glotzte mit Verdruss aus den Augen. Hektisch hatte ich auf die Tastatur eingehämmert. Ich war reif fürs Irrenhaus. Wann das nächste Herzkatheder bei mir angesetzt werden würde, das war an den Fingern einer Hand abzuzählen. Nur die Hoffnung auf mein baldiges Rentnerdasein, hatte mich die Tortur durchstehen lassen.

Den heutigen Tag will ich mir in *Glückstadt* mit dem Besuch bei dem alten REHA-Kumpel Greven versüßen. Dem war es während der Kur sehr dreckig gegangen. Sein Tischnebenmann hatte mich vor seiner Abreise gebeten, ein Auge auf ihn zu haben.

„Er gefällt mir gar nicht", hatte er mir ins Ohr geraunt. „Rede ihm ins Gewissen."

Ich bin gespannt, ob sich Greven wieder rausgeputzt hat, denn er ist ein liebenswerter Mensch. Er hat eine sanfte Veranlagung, und ist nicht der Typ Besserwisser oder gar Hau drauf. Er ist eher belesen, ja, ich würde sagen, er besitzt eine konservative Intelligenz.

Politisch stammen wir aus verschiedenen Lagern, was in der Kurklinik zu heißen Diskussionen führte. Aber trotz unserer Leidenschaft, blieben die fair. Ich vermute, er hatte nichts gegen meine grüne Gesinnung.

Greven vertrat als Führungsetagenmitglied des ALDI-Konzerns deren Konzepte, ich als ehemaliger Bioladeninhaber die biologische Schiene, doch das schadete weder unserer Sympathie füreinander, noch endete es in Missfallensäußerungen. Augenscheinlich waren wir eine brisante Mischung.

Der Gute weiß nichts von meinem Besuch. Ich hätte mich anmelden müssen. Hoffentlich ist er überhaupt daheim? Mit einem Anruf kurz vor der Elbeüberfahrt, werde ich mir Gewissheit verschaffen.

Ich radle von *Drangstedt*, am *Bederkesaer See* vorbei, über *Hemmoor* und *Osten,* durch eine landwirtschaftlich genutzte Gegend. Zu verstreuten Bauernhöfen gehören Rübenfelder und Kornfelder, ab und an wird auch Futtermais angepflanzt und geerntet. Der Wind frischt stellenweise kräftig auf. Er bläst mir voll ins Gesicht. Das ist eine unangenehme Erfahrung der Radtour, wodurch die fünfzig Kilometer nach *Wischhafen* mit einer Spazierfahrt nicht das Entfernteste zu tun hatten.

In *Wischhafen* ist es an der Zeit, das Handy einzusetzen. Die Spannung steigt. Ist Greven im Haus? Und wenn nicht?

Ich stoppe meine Fahrt an einem angenehmen Plätzchen vor dem Fährhafen. Dort krame ich mein Handy und mein Notizbuch aus dem Rucksack. Ich will Greven anrufen. Der wohnt auf der anderen Seite der Elbe. Wann ich drüben bei ihm ankomme, das liegt an der Länge der Überfahrt.

Nachdem ich seine Telephonnummer in meinem Notizbuch gesichtet habe, drücke ich die erforderlichen Tasten

Seine Frau meldet sich, doch sie kann mit meinem Namen Rose nichts anfangen, ist aber freundlich und gibt das Telefon an ihren Mann weiter. Ich höre ihre Worte: „Ein Herr Rose. Du würdest ihn kennen."

Greven ist total aus dem Häuschen. „Rose, ja klar", plärrt er ins Telefon. „Wir kennen uns von der Kur in *Bad Nauheim*. Was, du bist hier in der Nähe? Mensch, komm vorbei, ich freue mich. Ja, das ist mal eine Überraschung."

Diesen Überschwang habe ich nicht erwartet. Ich bin gerührt. Das wird ein nettes Wiedersehen.

„Ich setze in einer halben Stunde über", erwiderte ich ähnlich aufgewühlt. „Dein Haus finde ich mit dem Navi, dann quatschen wir über alte Zeiten."

Als ich das Kurzgespräch beendet habe, steuere ich die Fähre an. Und an der angekommen kann ich mich über mein Glück wahrlich nicht beklagen.

Entgegen der sonst üblichen Wartezeiten flutsche ich beim ersten Versuch auf das Schiff. Wozu das Fahrrad gut ist, denke ich. Die Autofahrer haben sich auf stundenlange Wartekapriolen einzustellen.

Das Fahrrad steht sicher auf der Elbefähre, deshalb starre ich neugierig auf die Wasseroberfläche. Die *Elbe* wirkt schmuddelig grau. Sie strotzt vor Schmutz. Trotzdem soll es noch ausreichende Fischbestände in der Brühe geben, das habe ich gelesen. Eigentlich kaum zu glauben.

Als das Fährschiff aus dem Hafen ins offene Fahrwasser hinausgefahren ist, gibt der seichte Wellengang den Blick auf das *AKW-Brockdorf* am entfernten Horizont frei. Auf den ewig währenden Zankapfel, auf das Feindbild der Antiatomkraftbewegung.

Ich war und bin ein großer Atomkraftgegner. Die Bilder der legendären *Anti-AKW-Demo* im Oktober 1976 sehe ich immer noch ungeschönt vor mir, als hätte sie gestern stattgefunden.

Mit Abscheu erinnere ich mich an die Zaunanlage mit Nato-Draht, an die berittene Polizei, an meine Haare, hinunter bis zum Po, an die Polizeiallmacht mit ihren Wasserwerfern und an das Tränengas. Wegen der stinkenden Schwaden, die Schäden an den Augen und der Atmungsorgane erzeugen, lag eine kriegaähnliche Dramaturgie über der Protestaktion.

Dass ich das AKW aus diesem Blickwinkel wiedersehen würde, davon hatte ich vor dem Beginn der Radtour nicht mal geträumt.

Der Atomausstieg ist für Deutschland festgeschrieben, aber die Nachbarländer sind noch nicht so weit. Gegen die Schrottmeiler in Belgien setzen sich die Proteste in anderer Form fort, zuletzt mit einer Menschenkette von der Stadt *Aachen* bis zum Atomkraftwerk *Tihange*. Sie war der Höhepunkt der seit Jahren stattfindenden Aktionen für das Abschalten des belgischen Meilers, der durch seine Nähe zu *Aachen* zum Streitobjekt wurde. Zu dem Thema Abschalten ist das letzte Wort noch nicht gesprochen.

Nach der Elbeüberquerung habe ich Grevens Haus schnell erreicht. Er wartet bereits vor der Tür. Ich steige ab, wir gehen aufeinander zu und umarmen uns, dann stelle ich mein Schlachtross in die Garage und wir gehen ins Haus.

Meine Partnerin wird mir Fragen nach der Einrichtung und Ausstattung des Hauses stellen, geht mir durch den Kopf. Innenarchitektur interessiert sie. Das ist ihr Steckenpferd.

Ich blicke mich ausführlich um. Na ja, Schwamm drüber. Das Drumherum und die Möblierung sind etwas spießig. Grevens konservative Grundhaltung hatte ich erwähnt.

Wir gehen in den windgeschützten Innenhof, da gesellt sich Grevens Frau zu uns. Sie begrüßt mich und verabschiedet sich gleichzeitig. Sie hätte wichtige Arzttermine. Das hört sich schlecht an.

Die goldgelbe Sonne knallt mit aller Macht vom Himmel. Hoffentlich bin ich ausreichend eingecremt? Mein Kur-Kollege macht Kaffee und serviert mir ein Eis. Das ist das Richtige, nach der Plackerei, denke ich.

Greven erzählt: „Nach der Kur hatte ich vor anderthalb Jahren einen Schlaganfall."

Ja, so wirkst du auch, denke ich beim Blick in sein blasses Gesicht. Das hatte ich im Urin.

Greven berichtet weiter, aber in einer Tonlage, als ginge es nicht um ihn: „Auf einer Fahrt zu den Enkelkindern nach *Hamburg* bin ich am Steuer des Autos zusammengebrochen."

Er macht eine kurze Pause, dann fährt er bedächtig fort: „Mit dem Rettungshubschrauber wurde ich in eine Klinik geflogen. Es stand miserabel um mich, man könnte sagen Spitz auf Knopf. Und wie das garstige Schicksal so spielt, wurde meine Frau mit einem Gehirntumor in die *Kieler* Spezialklinik eingewiesen."

Großer Gott. Ich habe das Gefühl, als hätte man mir vor den Kopf geschlagen. Daher die Arzttermine seiner Frau.

„Mich hat man soweit hinbekommen", erklärt mir Greven leger. Und um es mir das zu beweisen, holt er eine Schachtel Zigaretten aus der Garage.

„Ich verstecke sie vor meiner Frau. Sie darf nicht erfahren, dass ich wieder rauche. Willst du auch eine?"

Ich bin sprachlos. Der Hirnlose greift weiterhin zu den Glimmstängeln, lodern meine Bedenken auf. Als ob sein Schlaganfall eine Bagatelle wäre.

Mir ist speiübel und ich starre ins Leere, doch dann werde ich sauer.

„Halt, mein Freund", fahre ich Greven in die Parade. „Während der Kur hast du den Zigaretten abgeschworen. Rauchen ist tabu. Das hast du gesagt. Und jetzt? Was du machst, das ist unfassbar", watschte ich ihn ab. „Bist du von allen guten Geistern verlassen?"

„Was soll's", antwortet Greven lapidar. „Reden wir lieber über dich. Deiner Radtour ist Spitze. Auch ich habe mir ein neues Rad zugelegt, genau deine Marke, nur benutze ich es nicht."

„Warum nicht?", will ich wissen. „Du musst was tun. Du wirkst antriebsarm. Bewegung ist wichtiger als deine Qualmerei."

Habe ich überreagiert? Tue ich ihm Unrecht? Darf ich ihn so anmachen, schließlich war auch ich ein starker Raucher?

Im Grunde genommen ist es zwecklos, sich mit ungelegten Eiern zu belasten, denke ich. Greven und seine Frau leben. Das tun sie zwar mehr schlecht als recht, doch immerhin. Außerdem ist das Nordlicht stur wie ein Maulesel. Greven will nicht einsehen, dass sein Herz-Kreislauf System entlastet gehört, denn gerade er sollte sich zu gesunden Gewohnheiten zwingen.

Und genau das ist die Krux. Meine Vorwürfe sind angebracht. Ihm ist nur geholfen, wenn ich kein Blatt vor den Mund nehme und ihn wachrüttele. Der Kopf gehört ihm gewaschen. Den Schlaganfall ignorieren und die saudämliche Raucherei fortsetzen, das ist Selbstmord auf Raten.

Der Gesprächsverlauf plätschert freudlos dahin. Bei mir ist die Vorfreude der Verärgerung gewichen. Greven fehlt die mentale Stärke. Es gibt Menschen, die neigen eher zur Resignation. Beim Grevens Verhalten liegt der nächste Schicksalsschlag auf der Hand. Nimmt man seine Körpersprache, dann sendet die kein Signal des Aufbruchs.

Ich dagegen habe nach dem Infarkt zwar spät, aber noch rechtzeitig Verantwortung übernommen. Ich hatte das Dreckszeug Tabak in die Tonne gekloppt, als die Alarmflagge gehisst und nicht zu übersehen war. Mit Willensstärke habe ich die Sucht besiegt. Das bin ich meiner Lebenspartnerin und den Kindern schuldig. Am umsetzen vieler in mir gespeicherten Ideen, kann mich das Rauchergehabe nicht hindern. Ich will noch sehr alt werden.

Nach zähen Minuten steht mein Entschluss fest. Ich werde weiterradeln. Vor meiner Ankunft wollte ich bei Greven übernachten, doch Gott bewahre, das ist illusorisch. Keine weitere Stunde halte ich es bei ihm aus. Seine Unvernunft versetzt mir Tiefschläge. Sein Zustand und der seiner Frau ziehen mich runter. Bei ihm ist die Atmosphäre ein Alptraum.

Nichtsdestotrotz ist es schade. Mein Besuch hatte so hoffnungsfroh begonnen. Die Wiedersehensfreude war groß, aber Greven hat alles kaputt gemacht.

Zwischen uns ist alles gesagt. Wir haben uns auseinanderdividiert. Jedes weitere Wort ist überflüssig. Ich stehe wortlos auf, und Greven geleitet mich schweigsam in seine Garage. Er lässt das Rolltor hoch, dabei schaue ich ihn lange an, aber Greven weicht dem Blick aus.

Nun gut, denke ich für mich. Wer nicht will, der hat. Ich habe ihm gesagt, wie ich sein Verhalten finde. Mir ist in der Situation zwar unwohl zumute, aber ich habe egoistisch zu bleiben. Der positive Verlauf meiner Tour steht im Vordergrund. Das Schöne und Berauschende soll mich durch die Etappen tragen. Dem gilt meine Aufmerksamkeit.

Ich mache mein Rad abfahrtsfertig, nebenher gibt mir Greven den Tipp, in Richtung *Brunsbüttel* auf dem *Elberadweg* weiterzuradeln. Das war's.

Reserviert drücken wir uns die Hände. Nach der Tour werde ich ihm eine Mail schicken, nehme ich mir vor. Es ist sechzehn Uhr, und ich habe noch eine Masse an Kilometern bis zum *Nord-Ostsee Kanal* vor mir.

Wieder unterwegs und Grevens Wohnsiedlung außer Sichtweite, stelle ich das Navi auf *Itzehoe* ein. Der Gegenwind auf dem *Elberadweg* ist mir zu heftig, aber auch nach *Itzehoe* bläst er mir kräftig entgegen. Mein Kapuzenpulli bläht sich durch heftige Windböen auf und bildet eine Sperre.

Mit Wut im Bauch strampele ich mir den Frust des Grevenbesuchs aus dem Leib.

„Greven, Greven, du bist ein Dummkopf", schimpfe ich vor mich hin.

*

Bis zur Stadt *Itzehoe* passiert nichts. Nur zwei unerwartete Steigungen zehren an meiner Kraft, aber an eine Unterbrechung oder gar Pause denke ich nicht. Meine von Empörung über Greven getragene Stimmung treibt mich voran.

Liebend gern würde ich zum Kanal durchradeln, denn von dessen Einmaligkeit träume ich seit Jahren. Beim letzten Urlaub in *Schleswig-Holstein* mit der Partnerin hatte ich ein Stück des Kanals lieben gelernt.

Ich schaffe es nicht zum Kanal, das nehme ich vorweg. Die Einstellung des Navigationsgerätes auf „*nur Radwege benutzen*" führt mich weit um *Itzehoe* herum.

Dadurch verliere ich viel Zeit. Zudem ist die Gegend hügeliger, als ich sie nach Kartenmaterial eingeschätzt hatte, aber das ist nicht weiter schlimm. Das mit dem Terminstress war einmal.

Die Augen auf Genuss geschaltet, kurve ich durch schnuckelige Dörfer, strampele an saftigen Wiesen mit grasenden Kühen vorbei und genieße die Weite des Graslandes und den Duft ausgedehnter Wälder. Meine Stimmung wechselte aus dem Greventief in ein Paradehoch. Sie bessert sich grundlegend, denn sie orientiert sich an den satten Landschaftsbildern, die eine Reizüberflutung auslösen.

Das Handy meldet sich. Ein Anruf stoppt meinen Tatendrang. Ist es meine Partnerin? Eventuell ist es eins meiner Kinder?

Ich fingere das Handy hastig aus dem Rucksack, da höre ich die Stimme eines Freundes.

Volkmar staunt nicht schlecht, als er hört, wo ich mich momentan herumtreibe.

„So weit hatte ich dich nicht erwartet", lobt er mich, was sich überrascht anhört, doch zwangsläufig folgen Volkmars Ermahnungen.

„Ruhig Blut, Klaus. Nicht übertreiben. Genieße die Radwege und viele Ruhepausen machen. Das ist wichtig. Denke an dein Alter, und daran, dass man auch langsam ans Ziel kommt."

Typisch Volkmar. Radelt der Schlaumeier oder ich?

Während des Austausches wird es dunkel. Den Kanal als Etappenziel habe ich abgehakt. Nach Navi sind es drei Kilometer bis zum Ort mit dem wohlklingenden Namen *Hanerau Hademarschen,* doch bis zu dem lebe ich gefährlich, denn die Radwegbeschaffenheit ist eine Zumutung.

Die gespenstisch anmutenden Schatten des Baumbestandes huschen über den Radwegbelag. Und wildwucherndes Gestrüpp und querliegende Äste versperren den Fahrbereich.

Meine Vorsichtsmaßnahmen erschweren das Weiterkommen. Die eingeschränkten Sichtverhältnisse sind ärgerlich, und der aufgebrochene Asphalt tut seins zum Gefahrenpotenzial hinzu. Bloß keine Patzer einstreuen oder gar stürzen. Das ist ein schmaler Grad. Entweder radle ich im Schneckentempo weiter oder ich gebe auf, was selbstverständlich nicht geht.

„*Ein Bett im Kornfeld*", summe ich den Jürgen Drews Hit mürrisch vor mich hin, denn es soll weder eine Jugendherberge, noch einen Campingplatz im Ort geben. Wozu habe ich eigentlich das Zelt dabei?

Die Zeit der Zeltübernachtungen wird kommen, vermute ich und steuere das Fahrrad vorsichtig über den Knüppelweg in Richtung Ortschaft. Ich benötige den Stromanschluss fürs Ladegerät, und den finde ich nur in einem Gasthof.

Mit der Einsicht lenke ich mein Gefährt eine halsbrecherische Abfahrt hinunter, dann verlässt mich die Kraft. Mir schlottern die Glieder, als ich im Ort *Hanerau Hademarschen* eintreffe und die erstbesten Spaziergänger anspreche, die mich auf einen Weg zu einer Fahrradpension hinweisen.

„Na gut, die käme in Frage", antworte ich den Fußgängern.

Ein Zimmer ist tatsächlich frei und ich kann es bekommen, sagt mir der Inhaber der Pension. Aber der Preis? Sechsundvierzig Euro die Nacht, Frühstück inbegriffen. Das wäre Negativrekord. Mehr als vierzig Euro pro Nacht will ich nicht berappen.

Soll ich weitersuchen?

Nur das nicht, denn für das Zimmer spricht, dass ich fix und fertig bin und tierischen Hunger verspürte. Gegessen habe ich seit Stunden nichts mehr. Die letzte Nahrungsaufnahme war das Eis bei meinem REHA-Kollegen.

Okay, es muss Schluss sein mit der Plackerei, denke ich. Außerdem ist es dunkel. Und wohin sonst nach einundzwanzig Uhr? Womöglich gibt es gar keine Alternative zu dem teuren Hort?

Ich nehme das Zimmer, beschließe ich, denn die Zeit ist sehr weit vorgerückt.

Die Vernunft hat gesiegt. Ohne noch groß zu verhandeln, akzeptiere ich das Angebot, soll die Reisekasse meutern. Ich unterschreibe die Anmeldung und bekomme den Zimmerschlüssel, dann radele ich mit dem Gepäck zum rückwärtigen Zimmerfenster. Durch das verfrachte ich das Taschengedöns, das Zelt und den Schlafsack ins Innere des Raumes. Alles läuft perfekt. Bequemer geht es nicht.

Danach greife ich zum Handy und prompt ist der Kontakt zu meiner Liebsten hergestellt. Die fragt und fragt. Bald habe ich Löcher im Bauch. Warum ich mich nicht gemeldet hätte? Wie's mir ginge? Wo ich wäre? Sie hätte sich bereits Sorgen gemacht?

Dass mit der Sorge höre ich gern, also lege ich mit Elan los, denn in mir hatte sich ein Erlebniswust aufgestaut.

Ich erzähle ihr von den einhundertvierzig Kilometern der Mammutetappe, berichte über das kuriose Verhalten Grevens, wie *Brockdorf* auf mich gewirkt hat und von vielem mehr. So wird es spät. Neben dem Gespräch esse ich die verbliebenen Müsliriegel und einen Apfel. Es ist ein Sparmenü, aber es macht leidlich satt.

Meine Liebste informiert mich über Zumutungen beim unterrichten in ihrer Gesamtschule, dann über meine Wetteraussichten im hohen Norden. Die Vorschau verheißt Sonnenschein pur, aber für den Nachmittag ein schweres Gewitter.

Halb so wild, hoffe ich. Meine Vorfreude auf den *Nord-Ostsee Kanal* kann höchstens ein Wirbelsturm oder Tornado trüben. Trotz Grevenbesuch habe ich gute einhundert Kilometer auf dem Buckel und der Kanal ist nur einen Katzensprung entfernt.

Tja, der *Nord-Ostsee Kanal*. Über den weiß ich, dass er früher *Kaiser Wilhelm Kanal* hieß und im Zuge des vorranschreitenden Marinekriegsschiffbaus auf die jetzige Breite erweitert wurde. Das war 1907 bis 1914.

Heute verrichten auf der Wasserstraße, die achtundneunzig Kilometer lang und hundertsechzig Meter breit ist, dreizehn freifahrende Schwimmfähren den Dienst. Jetzt, auf meiner Radtour, zahlt sich aus, dass ich den Geschichtsunterricht in meiner Kindheit geliebt hatte. Der Streifzug über die Entstehung des in fruchtbare Marschen eingebetteten Kanals bannt mich und weckt meine Leidenschaft.

*

Nachdem ich gefrühstückt und bezahlt habe, komme ich nach zehn Minuten auf dem Rad zum *Nord-Ostsee Kanal*. Bei *Fischerhütte*, einer Fährstation, ergebe ich mich dem Zauber des wunderschön in die Landschaft eingebetteten Gewässers. Mich verzückt der Grünbewuchs am Kanalrand, das sich Brechen der Sonnenstrahlen in den Wellen und das Glitzern auf der Oberfläche des Wasserspiegels.

In kurzer Radlerhose und ärmellosem T-Shirt einen Sonnenbrand heraufbeschwörend, genieße ich den wunderschönen Tag.

Erwähnenswert ist die Episode mit zwei Frauen in *Rendsburg*, ich schätze sie in den Vierzigern.

O Mann, was für Fregatten. Die winken aus ihrem Campingbus zu mir rüber. Durch das runtergekurbelte Seitenfenster dringen wohlbekannte Laute an meine Ohren. Deren Klänge sind unverkennbar. Sie gehören den *Stones*.

„*Jumping Jack Flash.* "

Mick Jagger röhrt den Song in ohrenbetäubender Lautstärke über die Straße, dann sind die Wasserstoffblondinen vorbei.

An der nächsten Kreuzung hält der VW-Bus mit den Kieler-Frauen neben mir. Ich begutachte die Feger. Sie gehören zur Kategorie „*AUFGEILER* ", nicht zur Sparte „*Heimchen am Herd.* "

„Hallo, junger Mann", ruft mir die Frau mit dem zu grell geschminkten Mund und den strahlend weißen Zähnen zu. „Wo soll's denn hingehen?"

Derweil sich die mit der hübschen Stupsnase zu Wort meldet: „Wir haben nichts vor. Fahr mit uns. Dein Rad passt hinten in den Bus."

Und abermals betören mich die unvergessenen *Rolling Stones* mit einem Superhit. Den schmettern sie über die Kreuzung.

Phantasiere ich? Was wollen die Zuckerschnuten von mir? Stehen sie auf flotte Dreier? Oder ist das Theater ein harmloses Sommermärchen? Mich überkommt das Gefühl im Schritt, als hätte ich mir über meinen Bernstein gerubbelt.

Gedanklich spiele ich mit dem Angebot, aber wohl ist mir nicht bei der Aktion. *Vorsicht ist die Mutter der*

Porzellankiste, das ist ein Spruch, den meine sprüche-erprobte Mutter über alles geliebt hatte. Ist der bei den Superblondinen angebracht?

Anderseits spricht viel für das Mitfahren, denn ein Gewitter deutet sich an. Mit den Frauen wäre ich in Nullkommanichts in *Kiel*.

Ich bin hin und her gerissen, also beschlussunfähig, daher antworte ich den Beiden: „Danke fürs Angebot, aber ich bin auf Radtour."

Die Stupsnase lacht. Ich erahne förmlich, dass sie sich auf die strammen Schenkel klopft. Dann säuselt sie wie die Sirene in der Antike: „Nun sei kein Frosch und fahr mit."

Doch bei mir beißt die Furie auf Granit, denn ich bleibe hartnäckig. Diese Eigenschaft hatte mir meine Mutter bereits mit der Muttermilch eingeflößt.

Ich hoffe also auf das Verständnis der Frauen und beende deren Werben: „Fahre ich mit, wäre das eine Mogelpackung. Nichts für ungut."

Die zwei schmunzeln. Sie sind sich ihrer Sache sicher, und nehmen die Ablehnung nicht ernst. Von was sind sie angetörnt?

„Du Feigling", spottet die mit den lustigen Grübchen. „Wir fressen dich nicht. Schön knackig siehst du allerdings aus."

O ja, die zwei sind geil. Sie suchen nach einem sexuelles Abenteuer. Mancher Mann träumt in seinem stillen Kämmerchen von derartigen Sexorgien. Die Dunkelziffer soll hoch sein. Auf jeden Fall ist die Situation gewöhnungsbedürftig. Mein Verstand sagt mir: Mach dich schnell aus dem Staub.

Ich höre auf meinen Verstand. „Vielleicht in einem späteren Leben", rufe ich den Frauen zu und schiebe mein Fahrrad hinunter auf den Kanalradweg.

„Aufsteigen und losfahren", schnaufe ich aus, dann trete ich wie ein Wilder in die Pedale.

Gehöre ich geohrfeigt? Nähere ich mich dem Stadium der Alzheimerkrankheit oder bin ich zu alt für derlei Affären?

Von all dem ist wohl einiges dabei. Zudem habe ich die beste Partnerin der Welt. Die setze ich nicht für Albernheiten aufs Spiel.

Zufrieden mit meiner Standhaftigkeit, radele ich am Kanal weiter, dabei beschäftigen sich meine Gedanken mit dem Anmachversuch.

Meiner Liebsten würde das „*Sex on Tour Panoptikum*" in die falsche Kehle kommen, hätte ich es mitgemacht und würde es ihr erzählen. Daheim würde sie mir den Kopf abreißen. Nein, noch schlimmer, die Vertrauensfrage würde sie stellen.

Also abhaken. Es war eine Randnotiz, mehr nicht. Ich beeilte mich lieber. Die bedrohliche Gewitterwolkenwand nähert sich zusehends. Das Untergangsszenario steht kurz bevor.

„Schneller, noch schneller. Ich muss mich in Sicherheit bringen."

Gebetsmühlenartig sporne ich mich an. „Ich kann es bis zum Bahnhof schaffen."

Dann die ersten Tropfen und es sind noch rund zwei Kilometer. Plötzlich zucken Blitze über mir, da sind es nur noch fünfzig Meter.

Danach öffnet der Himmel seine Schleusen und ein mordsmäßiger Wolkenbruch beginnt seine Wassermassen über *Kiel* zu entladen. Doch ich habe den Hauptbahnhof auf den letzten Drücker erreicht.

Ich schüttele mir die Regentropfen aus den Haaren, dann beginne ich mich zu orientieren. Zuerst brauche ich eine Zugverbindung zu meinem Freund in *Neustadt* an der *Ostsee*, also gehe ich zum Informationsschalter.

An dem erklärt man mir, dass in zehn Minuten eine Regionalbahn nach *Bad Schwartau* abfährt. Und dort ausgestiegen, könnte ich nach *Neustadt* umsteigen.

Das ist schön und gut, aber ich habe einen Eid geschworen. Der lautet: Du darfst keine Züge oder Busse benutzen.

Scheiß drauf, denke ich. Ich muss weiter, zudem bin ich niemandem Rechenschaft schuldig, allerdings will ich hinterher nicht als Lügenbaron entlarvt werden, nehmen die Bahnfahrten überhand. Einen Regionalzug nur in Notfällen, das habe ich mir fest vorgenommen, und das jetzt ist selbstverständlich eine Ausnahmesituation.

Die fünfzig Kilometer bis *Bad Schwartau* verbringe ich Hinterbacken schonend auf einer weichen Bank in einem Zugabteil. Und den Freund während der Fahrt angerufen, ist der überrascht.

„Wie?" Er klingt erstaunt. „Du bist auf dem Weg zu mir? Mensch, Klaus. Beeile dich. Ich warte."

Als ich in der Kleinstadt *Neustadt* ankomme, regnet es ebenfalls. So erreiche ich völlig durchnässt das schöngelegene Haus des Freundes auf einer Anhöhe.

Aus dem Küchenfenster bestaune ich die Größe der Hafenanlage. Der Panoramablick ist berauschend. Ich sehe die Segelboote in den Wellen tanzen, auf denen haben sich kleine Schaumkronen gebildet.

Die Liebe zwischen Uta und Rasmus begann auf *La Gomera.* Dort haben meine Partnerin und ich uns mit den frisch Verliebten angefreundet. Im Sommer wird in der Begegnungsstätte des Bundes für Umweltschutz in *Neustadt die* Hochzeit stattfinden. Das Programm bleibt geheim, aber es bietet Live-Musik.

Sofort war klar, dass sie heiraten würden. Zudem ist Rasmus kein armer Mann. Er besitzt eine Segeljacht und hat mit der den Atlantik in die Karibik überquert.

In die Karibik reise ich auch noch, doch vorerst befinde ich mich in der beschaulichen Oase *Neustadt* und gönne mir, nach den vielfältigen Tourereignissen, eine Pause. Und im Einklang mit meiner Zufriedenheit, lasse ich die Etappe ausklingen.

4

Am Abend des Pausentages mit einigen Besichtigungen, unter anderem der Segeljacht, ist Rasmus zu seiner Freundin abgereist. So sitze ich allein am Frühstückstisch, an dem ich aus alter Gewohnheit die abbonierte Tageszeitung überfliege. Zum Text eines rechtslastigen Kommentars einen bösen Leserbrief zu schreiben, das juckt es mir in den Fingern.

Bloß nicht ausflippen, sage ich in Gedanken versunken zu mir, dann lege ich die Zeitung beiseite und schnappe mir einen Notizblock.

Auf das erste Blatt des Blockes schreibe ich: Hallo, altes Haus. Vielen Dank für deine Gastfreundschaft. Wir sehen uns im Sommer. Gruß Klaus.

Damit ist der Schriftkram in trockenen Tüchern. Die Radtour kann weitergehen.

Kurz aufgeräumt, schleppe ich meinen Krempel zum Fahrrad, dann schließe ich die Haustür ab und schmeiße den Schlüssel in den Nachbarbriefkasten. Anschließend befestige ich meine Ausrüstung auf meinem Schlachtross. Das schiebe ich auf die Straße, steige auf und radele quietschfidel zum Hafen hinunter.

Die heutige Etappe verspricht Aufklärung über allerlei Rätsel, die mit der die Flucht behaftet ist. Bald werde ich näheres darüber erfahren, so zum Beispiel: Was war der Auslöser für die Flucht des Vaters?

Ideale Voraussetzungen für das Forschen in meinem Unterbewusstsein soll der Besuch im Flüchtlingsauffanglager *Blankensee* bei *Lübeck* bilden, das ich heute erreichen will. Immerhin hatte ich in dem Lager ein volles Jahr meiner Kindheit verbracht.

Eine halbe Stunde unterwegs, und nach einigen die Schweißporen aktivierenden Steigungen, dafür aber von der Morgensonne verwöhnt, komme ich zur Vergnügungsstätte Hansapark. Dann gelange ich an *Sierksdorf*, *Haffkrug* und *Scharbeutz* vorbei, an den *Timmendorfer Strand*.

Diese Urlauberhochburgen bilden das Schlafaffenland der Touristikbranche an der Ostsee. Ist es im Hochsommer schön warm, dann ist hier der Teufel los. Ich sehe kilometerlange Sandstrände, einen Strandkorb neben dem anderen, und Fressbuden zuhauf, außerdem Schmuck- und Klamottengeschäfte, kleine Souvenirläden, Eisdielen, und das alles im Überfluss.

Danach erradele ich eine der schönsten Wegstrecken des *Ostseeradweges*, denn ab *Niendorf* biege ich ab auf den wunderbaren Weg am *Brodtener* Steilufer entlang. Ich liebe die sagenhafte Steilküste an der *Lübecker Bucht*. Leider brechen, ähnlich Rügen, immense Kreidewände und Überhänge großflächig ab. Es bilden sich gefährliche Einschnitte in die Randbefestigungen, die zu Teilstückabsperrungen führen. Aber die malerischen Ausblicke auf die Ostsee hinaus, mit ihrem imposanten Ostseefährverkehr nach Skandinavien, rechtfertigen den Streckenabschnitt.

In *Travemünde* verschiebe ich den Trip zum Viermaster Passat, inzwischen zum Museumsschiff umfunktioniert, auf den Hochzeitsbesuch. Ich verlasse den Ort in Richtung *Ivendorf* und unterquere die Trave bei *Kücknitz* per Shuttlebus, danach erreiche ich, über die *Herreninsel* und am *Tierpark* vorbei, die *Hansestadt Lübeck*.

Ich mache eine Pause und esse ein Brötchen auf einer Bank mit Blick auf das *Holstentor*. Es ist ein schönes Fleckchen und angenehm warm. Genauso stellt sich ein Etappenradler das Wunschwetter vor. Weil ich *Lübeck* liebe, trenne ich mich nur schweren Herzens von der Stadt, doch zu sehr freue ich mich auf meine Kindheitserlebnisstätte *Blankensee*, die liegt runde zwanzig Kilometer südlich von Lübeck, dabei stellt sich mir die Frage: Existiert dass von mir anvisierte Flüchtlingslager überhaupt noch?

Hinter St. Jürgen und eine dreiviertel Stunde auf dem Fahrradsattel gesessen, registriere ich ein gesteigertes Verkehrsaufkommen. Und wenige Minuten später sind rechts und links die Randstreifen der Straße total zugeparkt. Sogar die Wiesen der Bauern haben die Ausflügler mit ihren Autos in Beschlag genommen.

Ein Schild klärt mich auf. *„Tag der offenen Tür. Die Polizeischule Blankensee lädt ein."*

Aha, das also ist aus dem kasernenartigen Flüchtlingslager geworden. Eine Polizeischule, wie passend. Die neue Nutzung hätte ich im Internet recherchieren können, fällt mir ein, doch was eine Recherche betrifft, da war ich zu nachlässig.

Doch überrascht bin ich nicht. Was bietet sich für die früheren Kasernengebäude besseres an, als die Polizei darin unterzubringen? Der Bedarf an Kasernen für die Bundeswehr ist nach dem Abschaffen der Wehrpflicht gesunken.

Nun gut, das ist ein Thema der Politik. Ich verfolge hier andere Interessen, denn ich will das Haus wiedersehen, in dem ich mein achtes Lebensjahr verbracht hatte, aber wo stelle ich mein Rad ab?

Das kann ich hier überall zurücklassen, denke ich. Unter den Augen der Gesetzeshüter ist es sicher. Diebe beabsichtigen nicht in Polizeischulen einzubrechen, um dort Beute zu machen.

„Also bitte, ich stelle es am Eingang ab", murmele ich vor mich hin. „Das Gepäck lasse ich auf dem Rad."

Gesagt, getan, gehe ich an einem wachhabenden Polizisten vorbei durch das Eingangstor und folge meinem Instinkt, demnach muss ich mich rechts halten. Block vier stand groß über der Eingangstür zum Haus, so habe ich es im Gedächtnis.

Und tatsächlich, da steht das Gebäude. Im Zimmer, unten rechts neben der Haustür, befand sich unsere provisorische Unterkunft.

In der hatte der Vater monatelang auf seinen Familienanhang gewartet und von da hatte er seiner Frau durch versteckte Kanäle eine Nachricht über seinen Aufenthalt zukommen lassen, dennoch hatte es ein halbes Jahr gedauert, bis die Mutter mit uns Kindern die Flucht nach *Westberlin* antrat. Weshalb hatte sie sich so viel Zeit gelassen?

Der Vater war ein bescheidener Mann, er konnte aber auch rebellisch sein. Vom Naturell her war er besserwisserisch, deshalb hatte ihn die verfehlte Politik in der DDR oft zur Weißglut getrieben.

Er war gutaussehend, hatte volles Haar und war siebenundvierzig Jahre alt. Mit einer Körpergröße von einmetersiebzig war er kein Riese.

In der Erziehung von uns Kindern hatte er den weichen Part übernommen. Der Mutter hatte er das Meckern überlassen. Seine Lieblingsthemen waren Politik und der Fußball, was wenig zueinander passte. Er als achtes Kind einer neunköpfigen Familie hatte die Schule mit Bravur abgeschlossen.

Seine Frau, also die Mutter von uns Kindern, die war während der Flucht achtunddreißig Jahre alt. Sie war klein, zierlich, sprunghaft, und eine hübsche Person mit dem Charme einer Großstädterin. Statt sich für Politik zu interessieren, tanzte sie gern. Und obwohl sie vom Dorf stammte, fiel ihr das sich mit dem Dorfleben zu arrangieren schwer, doch sie hatte sich in unseren Vater verliebt und war geblieben. Mit ihren inneren Widerständen hatte sie heftig gerungen.

Auch ich achtjähriger Knirps war von kleinem Wuchs, dazu zart und blass. Ich war ein Junge, der nicht zum Bäume ausreißen neigte, aber ein freches und munteres Kerlchen. Trotz meiner schwächlichen Statur hatte ich mir durch gewiefte Verhaltensweisen manchen Vorteil verschafft. Als wir in der neuen Heimat Fuß gefasst hatten, da stufte mich ein Arzt als unterernährt ein und sorgte für einen Aufenthalt in einem Erholungsheim. Muttis Liebling war ich gerade deshalb. Dass ich ein

Frechdachs war, sah man mir nach, und es tat meiner Beliebtheit keinen Abbruch.

Die Schwester hingegen war zickig, vor allem überaus ängstlich. Den Wagemut und das Draufgängertum hatte sie nicht mit Schöpflöffeln gefressen. Der Vater hatte sie verwöhnt, deshalb hatte sie wie eine Klette an ihm gehangen.

Rein oberflächlich betrachtet, waren wir für die anderen Mitflüchtlinge eine perfekte Familie, die nichts trennen kann und die zusammenhält, wie Pech und Schwefel. Doch war das tatsächlich so? Oder sah das nach außen nur so aus?

Wir hatten nach der Zusammenführung in *Blankensee* in einem Zimmer zu viert gehaust, wohnen konnte man den Zustand kaum nennen, prompt schießt mir mancher Krach der Eltern in die Erinnerung, denn die mussten sich erst wieder aneinander gewöhnen. Sie waren sehr lange getrennt.

Gedanklich springe ich an den Tag vor der Flucht des Vaters in mein Heimatdorf *Preußlitz* zurück.

Das Örtchen hatte achthundert Bewohner und liegt in unmittelbarer Nähe der Stadt *Bernburg* in *Sachsen Anhalt*. Der Vater war vom Frühschoppen leicht angetrunken heimgekehrt. Davon existiert ein Foto mit ihm und uns Kindern vor dem Haus.

Danach war der Vater weg. Ohne sich zu verabschieden war er von der Bildfläche verschwunden. Wir saßen beim Abendessen allein mit der Mutter am Tisch und hatten verunsichert auf unseren Broten herumgekaut. Ohne zu wissen, was los war, waren wir Kinder ins Bodenlose versunken. Wir fühlten uns, als sei der Weltuntergang über uns hereingebrochen.

Was war um uns herum passiert? Warum hatte sich der Vater, wir nannten ihn Vati, urplötzlich in Luft aufgelöst? Irgendetwas war zwischen ihm und der Mutter vorgefallen, aber was? Lag es daran, dass seine entsetzliche Schwester zu uns ins Haus gezogen war?

Das war zu dem Zeitpunkt schwer zu sagen. Aber ein Mann, der seine sieben Sinne beieinander hat, der hat keinen Grund so sang und klanglos zu verschwinden, schon gar nicht aus Lust und Laune.

Erst nach langen Tagen des Wartens auf den Vater, da war uns Kindern bewusst geworden, dass er Republikflucht begangen hatte. Mir war aufgefallen, wie fürchterlich er unter den Zuständen im Haus gelitten hatte. Hatten ihn nervtötende Zankereien an den Rand des Wahnsinns getrieben?

Heute denke ich, er hatte die Streitigkeiten falsch eingeschätzt und zu früh die Reißleine für sich gezogen. Er hätte begreifen können, was er uns Kindern mit seinem Verschwinden antut. So zum Beispiel, welche Auswirkungen sein Verduften auf die Psyche von uns Kinder haben kann.

Wir hatten unseren Vater vergöttert. Er war für uns der Fixstern, den wir zum Leben brauchten. Regelrechte Schreikrämpfe hatte die Schwester bekommen, so groß war der Schmerz, den die Trennung von ihrem Halbgott in ihr verursacht hatte.

Im nachhinein werfe ich dem Vater vor, dass er die Nöte seiner Kinder vernachlässigt hatte. Er hatte sich vor trostspendenden Abschiedsworten gedrückt, deshalb war seine Flucht alles andere als eine Meisterleistung. Aber sähe ich das auch so drastisch, wenn er vor den Klammerversuchen seiner Kinder Angst gehabt hatte? Vielleicht musste er sich aus dem Grund ganz still und heimlich verdrückt und sich mit leichtem Gepäck der Todesgefahr an der Zonengrenze aussetzen? Verdient er dann mildernde Umstände?

Sei's drum. Wie's auch war, es lässt sich nicht mehr rückgängig machen. Und unklar ist auch die Rolle der Mutter: War sie mit der Flucht einverstanden gewesen, oder hatte sich der Vater über ihre Verhinderungsversuche hinweg gesetzt? Ich hatte harsche Worte an die Mutter gerichtet: „Warum hast du die Flucht zugelassen? Wie sollen wir ohne den Vater weiterleben?"

Doch die Mutter hatte mich an den Schultern gepackt und geschüttelt.

„Dein Vater hatte schwerwiegende Gründe für seine Flucht." Das hatte sie mir wütend geantwortet, und ich bin geneigt, ihr das zu glauben, denn der Vater war sich der Verantwortung für seine Kinder bewusst.

Natürlich war uns Kindern nicht entgangen, dass er mit dem DDR-Regime auf Kriegsfuß gestanden hatte. Aus seiner Abneigung hatte er keinen Hehl gemacht. Zudem hatte sich der Einzug seiner ältesten Schwester zum Nachteil für die Familie ausgewirkt.

Und eben dieses Zusammenleben hatte zu Eskalationen geführt. Es war aus dem Ruder gelaufen, denn jene Tante Minna war eine Hexe. Sie war der Sargnagel in einer sich nach außen heil präsentierenden Gemeinschaft.

Bis zu deren Auftauchen hatten sich die Eltern gut verstanden, doch bald gelang es der Spinatwachtel, auch wenn es sie nichts anging, sich überall einzumischen. Mit dummdreisten Redewendungen hatte sie Zwietracht gesät. Mutwillig hatte sie versucht, einen Keil zwischen die Mutter und den Vater zu treiben. Sie hatte sich aus keinem Gespräch der Eltern rausgehalten, und das so lange, bis sich die Mutter jedes Dazwischenreden der alten Schachtel energisch verbeten hatte. Sie hatte wie ein Scheunendrescher losgepoltert, sodass sich dieser Minna klitzeklein gemacht hatte.

Mir als Kind waren die familiären Auflösungserscheinungen nicht bewusst gewesen. Allzu viele Gedanken hatte ich mir über das angespannte Verhältnis zwischen dem Vater und der Mutter nie gemacht. Wie getrübt die Lage in der zwischenmenschlichen Beziehung war, darüber hatte ich mir nicht den Kopf zerbrochen. Das zu beurteilen, dazu hatte meine kindliche Weitsicht nicht ausgereicht.

Und damit komme ich zu den Menschen in den neuen Bundesländern? Hat man der breiten Masse in meiner Heimat ins Gehirn geschissen?

Das klingt drastisch, ist aber berechtigt. Seitdem ich in meiner Vergangenheit wühle, registriere ich die AfD-Wahlerfolge in meinem Heimatbundesland *Sachsen-Anhalt* mit Ekel und Widerwillen.

Dass dort die braune Soße überschwappt, wie in allen neuen Bundesländern, und die Angriffe auf Flüchtlinge zur Tagesordnung gehören, ist schwer zu tolerieren. Das jahrzehntelang mit starker Faust regierende DDR-Regime hatte die Bürger dumm gehalten und ihnen das demokratische Denken nie beigebracht. Die Ergebnisse sieht man.

Doch erst einmal bin ich in *Blankensee* und stehe vor dem ominösen Block 4, prompt rührt sich einiges in meinen Gehirnzellen. Die mich übermannenden Gefühlsausbrüche ähneln einem Tränenausbruch. Meine Rückblicke bekommen deutliche Konturen.

Wer hatte wo in dem Minizimmer geschlafen? Zwei Erwachsene, also der Vater, die Mutter und zwei Kinder in einem winzigen Raum, das war einengend. Aber irgendwie hatten wir den Stress ausgehalten. Im Auffanglager in *Marienfelde* hatten wir extremere Zustände in der Massenunterkunft vorgefunden.

Als ich angestrengt nachdenke, nimmt das Zimmer Gestalt an. Ich erinnere mich an zwei Hochbetten. Und wie war die sonstige Ausstattung des Zimmers?

Es gab ein schäbiges Waschbecken mit einer verrosteten Armatur, natürlich kein Bad. Das war Luxus und der war Flüchtlingen nicht vergönnt. Für die Körperhygiene existierte ein Sammelwaschraum im Treppenhaus. Aber immerhin stand ein Tisch in der Mitte des Raumes, mit vier wackligen Stühlen bestückt. Das war ein Glücksfall, denn auf der Balkanroute herrschen menschenunwürdigere Bedingungen.

Und wie ist die Mutter mit uns Kindern von *Berlin* nach *Blankensee* gekommen?

Unsere Ausreise mit der viermotorigen Propellermaschine von *Berlin-Tempelhof* nach *Hamburg* war für mich ein Sahnetag. Es war mein erstes Flugerlebnis, und das war für ein Kind meines Alters keine Selbstverständlichkeit. Eventuell resultiert meine spätere Reiseleidenschaft aus dem Ereignis?

Dagegen hatten meine Mutter und die Schwester den Flug als Katastrophe empfunden. Sie hatten Flugangst. Ich hatte demnach mit zwei verängstigten Nervenbündeln im Flugzeug gesessen und sie bei jeder Turbulenz mitleidig angeschaut, prompt hatten sie angefangen zu weinen. Wir hatten eine herzensgute Mutter, doch bei der hatte die Flucht jegliche Substanz aufgebraucht.

„Nicht weinen, Mutti", hatte ich eindringlich gebettelt. „Bald sind wir beim Vati. Der holt uns ab und dann wird alles gut."

Schon als Kind war ich hartnäckig und ausdauernd, eine Erbanlage des Vaters. Damals hatte ich gern den Erwachsenen gespielt, doch in Wirklichkeit verbarg ich dahinter meine Ratlosigkeit.

In *Berlin* hatte man der Mutter ein Bahnticket für uns drei von *Hamburg* nach *Blankensee* mitgegeben. Das sollte uns eine Zugfahrt bis zum Zielort ermöglichen. Und irgendwie sind wir zum *Hamburger* Hauptbahnhof gelangt. Aber wie wir das geschafft hatten, das weiß ich nicht mehr.

Soll unsere Odyssee zum Bahnhof nachvollziehbar erscheinen, dann wäre es gut, wenn ich ein Artist wäre, der mit Spekulationen jonglieren kann. Meine Nachforschungen würden sich in meinem tiefsten Innenleben abspielen. Alles andere wäre unseriös, und das will ich nicht, daher lasse ich das.

Wichtiger ist, dass wir den richtigen Bahnsteig gefunden hatten, von dem wir in einen Zug nach *Lübeck* eingestiegen waren. An dem Tag herrschte Ruhe im Bahnverkehr, wodurch der Personenzug schwach ausgelastet war, so saßen wir mehr oder weniger allein in einem Waggon.

Ich erinnere mich an das monotone Klackern der Räder an den Lücken der aneinandergesetzten Schienen, das mich müde gemacht hatte, doch einschlafen durfte ich nicht. Ich wollte unbedingt verhindern, dass wir das Aussteigen verpassen. Wie lange würde die Fahrt dauern? Mit den Gedanken beim Vater und der Bahnfahrt, hielt ich mich wach, und auch damit, an welcher Bahnstation wir auszusteigen hatten.

Doch trotz meiner Wachsamkeit war die Lage zum verzweifeln. Wäre der Vater nach *Hamburg* gekommen und hätte uns abgeholt, dann wäre das vernünftig gewesen, doch ohne seine Anwesenheit waren wir in unserer Hilflosigkeit gefangen und auf uns allein gestellt. Darüber hinaus hatte die Mutter still vor sich hingeweint.

Es glich einem Wunder, denn das Umsteigen in *Lübeck* klappte. Nun saßen wir in einem Bummelzug nach Ratzeburg, der in *Blankensee* anhalten sollte, aber das war vorerst das letzte Erfolgserlebnis. Wir waren, neben den Bauern mit ihren landwirtschaftlichen Erzeugnissen, die einzigen Flüchtlinge im Zug und sind am Haltepunkt *Blankensee* vorbeigefahren, das habe ich aus den Erzählungen meiner Schwester.

Und richtig, jetzt erinnere ich mich daran, wie unsere Mutter erst drei Haltestellen hinter *Blankensee* mit uns quengelnden Kindern den Zug verlassen hatte.

Heute frage ich mich: Wie hatte die Mutter das Drama ausgehalten? Sie war zwar willensstark, aber auch ein zierliches Geschöpf, das der zarteste Windhauch umpusten konnte. Sehe ich sie auf Fotografien vor mir, dann bekomme ich regelrecht Schweißausbrüche vor Mitleid.

Nun gut, wir hatten das Aussteigen in *Blankensee* verdaddelt. Solche Fehler passieren in fremder Umgebung und waren zu reparieren, doch die Mutter wusste nicht mehr ein noch aus.

„Heiliger Kristoferos, lass uns gut ankommen“, hatte meine Schwester gefleht.

Glücklicherweise gab es einen seltenen Engel bei der Bahn, und das war ein großzügiger Schaffner. Der hatte Herz gezeigt und uns kostenlos zurückfahren lassen, denn Geld hatten wir keins. Die Flüchtlingsbehörde in *Berlin* hatte der Mutter zwar Taschengeld für das Notwendigste ausgehändigt, das jedoch war für drei Currywürste am Bahnhof draufgegangen.

Doch auch durch die Hilfe des Schaffners war noch nichts im Lot, denn von da an brach es knüppeldick über uns herein. Als wir zwei Stunden zu spät auf dem Zielbahnsteig in *Blankensee* ausgestiegen waren, da sahen wir keinen Vater. Er war natürlich weg. Warum hatte er nicht gewartet?

Das weiß ich bis heute nicht, denn aufhellende Hinweise auf seine damaligen Gedankengänge habe ich nie bekommen. Ich kann nur vermuten, dass er von Fehlern unsererseits ausgegangen war. Vielleicht hatte er angenommen, wir wären, anstatt mit dem Zug, mit einen Linienbus zur Flüchtlingsunterkunft gefahren.

Spontane Verständigungsmöglichkeiten, wie heute mit den Handys, die gab es zur Zeit unserer Flucht noch nicht.

Was also tun?

Die Mutter hatte zwar eine Reisetasche mit Kleidung für sie und uns Kinder bei der Flucht mit in die U-Bahn genommen, doch die hatte die Vopos auf uns aufmerksam gemacht, deshalb war die Tasche samt Inhalt futsch. Das Spektakel, das sich dabei abgespielt hatte, das schildere ich in *Berlin*.

Vom Bahnhof *Blankensee* machten wir uns mit dem Handgepäck aus Sachen, die wir im Lager *Marienfelde* erhalten hatten, zu Fuß auf die Socken zum Lager.

Dass wir hilfsbedürftige Flüchtlinge waren, das sah man uns an. Auf dem Fußmarsch von einer Stunde bemerkten wir erstmals die anfeindenden Blicke, die uns verfolgten. Wir mussten sogar wüste Beschimpfungen über uns ergehen lassen.

„*Scheiß Polacken,* schert euch zum Teufel", hallte es uns gehässig entgegen. „Euch Schmarotzer braucht hier kein Mensch."

Ich war noch ein Kind und als das ziemlich naiv, daher kannte das Wort „*Polacke*" nicht, ja, ich hörte das Schimpfwort „*Polacken*" zum ersten Mal.

Was bedeutete das Wort? Das es für die Mutter eine Katastrophe war, das sah ich ihr an. Was hatten diese

Leute gegen uns? Wir hatten ihnen nichts getan, und sie kannten uns doch gar nicht.

Die Bezichtigung, wie seien „*Polacken*", die brummte der Mutter wie ein Presslufthammer in den Ohren, denn das Schimpfwort hatte man uns nicht achtlos um die Ohren gehauen. Und das war keine belanglose Entgleisung, wie man vermuten könnte.

O nein, wir hatten den blanken Hass in den Augen der uns Beschimpfenden gesehen.

Gewollt waren Flüchtlinge auch damals nicht. Von wegen Willkommenskultur. Wir waren unerwünscht im eigenen Land.

Diese erschütternde Feststellung hatte der Mutter die Seele aus dem Leib gerissen. Für sie waren die Herabwürdigungen unbegreiflich. Ich weiß daher aus Erfahrungen, warum ich mich für Flüchtende einsetze.

Als wir an der Flüchtlingsunterkunft ankamen, da war die Angst vor weiteren Beschimpfungen nicht ausgestanden. An der Belastungsgrenze der Mutter hing eine Last, die wog mehr als ein Mühlstein.

Der Vater wartete am Eingangstor.

Er drückte uns Kinder überschwänglich, dabei sah er aus den Augenwinkeln die Erschütterung im Gesicht der Mutter.

Mit besänftigenden Worten hatte er versucht, sie zu trösten: „Du bist endlich wieder bei mir, Trude", hatte er im beruhigenden Tonfall gesagt. „Hier sind nicht alle Menschen feindselig. Das verspreche ich dir."

Dann hatte er sie mit viel Leidenschaft in die Arme genommen.

Alles war gut. Letztendlich war die Familienzusammenführung geglückt. Wir wussten nicht, wohin mit der überschäumenden Freude. Was gibt es besseres als eine intakte Familie?

Aber wie schwierig ein Zusammenleben auf engstem Raum sein kann, das war Neuland für uns. Zuhause war ein Häuschen mit mehreren Zimmern unser Eigentum. Das war nicht vergleichbar mit der neuen Unterkunft. Die war eine enge Klitsche und in etwa so groß wie eine Gefängniszelle. Litt man unter Platzangst, dann fiel einem die Decke auf den Kopf. Trotz allem waren wir wohlauf. Nach langen Entbehrungen waren wir endlich wieder mit dem Vater vereint.

Doch die Freude hielt nicht lange an, denn die Zustände im Lager waren haarsträubend. Es wurde mehr geweint als gelacht. Der Humor war auf der Strecke geblieben.

So dauerte es nicht lange und es kam zu Zereisproben. Heftige Streitereien zerstörten die anfängliche Harmonie. Insbesondere galt das für den selbstzerstörenden Umgang der Eltern, denn bei denen hing ständig der Haussegen schief.

„Hättest du dich zuhause nicht so dumm angestellt, dann wären wir noch dort", hatte die Mutter gezetert. „Ich gehe zurück in die Heimat und nehme die Kinder mit, denn eine Zukunft für uns sehe ich hier nicht. Die Leute wollen uns nicht."

„Herrgott noch mal, warte bitte ab."

Mit Beschwichtigungen hatte der Vater versucht, seiner Trude den Wind aus den Segeln zu nehmen. „Ich finde einen Ausweg", versprach er ihr.

Doch die Mutter hatte sich in Rage geredet, daher hatte sich der Kladderadatsch fortgesetzt.

„Welchen Ausweg denn?"

Das hatte sie wutentbrannt gefragt, dann hatte sie wie ein Rohrspatz geschimpft: „Wir hängen hier in der Walachei fest und du machst nichts. So kenne ich dich gar nicht."

Leider war das lautstarke Hickhack vor uns Kindern abgelaufen. Beim gegenseitigen Bloßstellen weit unter der Gürtellinie, hatten die Eltern eine abschreckende Figur abgegeben. Darüber sollten alle Eltern gebührend nachdenken, wenn sie ihre Kinder lieben und bleibende Schäden von ihnen abhalten wollen.

Wir Kinder waren der Streiterei hilflos ausgeliefert. Uns fiel nichts besseres ein, als uns beim sich Zerfleischen der Eltern die Ohren zuzuhalten, doch das war keine große Hilfe, denn der Vater und die Mutter hatten unsere Verzweiflung ignoriert.

Anstatt Zukunftsvisionen und den Glauben an Fortschritte zu verbreiten, hatten sie das verachtenswürdige Treiben unentwegt fortgesetzt, dadurch hat es sich unauslöschbar in mir eingeprägt. Es war eine schändliche Prozedur ohne Rücksichtnahme, doch was konnten wir Kinder dagegen tun?

Den Mut davonzulaufen hatte ich nicht. Wohin auch als Kind in dieser unbekannten und verwirrenden Welt? Außerdem waren wir das Gezänk der Erzeuger nicht gewöhnt. In der Regel hatten wir liebevolle Eltern. So zum Beispiel hatte der Vater uns Kinder nie geschlagen, ja, er hatte uns nicht mal eine Backpfeife verpasst.

In dieser erdrückenden Lebensphase waren dicke Krokodilstränen über unsere Backen gekullert, die aber keinerlei Linderung brachten.

Und was hatte ich Kind zur Rettung der Ehe unternommen? Ich hatte mit weinerlicher Stimme in den Tenor der Mutter eingestimmt, was dem Vater völlig gegen den Strich gegangen war.

„Vati, ich will von hier weg", hatte ich ihn angefleht und ihm die Ohren vollgejammert: „Mir gefällt es hier nicht. Wann fahren wir heim?"

Aber der Knatsch hatte auch eine gute Seite, denn es stellte sich heraus, dass der Vater, weder ein Hallodri, noch ein Macho war. Und der Typ Rambo war er ganz und gar nicht. Mit seiner Liebe zur Mutter hatte er sich bei mir große Anerkennung verdient.

Behutsam hatte er mit seiner Einfühlsamkeit die Verstimmungen in vernünftige Bahnen gelenkt. Für sein vorausschauendes Handeln gebührte ihm der Ehrenplatz in der Mitte meines Herzens. Darauf ein dickes Bravo, denn in längst verstaubten Zeitepochen hätte man sein Verhalten als unmännlich eingestuft.

Zu einer weiteren Stärke des Vaters gerieten seine Sprüche. Insbesondere dieser: „Auf Holz klopfen bringt Glück."

Er hatte sein Ansinnen unterstrichen, indem er kräftig mit den Knochen des Handrückens auf die Tischlatte gepocht hatte.

Manchmal hatte er auch für Aufheiterungen gesorgt.

„Lachen ist gesund", hatte er zuversichtlich gesagt, dann hatte er Witze über die DDR erzählt.

Einen Witz habe ich mir gemerkt.

Und der geht so: An der Zonengrenze verursacht ein Rudel Wild etliche Minenexplosionen.

Denkt der erste DDR-Grenzsoldat: Sehr schade um die Minen.

Denkt der zweite: Sehr schade um die Tiere.

Denkt der dritte: „Sehr schade, dass ich jetzt nicht allein bin.

Ich erinnere mich zwar an den Kalauer, aber so richtig hatte ich den Witz damals nicht verstanden, ich war ja noch recht jung.

Und was war mit uns Kindern? Auch wir hatten uns gepiesackt, doch zumeist waren es Nebensächlichkeiten, wie sie unter Geschwistern gang und gäbe sind. So was wie Spielzeug gab es nicht im Wohnblock. Über dessen Besitz konnten wir uns nicht zanken. Es mangelte an Abwechslung. Die Eltern waren nur ein einziges Mal mit uns nach *Lübeck* gefahren. Als Flüchtlinge vom Land trauten sie sich nicht in die Großstadt.

Glücklicherweise kamen wir oft raus an die frische Luft, aber wir blieben im kasernenartigen Areal, in dem es mir gelang, endlich ein paar Freundschaften aufzubauen. Einer der damaligen Spielkameraden, ein gewisser Walter, wurde nach dem sesshaft werden mein bester Kumpel.

Und ein weiteres Dilemma tat sich im Flüchtlingslager auf, und das war die Lernsituation. Ein kleines Schulgebäude gab es zwar, doch die dazugehörigen Lernmaterialien für uns Kinder waren nicht vorhanden, außerdem hatte das Land *Schleswig Holstein* eine zu kleine Anzahl an Lehrkräften bereitgestellt und es herrschte gravierender Klassenraummangel.

Praktisch habe ich ein Jahr nichts gelernt, so hatte ich nach dem Jahr *Blankensee* einen riesengroßen Nachholbedarf und das Lernmanko hatte mir die Chance auf das Gymnasium verbaut.

Stolz auf mich bin ich trotzdem, denn ich hatte es in der neuen Heimat zum besten Volksschul-Abschlusszeugnis gebracht, trotzdem hatte ich mich gegrämt. Die verpasste Chance, das Gymnasium zu besuchen, die hat mich mein ganzes Leben verfolgt.

Schuldzuweisungen an die Eltern habe ich vermieden. Die hatten sie nicht verdient, denn aus mir ist auch ohne Abitur etwas brauchbares geworden. Heute denke ich positiv darüber, denn ich verabscheue jedes Gezeter und Selbstmitleid.

Aber nun wieder zurück nach *Blankensee*. Dort durchlitten die Eltern wahre Höllenqualen, und das lag an den zermürbenden Bedingungen. Der Vater hatte zwar ab und zu einen bezahlten Job in der Landwirtschaft gefunden, und die Mutter half, war Not am Mann, gelegentlich in der Lagerwäscherei aus, aber das brachte nur ein klägliches Taschengeld. Eine Zukunftsperspektive bot das Zubrot nicht. Der goldene Westen war wie eine Seifenblase geplatzt. Den gab es nur im Radio. Die Errungenschaften des Wirtschaftswunders hatten einen Bogen um uns Flüchtlinge gemacht. Wir lebten in der grauen Realität und die hatten sich unsere Eltern sicher anders vorgestellt.

Es war daher logisch, das es nicht so weitergehen konnte. Die Unzufriedenheit wuchs von Woche zu Woche. Das untätige Warten auf zukunftsweisende Veränderungen zehrte am angekratzten Selbstvertrauen. Die Nerven der Eltern lagen blank. Sie fetzten sich mit einer Regelmäßigkeit, dass uns Kindern das Hören und Sehen verging, doch da kein Ende in Sicht war, hatten uns die Wutausbrüche abgehärtet. Wir hatten uns ein dickes Fell zugelegt

Auch bei anderen Familien im Wohnblock gab es regelmäßig Zoff. Die Endtäuschung über die nicht eingetroffenen Erwartungen saß grubentief. Es fehlte an verlässlichen Informationen, die es uns gestatteten, an einen Silberschweif am Horizont zu glauben, stattdessen nahmen die Beschimpfungen besorgniserregende Formen an.

Doch es blieb nicht bei Kleinkriegen. Aus manchem Ehekrieg hatten sich Wutexzesse entwickelt. Und wie üblich bei derlei Krisen waren die Leidtragenden wir Kinder.

Einige bis dahin funktionierende Ehen sind an Perspektivlosigkeit zerbrochen. Die Hoffnungslosigkeit ist ein unterschätzter Beziehungskiller. Aber unser Familienverbund blieb Gott sei dank intakt.

Kleinbeigegeben? O nein, das stand für uns außer Frage, stattdessen hatten wir die Klippen des Zusammenbruchs mit unserer ungebrochenen Hartnäckigkeit umschifft. Das war insbesondere uns Heranwachsenden gelungen, denn wir hatten dem sich nähernden Offenbarungseid unsere kindliche Naivität entgegengesetzt.

*

Ein Aushang bedeutete den Wendepunkt. Eine Stadt Würselen im Dreiländereck Deutschland, Belgien und Holland, warb mit einer neu hergerichteten Flüchtlingsunterkunft um unseren Zuzug. Es ging um Arbeitsplätze in den regionalen Bergbaueinrichtungen.

Die Kleinstadt *Würselen* lag im direkten Einzugsbereich der Kaiserstadt *Aachen* und hatte damals rund einundzwanzigtausend Einwohner. Der Vater hatte sich gefragt: Wäre das was für mich?

Er gab zwar zu, dass das Angebot nicht des Wahnsinns fette Beute sei, aber in der Bergbauregion gäbe es Arbeit in Hülle und Fülle.

Außerdem beherbergte das Grenzland zwei überregional bekannte Fußballvereine. Ein Verein nannte sich *Rhenania Würselen* und der andere war die *Alemannia* aus *Aachen*. Er war ein leidenschaftlicher Fußballfan, daher hatten diese klangvollen Namen nicht ihre Wirkung verfehlt.

Der Vater hatte die Rücksprache mit der Mutter vermieden und uns in die Warteliste eingetragen, somit hatte er den nächsten Hauskrach riskiert. Er wusste, dass die Mutter lieber zu ihrem Bruder Erich in den

Harz gezogen wäre, doch wohin die Reise gehen würde, das war damals kein Wunschkonzert.

Die Vorgehensweise des Vaters war dreist gewesen. Er hatte die überraschte Mutter, ohne mit den Wimpern zu zucken, vor vollendete Tatsachen gestellt. Die Gleichberechtigung zwischen Mann und Frau war damals außer Reichweite, also noch Utopie.

Demnach führte der Alleingang des Vaters zu heftigen Auseinandersetzungen. Bei denen hatte die Mutter dem verblüfften Vater verzweifelt auf die Brust getrommelt und bedauert, dass sie ihm in den Westen gefolgt war.

„Immerzu setzt du deinen Willen durch", hatte sie ihrem Mann in der Person des Familienoberhauptes den Marsch geblasen. „Nur du hast die Flucht in den Westen gewollt. Und jetzt führst du uns an den Arsch der Welt. Wo liegt dieses *Würselen* überhaupt?"

Den Leuten aus dem Ostgebieten war *Würselen* kein Begriff. Erst durch Martin Schulz als Kanzlerkandidat der SPD im Jahr 2017, wurde die Kleinstadt der breiten Öffentlichkeit bekannt. Vorher kannten das Nest nur am Sport Interessierte, ansonsten keine Sau, doch das sei nur am Rande erwähnt.

Nach kleinen Machtkämpfen hatten sich die Eltern auf einen Waffenstillstand geeinigt, denn der Vater saß am längeren Hebel. Er hatte den Marschbefehl ins Dreiländereck unterschrieben. Das war auf einem Dokument schwarz auf weiß manifestiert, denn wie bei der Gleichberechtigung, so war auch das Mitspracherecht der Frau so viel wert, wie das Schwarze unter den Fingernägeln.

„Ein Tapetenwechsel wird uns allen gut tun."

Mit der Plattitüde hatte der Vater den einschneidenden Schritt verteidigt, woraufhin ihn die Mutter bedauernd angeschaut hatte.

Am Tag der Abreise waren mehrere Familien unserer Behausung seinem Beispiel gefolgt. Das Zusammengehörigkeitsgefühl des zusammengewürfelten Haufens aus sich eher fremd gebliebenen Flüchtlingen, war erstaunlich ausgeprägt. Auch mein Kumpel Walter gehörte mit seiner Familie zu den Umzugswilligen, und das hatte Jubelstürme bei mir ausgelöst.

Wir hatten mitgenommen, soviel wir tragen konnten, womit die hintere Sitzbank des Busses und der Stauraum verrammelt waren. Somit begann die Völkerwanderung mit einer achtstündigen Busreise nach *Würselen* in das neue Domizil.

Durch die Busfahrt kamen wir Flüchtlinge in eine von Katholiken dominierte Gesellschaftsschicht. Wir waren zum Großteil evangelisch, und diese Religionszugehörigkeit war ein Grund, warum wir in dem uns feindselig gesinnten Umfeld auf Ablehnung gestoßen waren. Hätten Blicke getötet, wir hätten den Schritt nach *Würselen* nicht überlebt.

Und was hatte uns sonst noch in der neuen Heimat erwartet? Welches Empfangsbeiwerk hatten die Einheimischen für uns bereitgestellt, um uns Flüchtlingen die Ankunft zu versüßen?

Versüßt hatte man uns Neuankömmlingen erst mal gar nichts. Das Gegenteil war eingetreten. Das Beschimpfen als „*Polacken*" hatte auch im äußersten Westen des Landes Hochkonjunktur.

Jawohl, auch in *Würselen* hatte man uns „*Polacken*" genannt. Wir waren „*Polacken Gesindel*" für die Einheimischen, dabei waren wir nicht aus Polen geflüchtet, sondern aus der Deutschen-Demokratischen Republik. Da half es wenig, dass sich der Vater vehement gewehrt hatte, indem er uns als rechtmäßige Deutsche betitelt hatte.

Trug seine Klarstellung zur Verständigung bei?

O nein, denn die Hardliner hatten den miesen Ton bestimmt. Nach deren Richtlinien spielte die Musik. So mancher Flüchtling wurde bespuckt, getreten und mit unschönen Dingen beworfen.

Und die schreckliche Unterkunft? Meine Fresse, die war einfach nur grausam. Wie Viehzeug hatte man uns in eine ehemalige Lagerhalle gepfercht, in der ein uralter Kanonenofen für Wärme sorgen sollte.

Nichts war's mit einer neugebauten Flüchtlingsunterkunft. Man hatte eine muffig und modrig riechende Halle notdürftig mit Spanplattentrennwänden in winzig kleine Kabuffe aufgeteilt, etwa zwei Meter hoch und nach oben hin offen. Sobald es regnete, tropfte es durch das Dach, dagegen standen überall verbeulte Eimer als Auffanggefäße herum.

Und dann die Einrichtung der Kabinen. Die war erbärmlich. Wie in *Blankensee* bestand sie aus wackligen Hochbetten, und einem Tisch mit vier Stühlen. Dar war es dann auch. Wir verfügten nicht mal über einen vernünftigen Schrank.

Die Erwachsenen hatten die Hände über dem Kopf zusammengeschlagen. Nur mein Vater nicht. Flugs hatte der herausbekommen, dass ihm die Halle freien Zugang zum damals berühmten Lindenplatz gewährte, das war der Fußballplatz der ortsansässigen Kicker, die eine gute Rolle in der Oberliga West spielten.

Tja, das war das einzige Erfreuliche. Und wie fanden wir Kinder die neue Unterkunft?

Die oben im Hochbett schlafen durften, die hatten ihren Spaß an der Situation, denn sie nutzen die niedrige

Abtrennung zu kleineren Gefechten. Da war es egal, womit sie aufeinander losgehen konnten.

Es war ein aufregender Aufenthalt in dem Saustall. An Schlaf war nicht zu denken. Es gab Leute, die hatten aufgegeben, und waren reumütig in die DDR heimgekehrt, obwohl ihnen dort Sanktionen und Strafmaßnahmen blühten.

Aber das traf nicht auf unseren Familienverbund zu, denn der war hartnäckig geblieben. Wie wir das Jahr in der Riesenbaracke allerdings durchgestanden hatten, das wäre der Stoff für eine eigenständige Geschichte.

Und es wurde besser. Um über die Runden zu kommen, mussten wir uns mächtig nach der Decke strecken, aber das gelang uns unter Entbehrungen. Der Vater hatte einen Arbeitsplatz im Bergbau gefunden. Das war gut. Es sorgte für den nötig gewordenen Stressabbau. Die evangelische Schule, bei der Ankunft noch im Bauzustand, öffnete ihre Pforten, und nach einem Jahr war es uns vorbehalten, die herbeigesehnte Zweizimmerwohnung zu finden und in diese einzuziehen.

Die Wende war vollzogen. Es war der Startschuss in ein neues Leben. Alles lief wie geschmiert. Wir waren der Folterkammer für Herz und Seele entronnen und genossen das Wohnen in den eigenen Vierwänden. Der Kauf der ersten Möbel auf Ratenbasis vervollständigte unser Glücksgefühl, aber noch etwas anderes war sehr erfreulich: Die Feindseligkeiten der Einheimischen hatten sich totgelaufen.

Wir Flüchtlingskinder mussten, wegen der Übergriffe einheimischer Kinder, nicht mehr in Gruppen zur Schule gehen. Das war mit der Zeit unnötig geworden. Die angespannte Situation hatte sich beruhigt. Die Integration, auch damals ein wichtiges Thema bei der Flüchtlingsaufnahme, hatte den erfolgreichen Weg beschritten. Wir hatten Ewigkeiten darauf warten müssen, bis uns nur noch wenige „Polacken" nannten.

Größtenteils wurden wir als funktionierender Bestandteil des Ortes eingestuft, der von ansteigender Aufbruchstimmung beseelt war. Es schien aufwärts zu gehen. Die Zukunft sah rosig aus, hätte es nicht das fadenscheinige Argument gegeben, dass man Flüchtlingen das Geld vorn und hinten hineinpusten würde.

Der Quatsch, wir wären Schmarotzer, der hatte sich in die Köpfe der Hetzer eingenistet. Der war nicht auszumerzen. Im Umgangston der ewig Gestrigen lebte auch das Schimpfwort *„Polacke"* weiter. Es war eine Beleidigung, die man nicht aus deren Sprachgebrauch verbannen konnte.

Fünf Jahre nach der Umsiedlung hatte mir der Vater mit seiner letzten guten Tat zu einer attraktiven Lehrstelle als Bauzeichner bei einem Architekten verholfen, dann folgte eine nicht zu überbietende Tragik.

Die schwere Arbeit unter Tage hatte den Gesundheitszustand des Vaters besorgniserregend gemacht. Er war gerade mal dreiundfünfzig Jahre alt, als er seine Arbeit verlor. Man hatte den Mann einfach entlassen, so mir nichts, dir nichts, von einem Tag auf den anderen. Sein aufreibendes Leben hatte Spuren der Ermüdung hinterlassen und ihn mit mehreren Anzeichen der Schwäche bestraft.

Wir waren geschockt und fragten uns: War das gerecht?

Okay, die Vitalität des Vaters war aufgebraucht. Im Grunde genommen war er ausgebrannt, vielleicht sogar fix und fertig. Die harten Arbeitsjahre im Westen waren ihm an die Nieren gegangen. Er war vom Alltagsleben nicht mit Annehmlichkeiten verwöhnt worden und hatte sich mit dem Neustart in ein besseres Leben zuviel zugemutet, aber an eine Horrorvision hatten wir nicht im Traum gedacht.

Als ein Arzt den Vater wegen seiner Gebrechlichkeit zu einer Kur schickte, da hatten wir das als ein Zeichen baldiger Genesung gewertet. Wann schreitet der Sensenmann bei einem Patienten in einem Kurheim ein? Und wann kehrt ein Kurgast als Leichnam heim, und warum dann ausgerechnet unser Familienoberhaupt?

Ähnliche Vorfälle kannten wir nicht, deshalb hatten wir den Gedanken an seinen Tod rigoros verdrängt. Diese Ungeheuerlichkeit in den Mund zu nehmen oder nur einen Gedanken daran zu verschwenden, das war strikt verboten. In unserer Wahrnehmung war der Vater noch jung und fatalerweise hatte er das vor der Abreise zur Kur demonstriert.

Doch explosionsartig wurden wir aus dieser Engstirnigkeit gerissen. Wie wurden eines Schlechteren belehrt, denn das Sterben fragt nicht nach Gerechtigkeit. Der Tod kennt keine Begnadigung, stattdessen schlug er wie eine Bombe ein. Es war wie ein Blitz aus heiterem Himmel, als das Grauen Gestalt annahm.

Telefon hatten wir damals noch nicht. Der Kontakt zum Kurbetrieb war nur über ein Lebensmittelgeschäft in der Nähe möglich. Als die Mutter in das Geschäft gebeten wurde, übermittelte ihr der Kurbetrieb die Todesnachricht.

Kurz und schmerzlos hatte man der Mutter den überraschenden Infarkt ihres Mannes untergejubelt. Den nicht zu begreifenden Tod hatte man ihr schonungslos aufs Butterbrot geschmiert. Andere Kurgäste hätten ihn leblos auf der Toilette gefunden. Sein schwaches Herz hätte seinen Dienst quittiert.

Das war alles.

Die Welt war in Schieflage geraten. Sie drehte sich nicht mehr. Das Ableben ihres Mannes hatte man der Mutter ohne die gebührende Anteilnahme übermittelt, woraufhin sie in einen der Ohnmacht ähnelnden Zustand gefallen war.

Herrgott noch mal, viel schlimmer ging's nicht mehr. Warum nicht noch eine Portion rücksichtsloser? Solche Gedanken hielten meine Empfindungen besetzt. Etwas einfühlsamer hätte die Todesnachricht schon ausfallen dürfen. Der sprachliche Umgang war eine Schande. Die wünschenswerte Menschlichkeit fehlte. Aus Verzweiflung war mir nur der Begriff seelische Grausamkeit dazu eingefallen.

Aber damit noch nicht genug, denn der Tod des Vaters hatte noch andere Auswirkungen. Ich hatte, von einem Tag auf den anderen, mit der Mutter und der Schwester allein dagestanden. Plötzlich und unerwartet hatte der Tod mich Vierzehnjährigen zum Familienoberhaupt bestimmt. Viel zu früh hatte ich, ob ich es wollte oder nicht, in die Rolle des Erwachsenen zu schlüpfen.

Und es kam noch dicker, denn die Mutter und die Schwester wollten ohne den Vater nicht mehr leben. So hatte ich als neuer Familienvorstand meine liebe Mühe, sie am Freitod zu hindern. Das war eine Herkulesaufgabe, die mich stark gemacht hat, leider nicht mein Herz. Mein späterer Infarkt ist allerdings ein Stück weit Vererbung.

Tja, was hatte die Flucht letztendlich gebracht? Das ist die Frage, die sich automatisch stellt. Und was antworte ich darauf?

Bleibe ich realistisch, dann hatte die Flucht meinem Vater den frühen Tod beschert, und der Mutter und der Schwester beiweiten keine Reichtümer zugeschustert, eher ein unbefriedigendes und bescheidenes Leben am

Existenzminimum. Zusammengefasst sind das die traurigen Fakten.

Meine Mutter, sowie die Schwester, beide hatten sich nicht wieder berappelt. Sie sind ohne den verstorbenen Vater nicht auf die Beine gekommen und wären besser in ihre angestammte Heimat heimgekehrt. Der vielgerühmte goldene Westen hatte ihnen ein Jammertal beschert.

Wegen der tragischen Begleitumstände war die Mutter nicht alt geworden. Immerhin war sie friedlich in ihrem Bett eingeschlafen. Sie hatte einen schönen Tod. Auf diese Art und Weise möchte ich auch mal sterben.

Das hatten Freunde und Bekannten als Trost zu mir gesagt. Aber stimmte das? War es wirklich ein sanfter Tod?

Die unverkrampften Gesichtszüge der Mutter deuteten auf ein leidloses Einschlafen hin.

Was mich betrifft, so war meine Kindheit ein Ritt auf der Rasierklinge gewesen. In Liebe und Geborgenheit aufzuwachsen, das Grundbedürfnis hatte mir der Herr im Himmel nicht gegönnt. Viele Angstattacken, unter denen ich fürchterlich gelitten hatte, habe ich nicht vergessen. Ich kann nur hoffen, dass sie anderen Kindern erspart bleiben.

Aber ich hatte mich niemals unterkriegen lassen. Auch nicht von dem schweren Schlaganfall mit einseitiger Lähmung der Schwester. Bis es in ihrem Gehirn geknallt hatte, war sie eine starke Raucherin, außerdem hatte sie die Neigung zum Bewegungsmangel.

Meine Aufforderungen, das zu ändern und schleunigst an ihrer schlechten Fitness zu arbeiten, hatte sie in den Wind geschlagen. Ihr weitester Fußmarsch blieb der zum Grab der Eltern. Für mich war ihr Schlaganfall eine sich abzeichnende Konsequenz.

Und obwohl ich sie in einem respektablen Alten- und Pflegeheim untergebracht habe, und sie ihren Frieden mit dem geistig kranken Sohn geschlossen hatte, dessen Misshandlungen sie aus Angst vor ihm lange über sich ergehen ließ, kommt sie nicht zur Ruhe.

Zur Zeit ist ihr einziger Trost der besagte Sohn, denn der besucht sie inzwischen in regelmäßigen Zeitabständen, trotzdem hat sie nur den einen Wunsch: Ich will sterben.

Die Tragödie meiner Schwester steckt mir tief in den Knochen. Ihr Leidensweg nimmt mich stark mit, denn er ist gekennzeichnet von Unglück und Versagen. Der Abstieg zum Pflegefall ist eine eklige Geschichte.

Und was ist mit mir? Was habe ich aus meinem Leben gemacht?

Ich kann mit Fug und Recht behaupten, dass ich von der Flucht profitiert habe, denn schon frühzeitig hatte ich mein Dasein in abwechslungsreiche Bahnen gelenkt. Mein Leben war gespickt mit abenteuerlichen Reisen in ferne Länder, durch interessante Arbeitsstellen und mit einer politischen Betätigung im Stadtrat meines neuen Heimatortes, in der mich meine Partei zum Fraktionsvorsitzenden bestimmt hatte. Das Politikbewusstsein hatte ich vom Vater. Was will man mehr?

Und als Krönung hatte mir das Leben zwei herzallerliebste Kinder geschenkt. Und dieses Glück hatte ich mir, so empfinde ich das nach den beschriebenen Erschwernissen, redlich verdient.

Mein Sohn und meine Tochter haben mich sogar mit zwei süßen Enkelkinderchen zum zweifachen Opa gemacht. Nur der Nackenschlag der Scheidung von der Mutter meiner Kinder, der, Gott sei's gedankt, in eine akzeptable Freundschaft mündete, hat einen faden Beigeschmack.

Oh Gott, ich muss weiter.

Die Zeit ist mir aus den Händen geglitten und in der damaligen Bleibe kann ich nicht übernachten. Die mich misstrauisch beäugenden Polizeischüler im Block 4, beginnen sich zu wundern, weshalb ich mir ihr Gebäude in Gedanken versunken und doch interessiert betrachte. Das sind sie nicht gewöhnt. Woher sollen sie wissen, was mich innerlich antreibt?

Es war eine bewegende Stunde. Ich bin rundherum zufrieden, weil ich die ehemalige Aufenthaltsstation gesehen habe. Mir war es vergönnt, die Eindrücke aufzuarbeiten, die in mir geschlummert hatten.

Mit viel Genugtuung verabschiede ich mich von einer Polizeischule, die mal ein Flüchtlingsauffanglager war. Die Rückkehr der Ereignisse vor fünfzig Jahren haben mich weitergebracht, so gut sie es konnten. Es war informativ in Erinnerungen zu wühlen, und das war gewollt. Ich hatte nach den Tücken meines Heranwachsens regelrecht geschmachtet.

Weitere Gründe zum Thema Fluchtursachen und die dramatischen Fluchtumstände selbst, die werde ich am Geburtsort *Preußlitz* und in *Berlin* durchleuchten. Der Aufenthalt in *Blankensee* hat mich auf den Geschmack gebracht.

Resümierend halte ich fest, dass ich trotz der schlimmen Fluchtjahre, heute ein sorgenfreies Leben führe. Im Zustand der Zufriedenheit finde ich es grandios, auf eine erlebnisreiche Vergangenheit zurückblicken zu können. Schon wegen der Vielseitigkeit meines abenteuerlichen Lebens bin ich den Eltern dankbar.

Auf dem Gang zum Fahrrad mache ich einige Fotos von den jetzigen Gegebenheiten. In mir speichere ich den Block 4, die Schule, den Eingansbereich, eigentlich das ganze Arial der Polizeischule unter der Rubrik ab: „Flucht als Ausweg".

Meine Schwester als Vergangenheitsmensch soll von den Fotos profitieren. Mit jedem Bild werde ich ihren Gedankensträngen das Futter geben, das ich hier vor Ort bekommen habe.

Noch vor mich hingrübelnd, bin ich bei meinem Rad angekommen. Es steht da, wie ich es abgestellt hatte. Die Polizei ist nur in Krimis korrupt. Ich schiebe es zum Radweg, steige auf, setze mich behutsam auf den Sattel und lasse eine Station meines Lebens hinter mir, die an Bedeutung wiedergewonnen hat.

5

Es ist nicht weit bis *Ratzeburg*, ereignisreich ebenso wenig. Unterwegs auf einem ansprechenden Radweg, lenken mich meine Gedanken mit den Eindrücken der Notunterkunft ab, sodass ich sehr wenig von der Umgebung mitbekomme.

Bei der Ankunft in *Ratzeburg* quält mich der Hunger. Ich muss Schritte gegen mein Magenknurren unternehmen, aber womit beende ich das Rumoren in meinem Bauch?

Ich raste auf einer Holzbank am wunderschönen See, dabei suchen meine Augen die Umgebung ab. Meine Blicke landen bei einer Imbissbude, wobei ich überlege: Soll ich mir eine fettige Currywurst antun?

Selbstverständlich wäre der Einkauf in einer Bäckerei besser und gesünder, grübele ich hungrig vor mich hin. Ach Gott, ich wage das Imbissessen. Bekomme ich eben Sodbrennen.

Auf mein Glück vertrauend, überlasse ich das Fahrrad seinem Schicksal und stürze hinüber zum Türkenimbiss. In dem bestelle ich die Currywurst mit Fritten und Krautsalat zum Mitnehmen. Eine Cola kaufe ich hinzu. Wenn schon ungesund, dann ausgiebig.

Und wieder zurückgekehrt auf die Bank, beobachte ich das Treiben auf dem See, dabei stopfe ich den Imbissfraß in mich hinein. Ich rülpse nach einem großen Schluck aus der Flasche, denn ich fühle mich unbeobachtet. Eigentlich sollte ich mich als ehemaliger Bioladeninhaber in Grund und Boden schämen. Die Serviette entsorge ich in einen Müllbehälter. Danach dehne ich mich ausgiebig und widme mich den Schönheiten des Sees.

Ist das der Deutschlandachter? Befindet sich der hier im Training? Ich blinzele gegen die Sonne auf den See hinaus. Das lange, schlanke Boot könnte er sein. Auf dessen Ruderblätter blitzt das Deutschlandemblem bei jedem Auf- und Eintauen in das Wasser auf. Mich fasziniert der Einklang der Ruderbewegungen.

Die rackern sich ab und ich sitze schwerverdauend auf der Bank, plagt mich das schlechte Gewissen. Nie wieder den Currywurstfraß, das schwöre ich, schon wegen meines Cholesterinspiegels. Über zu hohe Zuckerwerte sollte ich mich hinterher nicht beklagen. Wehe, wehe, ich beschwere mich, wegen des logischerweise auftretenden Sodbrennens. Viel Zeit, um nach einer soliden Bäckerei zu suchen, die hätte ich gehabt.

Genug der Rudereinlagen, auch die Schwäne, Gänse und Enten schwimmen ohne mein zutun. Einige mittelschwere Kilometer stehen an, denn ich gedenke bis *Schwerin* weiterzuradeln. Wäre das eine Stadt für die Nacht? In der Jugendherberge hat man sicher ein Bett für mich. Klassenfahrten am Wochenende sind wenig wahrscheinlich.

Gedanklich in *Schwerin,* stürze ich mich ins Verkehrsgetümmel. Das Navigationsgerät habe ich auf die Hauptstadt *Mecklenburg Vorpommerns* eingestellt. Es ist sechzehn Uhr. Fahre ich den großen Gang, dann ist die Strecke machbar.

Doch nicht lange unterwegs, fange ich an zu stöhnen.

„Oh, oh, die Steigung ist mein Untergang."

Aus *Ratzeburg* hinaus, fahre ich nassgewitzt nur bergauf. Zwei Rennradfahrer rauschen mir im Höllentempo entgegen. Die bremsen nicht ab, sondern grüßen kurz, dann verschwinden ihre gebeugten Rücken in der Ferne. Wo bleiben meine Kollegen mit einem ähnlich bepackten Rad?

Im Umfeld der Kleinstadt *Ratzeburg* herrscht tote Hose, geht es um die Tourenfahrer. Ich fahre abseits der belebten Fahrradrouten. Durch den Abstecher nach *Blankensee,* hatte ich den Ostesee-Radweg verlassen, jetzt nähere ich mich einer gottverlassenen Region, die ich getrost Niemandsland nennen kann. Demnach benutze ich keine gängige Radroute, sondern eine auf meine Wünsche zugeschnittene Strecke.

Hoppla, was ist jetzt los?

Früher war hier die *Zonengrenze*. Aber wo sind die Grenzbefestigungen? Was ist aus dem *Mahnmal der Unmenschlichkeit* geworden? Und was hat man aus dem *Todesstreifen* gemacht?

Nichts deutet auf die deutsch, deutsche Trennungseinrichtung hin. Von der berühmten Zaunanlage sind keinerlei Rückstände erkennbar. Das gibt's ja gar nicht. Kein Fitzelchen davon ist übrig. Die Bauern haben die Merkmale des innerdeutschen Terrors gründlich untergepflügt.

Hier ist die *Wiedervereinigung* optisch hervorragend gelungen, denke ich. Das ich *Schleswig-Holstein* und damit den Westen verlassen habe, und ich mich in die Tristesse des Landes *Mecklenburg-Vorpommern* begeben habe, erkenne ich an der langweiligen und graubraun gehaltenen Farbgestaltung der Hausfassaden und am ostblocktypischen Kopfsteinpflaster.

Okay, jetzt befinde ich mich auf dem Boden meiner fremdenfeindlichen DDR-Heimat, aus der ich mit der Familie geflüchtet war. Weshalb die Bewohner der neuen Bundesländer nichts mit Flüchtlingen anfangen können, obwohl es nur wenige davon gibt, das ist total unverständlich. Diese Ursache werde ich mir gründlich zu Gemüte führen. Liegt es daran, dass hier der Hund begraben liegt?

Um das Wesen der Ostdeutschen zu ergründen, dazu habe ich bis *Berlin* alle Möglichkeiten und später bei der Weiterfahrt zu meinem Geburtsort. Das gilt auch für die Menschen am *Saale-Radweg*.

Mein Magen rührt sich. Die Currywurst ist ihm nicht bekommen. Das hatte ich befürchtet. Aber auch andere Körperregionen zeigen Ermüdungserscheinungen. Höre ich in mich hinein, dann senden meine Organe die Hilfeschreie eines physisch Abbauenden. Nur ein Narr ignoriert den Substanzverlust. *Schwerin* kann warten.

Wie heißt der nächste Ort? *Gadebusch*? Den Namen des Kaffs habe ich noch nie gelesen.

Aber egal. Für die Nachtruhe suche ich einen Gasthof, denn schlecht bin ich mit denen bisher nicht gefahren. Auch ein Hotel wäre möglich, obwohl das ins Geld ginge, aber ein festes Budget habe ich mir nicht gesetzt. Ich hatte bis zum Renteneintritt gut verdient. Meine *Radtour* finanziere ich mit den Ersparnissen.

Es ist neunzehn Uhr. Als ich *Gadebusch* erreiche, habe ich mich in meine Einzelteile aufgelöst, deshalb fällt mir sogar die Sucherei nach einer Unterkunft schwer. Weit und breit sehe ich keine Pension. Langsam werde ich mutlos, was ich als Zeichen für meinen Kräfteverschleiß einstufe.

Als ich eine Familie mit zwei Kindern anspreche, erzählt mir die Frau von einem außerhalb platzierten Hotelrestaurant.

„Die Strecke schaffen Sie in fünf Minuten", sagt sie, meinen jammervollen Zustand nicht mal annähernd erahnend.

„Oh je, ist das noch weit", rufe ich in meiner Endtäuschung aus. „Das heißt, ich muss noch vier Kilometer strampeln."

Als ich mich bedankt habe, spucke ich in die Hände, dann mobilisiere ich die letzten Kraftreserven, prompt taucht das Objekt meiner Begierde als Ziel vor mir auf. Das Hotel sieht für die Region recht nobel aus. Hat es überhaupt ein Zimmer für mich? Und wenn ja, ist die Bleibe bezahlbar?

Es muss ein Bett für mich haben, denke ich, denn ich bin dem Zusammenbruch nahe. „Egal, was es kostet, ich frage einfach", mache ich Nägel mit Köpfen.

Und wie so oft habe ich Glück, denn der angesprochene Hotelmanager antwortet mir: „Wir haben zwar Gäste aus Schweden, aber ein Zimmer im 2. Stock ist frei. Das können Sie bekommen. Vierzig Euro mit Frühstück kostet eine Übernachtung."

„Nur vierzig Euro?", frage ich ihn ungläubig. „Das ist günstig."

„Ja, vierzig Euro."

„Alter Schwede, das Zimmer nehme ich."

Die Bleibe ist der pure Luxus. Und wie's sich für eine Luxusunterkunft gehört, hat das Zimmer einen Fernseher, für mich ein Muss am Finalabend mit der Partie *FC Barcelona* gegen *Manchester United*. Es ist der absolute Knüller für einen Fußballfan. Das Endspiel sorgt seit Wochen für Gesprächsstoff und ist das Thema der Zeitungsüberschriften. Über dessen Ausgang werde ich mit meinem Sohn per Handy diskutieren.

Ich wuchte meine Fahrradladung in mein gemietetes Zimmer hinauf, schließe blitzschnell das Ladegerät für die Akkus an und jage hinunter ins Restaurant. In dem verschlinge ich mit der gebotenen Eile eine Gulaschsuppe mit zwei Brötchen als Sattmacher. Und wieder im Zimmer, telefoniere ich mit meinem Herzblatt.

Meine Liebste stöhnt erleichtert: „Es ist spät. Sonst rufst du früher an", höre ich aus ihrem mir vertrauten Mund.

Ausführlich schildere ich ihr den langen Tag, dabei schaue ich auf die Uhr.

„Ich muss aufhören, mein Schatz", unterbreche ich unser Gespräch. „Das Endspiel fängt an."

Mein Schatz macht sich nichts aus dem Fußballsport, dementsprechend empört reagiert sie: „Du mit deinem albernen Fußball. Ich sollte dir wichtiger sein, als der langweilige Quatsch."

Ihre Empörung war aber nur ein Strohfeuer. Das Respektieren der persönlichen Interessen bildet unser Beziehungsfundament. Alles andere wäre ein Liebeskiller. Über zwanzig wundervolle Jahre haben uns bis in alle Ewigkeit zusammengeschweißt.

Dann der Anpfiff.

Doch es ist ein lausiges Spiel. Keine der Mannschaften riskiert Offensivaktionen. Mich ermüden die ungestört vorgetragenen Ballstafetten der Katalanen, trotzdem gewinnen sie den langweiligen Kick, und das nicht unverdient.

Ich räkele mich, dabei gähne ich mit weit aufgerissenem Mund. Dann stehe ich auf und gehe ins Bad, dort werfe ich meine Tabletten ein. Als ich meine Zähne geputzt habe, kehre ich zum Bett zurück und drücke auf den Ausschaltknopf des Fernsehers.

Es ist Mitternacht geworden, deshalb verzichte ich auf die Spätausgabe der Tagesschau. Es geht auch ohne Mord und Totschlag. Für die Weiterfahrt am nächsten Tag fehlt mir nur eins, und das ist ein ausführlicher Wetterbericht.

Und bevor ich die Augen schließe und einzuschlafen gedenke, ziehe ich eine Zwischenbilanz: Eine Woche hatte ich mich im Einklang mit dem geplanten Tourverlauf befunden. Nur von Kiel aus bin ich durch die Bahnfahrt davon abgewichen, und da lag es an höherer Gewalt in Form eines Wolkenbruchs. Daher gelingt es mir ohne Schwierigkeiten, zufrieden mit dem bisherigen Verlauf, die Tage als ein erfolgreiches Abenteuer abzuspeichern.

Wäre die Sehnsucht nach meiner Partnerin nicht groß, dann könnte die Radtour noch wochenlang so weitergehen.

6

Leider hat sich die Uhrzeit des Fernsehers nicht automatisch auf die Sommerzeit umgestellt, prompt habe ich eine Stunde verschlafen. Und jetzt, endlich wach geworden, bin ich immer noch hundemüde, dazu nieselt es beständig, weswegen ich fluche: „Scheiß Wetter!"

Ich schlucke die Morgentabletten, putze mir die Zähne, rasiere mich und stehe nach einer Duschorgie wieder voll im Saft. Mit frisch gewonnenem Elan ziehe ich mich an und befrage den Wetterfrosch. Dessen Vorhersage über den Fernseher verspricht Besserung.

Und das ist gut, denn hier am Arsch der Welt, entschuldigt ihr lieben Gadebuscher, kann ich nun wirklich nicht bleiben, trotz der gutaussehenden Bedienung, die im Restaurant serviert. Die geil glänzenden Blicke der männlichen Gäste im Frühstücksraum verunsichern deren Frauen. Wie erst werden die Tragödien aussehen, die das fesche Weibsbild im langweiligen Örtchen *Gadebusch* auslöst?

Ich lege das Rad trocken. Das trägt noch Spuren des nächtlichen Regenschauers. Dann belade ich es und verabschiede mich vom freundlichen Inhaber des Hotels. Der wünscht mir Hals und Beinbruch, dabei gibt er mir seine Visitenkarte mit der Bitte, sein hervorragend geführtes Haus weiterzuempfehlen, was ich hiermit in die Tat umsetze. Ich will an meinem siebten Reisetag bis an die Mecklenburger Seenplatte vordringen, *Plau am See* schwebt mir vor.

Früh am Morgen ist es kühl, daher habe ich die Regenjacke angezogen. Sie hat ein dünnes Futter und hält warm. Es weht eine steife Brise, so würde man es im norddeutschen Raum wunderbar ausdrücken.

Auf dem Abschnitt nach *Schwerin* zähle ich aus Langeweile die Straßenbäume. Es regnet Bindfäden, das lässt irgendwann nach und hört nach einer Stunde ganz auf. Sporadisch blinzelt sogar die Sonne durch den Wolkenteppich.

Ich radele auf einer schnurgeraden Landstraße gen Osten. Es ist eine der Straßen, die ich ungern benutze, weil der erhoffte Radweg fehlt. An dem Erstellen von Radspuren besteht Nachholbedarf, will man den Ansprüchen der Radfahrer in der Region gerecht werden.

„Die Verkehrsplaner verdienen eine 5 Minus", ereifere ich mich.

Die Trasse führt durch hügliges, landwirtschaftliches Terrain, seitlich verschönern Bauerndörfer die Eintönigkeit. Naturschönheiten werden meinen genussverwöhnten Augen nicht geboten, denn landschaftliche Höhepunkte fehlen.

In *Schwerin* angekommen, ist das erste Bild endtäuschend, das sich mir bietet. Es herrscht die übliche Bebauung vor. Die besteht am Stadtrand aus Plattenbauten, wo man auch hinschaut. In der schmucklosen

Umgebung könnte ich mich nicht wohlfühlen. Die Straßen sind Flickschusterei, doch endlich erfreue ich mich an einem Radweg, leider ist der mit Löchern und Wurzelbeeinträchtigen durchsetzt.

Eine schwarze Katze kreuzt von links meinen Weg. Das macht aber nichts, schließlich bin ich nicht abergläubisch. In Gedanken bin ich bei meinem schwarzen Kater Micky. Es hatte mich viel Überwindung gekostet, ihn kurz vor meiner Tour beim Tierarzt einschläfern zu lassen. Die Ursache für sein Dahinsiechen war das bei Katzen oft auftretende Nierenversagen. Zum Schluss war er ein Abbild des Jammers gewesen.

Dagegen protzt der idyllisch gelegene Ortskern von *Schwerin* mit seinen sieben von Wald und Parklandschaften gesäumten Seen mit seiner Pracht. Aus einer gepflegten Umgebung ragt der eindrucksvolle Dom als Sehenswürdigkeit heraus. Doch den Glanz überstrahlt eine hübsche Altstadt und nicht zuletzt das prächtige Schloss. Das sind genug gute Gründe für einen Zwischenstopp in *Schwerin*.

Ist Ihnen bekannt, dass *Schwerin* die kleinste Landeshauptstadt Deutschlands ist? Stimmt das, dann wundere ich mich nicht, dass im Stadtbild selten Hektik aufkommt. Der meiste Zulauf widerfährt dem Schloss. Und von dessen Ausstrahlung begeistert, halte ich das Gebäude im Bild fest.

Ich verweile auf einer Parkbank an der Uferpromenade und lasse mir die Sonne auf den Pelz brennen. Eine Gruppe Punks schlendert lärmend auf mich zu. Einer der Rotzlöffel, es ist der in einer besonders gewagten Montur, trägt einen voll aufgedrehten Radiorecorder in der Hand, die anderen schleppen Bierkästen mit sich.

Mit übertriebener Gestik und rebellischem Geschrei deuten sie an, dass sie mächtig blau sind. Jeder der Burschen hat eine Flasche Bier in der Hand. Es ist eine Unsitte der jetzigen Generation. Viele Scherben auf den Gehwegen dienen mir als Beleg.

Verschwinden kann ich nicht mehr, dafür ist es zu spät, so wird mir mulmig. Belästigt mich die Bagage? Demolieren die Besoffenen mein Rad?

Die Horde bleibt stehen und beäugt meine Fahrradausstattung, bis der mit dem meisten Schmuck im Gesicht feixt: „Du machst dich kaputt, Kumpel. Mach's wie wir. Bleib locker."

Nicht das Geringste passiert. Die Punks beachten mich nicht mehr und trotten weiter. Herrgott noch mal, woher habe ich meine Vorurteile?

Hinterher komme ich mir lächerlich vor und ich schäme mich wegen der Vorbehalte gegen die Jüngelchen. Ich selbst war mal das, was man einen Bürgerschreck nannte, mit meiner langen Mähne, in kaputten Jeans und löchrigen Turnschuhen. Seit wann lasse ich mich von Äußerlichkeiten beeinflussen?

Meine Sorgen waren für die Katz.

Ich will weiter, aber aus *Schwerin* heraus benötige ich die Hilfe des Navi. Die nächste Station soll *Parchim* werden. In mir kribbelt es, denn ein mir völlig unbekannter Landstrich, von der Struktur her einem Naturpark gleichend, breitet sich vor mir aus. Nur sehr wenig habe ich über das Kanal-Spektakel zwischen *Schwerin* und der *Mecklenburger Seenplatte* im Internet in Erfahrung bringen können. Ich kenne niemanden, der diesen Lebensraum bereist hätte. Solche Landschaften sind die Sahnestücke einer Radtour und ich bin sehr gespannt, was mich erwartet.

Auf der Brücke vor einem nagelneuen Einkaufszentrum versagt das Navi. Anscheinend hatte es bei der Erschließung des Geländes diverse Umbauarbeiten gegeben, daher die Verwirrung im Kartenmaterial. Erst meldet das Navi „rechts abbiegen", doch urplötzlich korrigierte es sich, denn die Frauenstimme näselt: „Bitte wenden."

„Sakrament", fluche ich.

Ich bremse scharf ab und versuche artistisch die Kurve zu kriegen, doch das Fahrrad mit seiner schweren Gepäckbestückung macht das Wendemanöver riskant.

Au Backe. Mich wirft ein wüster Sturz auf den schotterigen Asphalt. Das Rad ist regelrecht ausgebrochen und hat mich unter seinem Rahmen nebst Ausstattung begraben.

Ich schimpfe wie ein Sattelflicker: „Scheiße! Ich bin zu blöde."

Nur mühsam befreie ich mich aus dem Gewirr an Gepäckträgertaschen, dem Zelt, dem Schlafsack, dem Fahrradrahmen und den Speichen, dann begucke ich mir die Bescherung.

An meinem Körper registriere ich mittelschwere Hautabschürfungen, besonders an den Ellbogen. Dazu hat sich am linken Knie eine Wunde gebildet. Die wird sichtbar unter dem winkelartig aufgerissenen Hosenbein der Jeans. Auch die linke Gepäcktasche hat Schrammen abbekommen.

Und das Fahrrad? Überraschenderweise ist das okay. Auf den ersten Blick zeigt es keinerlei Mängel. In seinem offensichtlichen unbeschädigten Zustand kann die *Radtour* ungebremst weitergehen.

Danach mustere ich noch einmal meine Kleidung und murmele: „Alles halb so wild. So trägt man die Jeans heute."

Wieder einmal hatte ich Glück im Unglück, also das Glück des Tüchtigen. Mancher Radfernreisende ist an einem Sturz gescheitert. Schon allein bei einem Armbruch hätte ich meinen Traum begraben können. Mein Ritt in die Vergangenheit wäre zu Ende gewesen.

Und was sagt mir der Sturz?

Leichtsinn ist ein schlechter Begleiter. Allerdings bin ich der Meinung, dass meine Unachtsamkeit nicht auf eine Fehlleistung meinerseits zurückgeht, sondern sie beruht auf diverse Ungereimtheiten im Kartenmaterial des Navigationsgerätes. Nichtsdestotrotz gilt es auf der Hut zu bleiben.

Total chaotisch verlaufen die nächsten Kilometer. Trotz meines Navis verliere ich den Überblick, was selten vorkommt. Warum passiert das ausgerechnet mir in dem unübersichtlichen Dörferlabyrinth?

Doch mit der Hilfe meines inneren Kompasses erreiche ich *Banzkow*, dann radele ich an der *Störwasserstraße* entlang zur *Müritz-Elde Wasserstraße*, was nach den Kennzeichnungen in der Radwanderkarte besonders reizvoll sein soll.

Vor meinen Pupillen macht sich ein Teilstück breit, das zur Idylle der Superlative wird. Der Landstrich ist die Abgeschiedenheit pur.

Aber idyllisch finde ich den buckeligen Weg keineswegs, auf dem ich weiterfahre. Ich werde mächtig durchgeschüttelt. Mit meiner Gepäckauslastung ist die Piste schwer zu radeln. Die Griffigkeit der Reifen ist auf dem schmalen Sandstreifen nur gering, so geht's im Kriechtempo voran. Andauernd springe ich vom Sattel, womit ich einen Sturz vermeide.

Und als ob alles nicht schlimm genug wäre, folgt die Krönung des aufreibenden Unterfangens. Ein Hindernis in Form einer Überbrückung über eine Wasserstraße türmt sich vor mir auf.

Nach den Angaben des Navigationsgerätes gibt es nur eine Möglichkeit: Ich habe das sich hoch auftürmende

Brückenbauwerk zu überwinden. Das bedeutet: Mit viel Kraftaufwand muss es mir gelingen, mein Monstrum über seitliche Fahrschienen mit Treppenstufen hinauf und danach wieder hinunter zu bugsieren.

Ich steige ab und stehe vor einer Mammutaufgabe. Bei der Schieberei und Schlepperei verrenke ich mir den Rücken. Meine Armmuskeln schmerzen, aber ich bezwinge das Hindernis.

Die andere Seite der Wasserstraße erreicht, also im nachhinein, beschließe ich: Das nächste Mal entlade ich das Rad und bringe mein Hab und Gut getrennt auf die andere Seite des Gewässers. Dieser Aufwand hätte sich gelohnt, denn solch eine Plackerei will ich mir nicht noch einmal zumuten.

Danach strampele ich durch ein wunderschönes Waldstück. In dem wird die Wegbeschaffenheit besser, aber mir begegnet keine Menschenseele. Eigentlich ist diese Bewohnerarmut nur eine Beschaffenheit der Taiga oder Tundra. Doch diese Unberührtheit ist klar, denn bis auf den Förster wohnt heutzutage niemand mehr im Wald, höchstens es haben sich irgendwelche Einsiedler in die Einsamkeit des Waldes begeben. Die lieben diese Zurückgezogenheit.

Ein Boot tuckerte an mir vorüber. Die Besatzung grüßt freundlich, dann beherrscht wieder diese gespenstische Lautlosigkeit die Szenerie. Liebenswert sind sie ja, die wenigen Menschen, die diese Gegend frequentierenden, denke ich. Das muss an der für die Stadtbewohner eher seltenen Einsamkeit liegen.

Und weiterhin höre ich die Stimme aus dem Navi.

„Jetzt rechts abbiegen. In dreihundert Meter links abbiegen, dann fünf Kilometer geradeaus."

Immerhin wähne ich mich durch das Hören der Anweisungen auf dem richtigen Kurs.

Drei geschlagene Stunden trampele ich in die Pedale. Meine Fahrradkette ächzt wegen der zermürbenden Belastung. Kein Ende des unendlich erscheinenden Waldstückes ist in Sicht. Radele ich einen Zickzackkurs?

Es liegt eine gespenstische Ruhe in den Baumkronen. Ich fühle mich wie ein Gefangener der Natur, und die Spuren an Verzweiflung machen sich bemerkbar. Meine Alarmglocken schrillen. Die absolute Stille ähnelt der vor dem Konzertbeginn, die erst das Taktstocksignal des Dirigenten beendet. Ich könnte eine Stecknadel zu Boden fallen hören, so geräuschlos geht's im Unterholz zu. Nur das spärliche Gezwitscher der Vögel begleitet mich, mehr höre ich nicht.

Mein Vernunfthirn hämmert auf mich ein: Denke positiv. Das Navigationsgerät irrt sich nicht. Gleich löst sich der Baumbestand auf und das Landschaftsbild wird von Tracktoren bestimmt.

Worauf mein Unterstützerhirn dazu sagt: Was soll dein saublödes Stöhnen? Sei froh, dass du nicht im brasilianischen Dschungel gelandet bist. Das durch diesen Märchenwald zu radeln ist wunderbar. Mach dir keinen Stress und genieße die Menschenarmut. Eine geruhsamere Vorgehensweise solltest du schleunigst wieder lernen.

Ich denke also positiv, und siehe da, nach geraumer Zeit wird der Baumbestand spärlicher. Danach begleiten mich Hecken und Wiesen. Es ist der von mir herbeigewünschte und deshalb unbeschreibbare Zustand, an dem man in die Zivilisation zurückkehrt. Suche ich das Ende der Welt, dann ist es hier bei *Parchim* zu finden. Die Gegend zwischen *Schwerin* und *Parchim* werde ich mir merken.

Nach langen vier Stunden im Wald, begegne ich den ersten Automobilen. Eben habe ich sie noch herbeigewünscht, nun kann ich wieder über deren Krach und Gestank schimpfen. Und das weckt das Allerweltsbegehren Hunger in mir. Mein Proviant in der Form von Obst- und Müsliriegeln ist verbraucht. Wo hätte ich zusätzliche Nahrung einkaufen können? Eine Raststätte zum Forsthaus war nicht aufgetaucht.

Das Rasthaus gab es in dieser gottverlassenen Gegend nicht, jedenfalls bin ich nicht an ihm vorbeigekommen, so habe ich während einer Rast im Wald den Apfelvorrat und die Müsliriegel aufgebraucht. Auch die zwei mitgeführten Flaschen Wasser habe ich bis auf den letzten Tropfen geleert, schließlich war ich gehörig ins Schwitzen gekommen.

Hungrig erreiche ich mit *Parchim* ein herzallerliebstes Städtchen. Die Bewohner nennen den altertümlichen Ort kurz und schmerzlos „Pütt". Der Ortskern gefällt mir zwar, aber vorerst interessiert mich die Nahrungsaufnahme. Mich suchend umschauend, entdecke ich einen lecker anmutenden China-Imbiss in der Fußgängerzone.

Oha, das freut mich. Eigentlich bin ich eher der Biofreak, aber ich bin auch ein Fan der asiatischen Küche. Und da ich ausgehungert bin, kaufe ich das Gericht mit den gebratenen Nudeln mit Gemüse und dazu eine Flasche Sprudel.

Mit dem Menü in einer Plastiktüte, balanciere ich das Essen mitsamt dem Lastrad in einen Schlosspark, denn ich habe ausreichende Erfahrungen mit der Essenseinnahme auf Parkbänken gesammelt.

Mein Gericht hat hervorragend geschmeckt, deshalb fälle ich nach dem Essen überfallartig den Beschluss: Bis *Plau am See* radele ich weiter. Dort werde ich die Jugendherberge aufsuchen.

„Die Idee ist erstklassig", jubele ich, was einer Selbstbeweihräucherung gleicht. Eine Herberge ist überfällig. Den dafür erworbenen Herbergsausweis setze ich ein, und meiner Tourenkasse wird eine Billigübernachtung gut tun. Die Telephonnummer steht im Jugendherbergsführer.

Das neue Ziel treibt mich weiter, so bleibe ich nicht lange in Parchim. Nach einer Stunde stoppe ich mein Rad und rufe den Herbergsvater an. Der verspricht mir ein Zimmer, macht mir allerdings Feuer unter dem Hintern.

„Aufnahmeschluss ist achtzehn Uhr", erklärt er mir freundlich. „Aber ich mache eine Ausnahme und warte auf Sie."

Nett von ihm, denke ich, denn ich hatte tatsächlich vergessen, dass in Jugendherbergen achtzehn Uhr Anmeldeschicht ist. Wie dumm von mir, aber aus Schaden soll man klug werden.

Jetzt heißt es Tempo bolzen.

Mit der Rasanz eines Hochgeschwindigkeitszuges jage ich auf einem Radweg in Richtung *Plau* weiter. Von der Bierstadt Lübz bekomme ich so gut wie nichts mit, zu sehr bin ich mit dem Zeitschinden beschäftigt. So verfliegen die Minuten wie im Flug. Meine Oberschenkel brennen lichterloh und ich schnaufe wie eine Dampflokomotive.

Es ist achtzehn Uhr. Das Navi zeigte noch fünf Kilometer Reststrecke an.

Ich jage weiter.

Und *Plau am See* erschöpft erreicht, befrage ich einen Krankenwagenfahrer nach der Lage der Herberge, doch der blafft mich entrüstet an: „Sind sie von allen guten Geistern verlassen? Hier dürfen sie nicht anhalten."

Ohne mir eine vernünftige Auskunft zu geben, rast der Arsch davon.

„Leute gibt's", meckere ich aufmüpfig und schaue dem Kerl entgeistert hinterher, doch letztendlich stehe ich vor dem Zielobjekt, eine halbe Stunde zu spät.

Der Herbergsvater ist kein Erbsenzähler. Er lächelt und verlangt den Jugendherbergsausweis, dann reicht er mir ein Laken, das Bettzeug und den Kissenbezug. Durch die Mitgabe des Schlüssels verweist er mich in ein Zweibettzimmer. Gäste wären vier Motorradfahrer und ein Behinderter.

Ich betrete das Zimmer. Den aus Gasthöfen gewohnten Fernseher vermisse ich nicht. Schlimmer ist das Fehlen eines Waschbeckens. Eine Dusche wäre des Guten sowieso zu viel gewesen. Aber was soll's. Die Hauptsache ist, die wichtige Steckdose für die Ladestation meiner Akkus hat Saft. Schräg gegenüber meiner Schlafstätte befindet sich der Sanitärtrakt. Na dann, auf eine ruhige Nacht.

Doch bevor ich mich zu Bett begebe, mache ich eine Stippvisite im Ort, dabei kommen mir einige hübsche Häuser bekannt vor, beispielsweise die postkartengerechte Brücke und die Pfahlbauten am Wasser.

Ich bin vor Jahren hier gewesen, erinnere ich mich. Aber in welchem Zusammenhang? Neben der Brücke gab es einen Crepesstand.

Und den gibt es noch. Also bestelle ich einen Crepe mit Grand Manier und beiße in das herzhafte Stück.

„Ah, lecker", entfährt mir ein Seufzer. „Jetzt wird gesündigt."

Ich verspeise mein Crepe und danach drei Kugeln Eis. Das ist meine Lieblingssüßspeise, danach bin ich rundherum satt. Mit vollem Bauch genieße ich den sanften und lauen Maiabend.

Und in die Herberge zurückgekehrt, vollziehe ich dass übliche Prozedere: Das Bett selbst beziehen ist allerdings neu für mich. Ich schalte mein Handy auf Betrieb, und habe eine Nachricht meines Töchterchens.

„Alles gute zum Vatertag, Papa", wünscht mir mein Sonnenschein. Ja, so ist sie. Den Vatertag hat sie nie vergessen.

Als ich meine Partnerin anrufe und mit ihr über das Örtchen *Plau am See* plaudere, ist ihr der Zusammenhang zu einem früheren Aufenthalt entfallen. Doch bei der Beschreibung der Anlegestelle, da meint sie sich dunkel an eine Bootsfahrt zu erinnern.

„Wir sind auf Rädern nach *Plau am See* gefahren und haben das Wassertaxi zurück zum Ausgangspunkt benutzt."

„Kann sein", antworte ich.

„Ja, so war's", behauptet sie jetzt steif und fest.

„Ich passe", ergänze ich aus meiner Sicht. „Obwohl? Irgendwoher kommt mir die Story mit dem Wassertaxi bekannt vor."

„Glaube es mir. In solchen Dingen habe ich ein gutes Gedächtnis", bleibt mein Schätzchen hartnäckig bei ihrer Version.

„Ach herrje, bin ich müde", mache ich die Partnerin auf meinen physisch angeschlagenen Zustand aufmerksam. „Ich musste ganz schön strampeln, um rechtzeitig in der Herberge zu sein."

„Ach, du Armer", neckt mich meine Liebste, was ich ignoriere. Stattdessen verweise ich auf den nächsten Tag: „Morgen vertiefen wir die Details oder sobald ich von der Tour zurück bin."

„Gut, das machen wir", antwortet sie. „Dann wünsche ich dir eine gut Nacht."

7

Weit vor den anderen schlüpfte ich aus dem Bett. Ich schlucke die Medikamente, rasiere mich, dusche und putze mir die Zähne. Joggen als Frühsport wäre ein Witz, auch Liegestützverrenkungen sind unnötig. Mehr als ich momentan körperlich veranstalte, geht gar nicht. Mich sauber rausgeputzt, platzte ich vor Neugierde auf das Frühstück.

Bei dem erzählt mir der Herbergsvater, dass er das Haus nach der Wende auf Pachtbasis übernommen habe und es ins Programm für Behinderte aufnehmen ließ. Es war ein lohnender Schachzug, denn von da an war die Hütte rappelvoll. Außerdem sind die Behinderten pflegeleicht, das heißt anspruchslos im Umgang.

Was man so alles erfährt?

Das Frühstücksangebot besteht aus einer Menge an Marmeladen, aber auch ein Glas Honig ist ein erfreulicher Bestandteil des Sortiments. Zu den bisherigen Gasthöfen stelle ich keinen Unterschied fest, was gut zu wissen ist für weitere Nächte in anderen Jugendherbergen. Ich beschließe: Den Honig beanspruche ich für mich.

Nach dem Frühstück bezahle ich einundzwanzig Euro und wünsche dem Herbergsvater viel Unternehmerglück, dann mache ich ein Bild von der eintönigen Fassade der Herberge als Erinnerung. Anschließend kaufe ich am nächsten Kiosk die Tageszeitung, denn ohne die abendliche Tagesschau mit Wettervorhersage fühle ich mich uninformiert.

Na und? Was verspricht der Wetterfrosch?

Es soll ein heißer Sommertag werden. Keine Wolke wird den Himmel trüben, heißt es, und die Schallmauer von dreißig Grad wird locker geknackt.

„O ha", raune ich leise, ohne das mich jemand hört. „Ich krempele die Ärmel hoch. Mit meiner Kleidung bin ich zu warm angezogen."

Dann radele vom Ort *Plau am See* in Richtung Norden und komme am See entlang zum Aussichtsturm *Glashütte*. Dort trenne ich mich von meinem langärmligen T-Shirt und der langen Jeans. Stattdessen ziehe ich die kakifarbene kurze Hose mit den Seitentaschen und ein ärmelloses grünes T-Shirt an.

Als Sonnenschutz setze ich eine Kappe auf. Die Dinger sind hochmodern, denn was die Klamotten betrifft, da bin ich eitel.

Eine um zehn Jahre jüngere Frau beobachtet meine Entkleidungs- und Eincremaktion. Das tue ich hinter einem Holunderbusch, doch der ist ein schlechtes Versteck. Als ich zu der Frau rüberschaue, blickt sie verschämt weg. Ich habe nur die Radlerunterhose an, daher bin ich fast nackt. Demnach stelle ich mich ihr als Akt der Freikörperkultur zur Verfügung.

Sie wird's überleben, denke ich.

Ich bin vierundsechzig Jahre, trotzdem habe ich einen schwach behaarten Astralkörper, mit dem kann ich es mit einem Männermodell in anstößigen Männermagazinen durchaus aufnehmen.

Aber nun zur Ernsthaftigkeit der Tour zurück, denn urplötzlich führt der Radweg über ein Campingplatzgelände mit einer Steigung von zwanzig Prozent.

Keuchend erreiche ich den Hochpunkt, dabei bin ich pitschnass geschwitzt. Doch dafür entschädigt mich der wundervolle Weitblick über den in der Sonne glänzenden *Plauer See.*

Zu meinem Alter eine Äußerung Ingmar Bergmanns: *Mit dem Altwerden ist es wie mit dem auf einen Berg steigen. Je höher man steigt, desto mehr schwinden die Kräfte, aber umso weiter sieht man.*

Der Mann hatte den Durchblick.

An der Hauptstraße in *Malchow* lege ich die erste Rast ein, bei der ich in einem Supermarkt mein Wasserkontingent auffrische, danach entdecke ich eine unscheinbare Imbissbude. Der Imbiss heißt Regina, und ist eine leicht schäbige Bude, wobei sich meine Gedanken zu meiner Schwester hinbewegen. Die trägt den Namen Regina und wäre froh, wenn sie solch eine Lokalität jemals besessen hätte.

Ich mache ein Foto für meine Schwester, dann radele ich an Souvenirgeschäften mit Touristenramsch vorbei zum See und lasse zur Abkühlung meine Füße lässig ins Wasser baumeln, wobei mich die Fotogeilheit überkommt. Der Platz schreit geradezu nach einem Bild mit mir. Genial wäre es, sähe man mich mit dem Fahrrad und im Hintergrund den See.

Aber wer soll das Foto machen?

Ich spreche eine unsicher vorbeischlendernde Frau an, die ängstlich zusammenzuckt.

„Entschuldigen Sie, meine Dame", sülze ich gemeingefährlich. „Könnten Sie mir einen Wunsch erfüllen?"

Sie nickt unsicher.

„Bitte machen Sie ein Erinnerungsfoto von mir und dem See."

Die Frau ist erleichtert und lacht: „O Mann, haben sie mich erschreckt. Ich dachte schon, Sie wollten mich belästigen."

Hätte sie's gern gehabt?

Als sie das Foto gemacht hat, bedanke ich mich vielmals und schaue mir das Bild auf dem Display an.

„Na ja, besonders gut bin ich nicht getroffen", murmele ich enttäuscht. „Ich bin im Gegensatz zu meiner Partnerin nicht fotogen."

*

Von der Schönheit der Mohn- und Kornblumen am Raweg nach *Röbel* am *Müritzsee* bin ich hin und hergerissen. Die wachsen üppig am Feldrand. Die satte, goldgelbe Kornfarbe verzaubert mich, und das Rot der Mohnblumen prahlt mit einer leuchtenden Intensität, dazu strahlt das Blau der Kornblumen wie auf einem Gemälde von Erich Nolde.

Ich halte die Kombination aus dem kräftigen Rot, aus dem leuchtenden Blau und der Farbe der Ähren im Bild fest.

Das Foto wird meine Partnerin lieben, rekapitulierte ich. Sie mag farbenfrohe Motive. Daheim lasse ich es zum Poster vergrößern und verpasse ihm einen Rahmen. Wahrscheinlich kommt das Bild über den Esszimmertisch.

An der Seenplatte erlebe ich den bisherigen Hitzehöhepunkt. Ich befinde mich kurz vor *Röbel*, da bin ich puterrot im Gesicht und mein Körper ist glühend heiß. Die Vermutung liegt nahe, dass ich mich auf einen Sonnenstich hinbewege.

Wegen dem Verdacht eines Hitzschlages brauche ich eine längere Pause, vor allem Schatten. Auch das Hungersyndrom ist nicht länger zu bändigen. Da kommt der Supermarkt am Ortseingang wie gerufen.

In dem decke ich mich mit zwei Flaschen Wasser ein, dazu mit Obst und den unentbehrlichen Müsliriegeln. Aber mich gelüstet nach etwas Herzhaftem.

Mit dem Duft nach Bratfisch in der Nase ist der Hafen in Röbel meine vorläufige Endstation. Dort, an einem Kutter als Fischbratbude, und in der Nähe einer hölzernen Parkbank, ist der Tisch für mich gedeckt. Gierig vertilge ich ein hervorragendes Backfischbrötchen.

Pappesatt bleibe ich eine Weile im Schatten sitzen. Ein Apfel als Nachspeise soll meine Lebensgeister wecken, aber er hat keine Chance gegen meine Trägheit. Auf der Wiese hinter der Bank breite ich mein Handtuch aus, entledige mich des T-Shirts, creme mich ein und begebe mich in eine Ruhepose. Trotz vorbeiströmender Touristengruppen entspanne ich königlich.

Habe ich geschlafen?

Irgendwas hat mich geweckt. Aber was?

Eine Ente zupft an meinen Sandalen. Was hat das Vieh mit dem Schnabel angelockt? Regt der Backfischgeruch ihre Fressgelüste an?

Als ich mich abrupt aufrichte, sucht sie schnatternd das Weite.

Puh, der Bewegungsapparat gehört angeworfen. Zwar knallt die Sonne barbarisch vom Himmel, trotz allem soll das Abendvergnügen der Stadt *Mirow* gehören. Den Besuch in *Mirow* will ich unbedingt bewerkstelligen, denn der hat eine beziehungstechnische Bewandtnis. Ich war drei stürmische Jahre mit der Freundin Beate zusammen, danach ging die Trennungsarie von dem Feger ausgerechnet in *Mirow* über die Bühne.

Noch aber bin ich mitten in *Röbel* und stoppe an einer Eisdiele. Magnetisch ziehen mich die Tempel des italienischen Eisgenusses an. So auch diesmal. Ich bestelle drei Kugeln im Becher, dabei entscheide ich mich für Vanille, Joghurt und Banane, alle drei sind meine Lieblingseissorten.

Als ich mir das Eis genüsslich einverleibt habe, geht es wieder auf Tour und damit raus aus *Röbel*.

Zwei Stunden schlaucht mich die Strecke nach *Mirow*. Nach den Aussagen des Reiseführers ist sie bekannt für einen hartnäckigen Gegenwind. Es ist eine höllische Quälerei, daher erreiche ich mein Tagesziel total abgekämpft.

Und mich halbwegs erholt, finde ich das ausgeschilderte Schloss am See ohne Probleme. Ich mache einen Marsch durch den Schlosspark, mein Rad neben mir herschiebend, dabei achte ich auf jeden Anhaltspunkt, der an meine damalige Liebschaft mit Beate erinnern könnte, ich finde aber keine Merkmale.

Eine Menge junger Leute bevölkert den Park. Das ist neu. Und neu ist auch, das sich viele Jungfreaks mit Rasta-Frisur unter den Feiernden befinden. Auf dem Parkgelände tummelt sich ein Vielvölkergemisch, denn in *Mirow* findet ein Musikfestival statt.

Vor der Wende hatte die Stasi derartige Feiern verhindert. Festliche Aktivitäten organisierte die Partei nach ihren ideologischen Vorstellungen, wodurch Zucht und Ordnung das Treiben am See beherrschten.

Wo hatte ich mit der Ex-Freundin Beate übernachtet? Der Trennungsprozess ist mittlerweile fünfundzwanzig

Jahre her. Wo ist die Stelle, an der wir uns verständnisvolle Abschiedsworte zugeraunt hatten?

Meine Erinnerungen an Beate auf dem Terrain sind ausgelöscht. Sie taucht nicht als eine auf dem Besen reitende Hexe auf, obwohl ich eine zermürbende Zeitspanne am Limit mit ihr verbracht hatte. In der hatte sie mich bis aufs Blut gepeinigt..

Unsere Beziehung war zum Kräftemessen ausgeartet. Beate hatte alles mögliche und unmöglich erscheinende aus mir herausgeholt, dementsprechend besessen war ich von ihr. Ich war bis weit über den Rollkragen in das Vollblutweib verliebt. Doch an den Gegensätzen, die wir anfangs als anziehend wahrgenommen hatten, an denen war unsere Liebe letztendlich gescheitert.

Auf der Heimfahrt hatten wir kein Wort gewechselt. Die war unerträglich abweisend verlaufen. Hatte man, wegen der traurigen Umstände, die Fahnen auf halbmast gehisst?

Ein Jahr nach dem Wuschelkopf trat meine jetzige Begleiterin in mein Leben. Das Urteil: Lebenslänglich. Das Schicksal hat es gut mit mir gemeint.

Vor der Ankunft in *Mirow* wollte ich die Stätte des dramatischen Abschieds von Beate unbedingt wiedersehen, und nun will ich schleunigst aus dem schmerzbeladenen Ort verschwinden. Warum ist das so und warum so plötzlich?

Möglicherweise möchte ich die Radtour ohne Erinnerungen an den Katastrophenabschnitt, von Beate verursacht, weiterführen. Das Biest soll die Welt meiner Gedanken nicht noch einmal belasten.

Jawohl, das wird es sein.

Und wohin nach der Verschnaufpause mit der wiedergewonnenen Lust auf neue Erlebnisse?

Rheinsberg am *Rheinsberger See* käme in Frage. Die Strecke dorthin ist landschaftlich toll und der Kurort ist eine attraktive Bereicherung.

Okay, die Fahrt dorthin wird mir gefallen. *Rheinsberg* werde ich beschnuppern.

Ohne Wehmut im Herzen schwinge ich mich auf den Sattel und ab durch die Mitte.

Ein Teilstück der Strecke besteht aus einem hervorragend ausgebauten Radweg. Verheißungsvoll heißt er *See-Radweg.* Leider schmerzt mein Gesäß, aber ich beiße auf die Zähne, denn Radabenteurer kennen keinen Schmerz.

Eine willkommene Abwechslung ergibt sich durch das gemeinsame Radeln mit einem Pärchen. Die daraus resultierende Quatscherei ist das Salz in der Suppe jedes Radreisenden. Leider kann die Frau das angeschlagene Tempo nicht mithalten und fällt zurück, ein wenig später reißt auch die Verbindung des Mannes zu mir ab.

Ich schmeiße mit Fachbegriffen um mich, die zu einer Berichterstattung bei der Tour de France passen würden, und mit denen der Kommentator die Spannung des Rennverlaufes hochhält. Auf solch dämliche Vergleiche komme ich, fahre ich zu lange allein und leide unter Kontaktarmut.

Aber ob allein, oder zu zweit, das interessiert momentan weniger, denn ich brauche einen guten Schnitt, um noch vor der Dunkelheit die Stadt *Rheinsberg* besichtigen zu können.

So strampele ich im großen Gang am *Zotzensee* und *Vilzsee* vorbei. Wunderbare Ausblicke sind der Lohn für meine Standhaftigkeit.

Den *Labussee* und *Tietzensee* streife ich an dessen Flanken, und am *Rheinsberger See* entlang erreiche ich die anvisierte Kleinstadt, da bricht die Dämmerung über den Ort herein.

Nur schemenhaft erkenne ich die Anhäufung an renovierten Plattenbauten, einstmals die Wahrzeichen des Wohlstandes im Bespitzelungsstaat. Für einen Westler ein desolater Zustand.

Vorbei an Wohnkasernen radele ich schnurstracks ins Zentrum. Übrigens ist *Rheinsberg* bekannt durch sein Schloss und den darin stattfindenden Kammermusikkonzerten. Als Beleg dafür parkt ein Bus aus *Berlin* vor dem Nobelhotel des Ortes.

„In dem Luxusschuppen übernachte ich keinesfalls", bemerke ich mehr beiläufig.

Ein kleines Schild erregt meine Aufmerksamkeit. Auf dem steht Pension. Nicht lange überlegt, strampelte ich hin und miete ein Zimmer.

Ich bezahle die obligatorischen vierzig Euro für die Übernachtung mit Frühstück. Das ist in Ordnung, denn die Höhe des Obolus habe ich in mir aufgesaugt.

Bei einem halbstündigen Telefonat mit meiner Lebenspartnerin bewahrheitet sich, wie stark unsere Liebe ist. Danach rufe ich meine Ex-Frau in *Berlin* an. Dass ich zu ihr komme, darüber hatten wir Übereinstimmung erzielt.

Der Mutter meiner Kinder berichte ich sinngemäß: „Es ist soweit. Ich treffe schon morgen am Abend bei dir ein."

Meine Ex-Frau lebt seit drei Jahren in *Berlin* und hat was mit mir vor. Worum es dabei geht, damit will sie mich überraschen, doch aus Freude vergisst sie ihr Vorhaben, denn sie kündigt mir Arbeit an.

„Das trifft sich gut", antwortet sie. „Dann kannst du mir beim Umzug helfen, denn ich verlasse die *Berliner*

Wohnung und bringe meinen Hausstand nach *Aachen*. Eine Pritsche mit Plane habe ich gemietet."

Ich hätte es wissen können, schließlich waren wir ein halbes Leben zusammen. Immerzu arten unsere Treffen in Schufterei aus.

Allerdings ist es nachvollziehbar, dass sie aus *Berlin* wegzieht. Sie hatte dort wenige Freunde gefunden, daher hält sie nichts in der Bundeshauptstadt.

Okay, sie gibt ihren guten Job im Sekretariat an einer Schule auf. Eigens wegen dem war sie nach *Berlin* gegangen. Aber die Sehnsucht nach unseren Kindern zehrt an ihrem Seelenzustand. Da spielt ihr mein Auftauchen in die Karten: Früher waren wir ein echtes Team. Viele Umzüge in gemeinsamer Zeit bleiben unvergessen.

„Ich helfe, solange meine Kraft reicht", sage ich ohne zu zögern meine Hilfe zu. „Bereite die wichtigen Dinge vor, alles andere machen wir zusammen. Als Gegenleistung übernachte ich bei dir."

Sie juchzt vor Freude: „Ja, wunderbar. Dann sehen wir uns ja bald. Fahr bitte vorsichtig."

Wir brechen den Kontakt ab, denn es ist alles gesagt. Prompt kümmere ich mich um das Akkuaufladen. Und einen Akkus ins Ladegerät geschoben, stelle ich fest: Ich habe den Zeitpunkt für die Tagesschau und den Wetterbericht verstreichen lassen. Über die Mattscheibe trieft eine fürchterliche Heimatschnulze.

„Bloß nicht", stöhne ich auf. „Langweilige Uraltschinken tue ich mir nicht an. Ich gehe zu Fuß in den Ort."

„Aahh, ist das angenehm", versprühe ich mit meinem Aufstöhnen eine wohlverdiente Entlastung für meinen Gesäßbereich. Ich eiere zwar hochbeinig durch die Bebauung, aber die Lauferei verschafft meinem Hintern Behaglichkeit. Eine angenehme Spur an Wohlbehagen stellt sich ein. Mein Gesäß gleicht nicht mehr einem Grill mit glühender Holzkohle.

Der Rundgang führt mich durch den Schlosspark zum Fluss, und da an einen Anlegesteg für Ausflugsboote. Anschließend spaziere ich vorbei an Stadtmauerresten. Vermutlich wurde die Mauer während des Dreißigjährigen Krieges zerstört. Danach laden mich die gepolsterten Sessel vor der Ratsschänke am Zentrumsplatz zu einem erfrischenden Getränk ein.

Ich setze mich auf einen besonders dickgepolsterten Stuhl und atme wohlig aus: „O ja, das habe ich jetzt gebraucht.‟

Nach etwas Kauderwelsch mit der aufmerksamen und freundlichen Kellnerin, bestelle ich mit leuchtenden Augen einen halben Liter Alsterwasser.

Als sie mir das Glas bringt, trinke ich es in einem Zug leer, dann bestelle ein weiteres Glas.

„Auf einem Bein kann man nicht stehen‟, scherze ich dabei.

Während meiner Urlaubsreisen hatte ich das Bier-Limo Gemisch zu meinem Lieblingsgetränk auserkoren, da ich nicht mehr auf Wein stehe. Von dem Rebensaft hatte ich als junger Mansch viel zu viel genossen. Jetzt halte ich mich lieber an ein gutes Bierchen und speziell an das Bier-Limo Gemisch. Für mich ist das die reinste Gaumenfreude.

Mit Träumereien über die abwechslungsreiche Etappe endet der lange Tag, dabei bekommt der Abschnitt von *Plau am See* nach *Rheinsberg* einen Ehrenplatz.

8

Wie weit komme ich mit meinem notleidenden Hinterteil? Bleibt mein Zustand erträglich und ich schaffe es noch auf dem Fahrradsattel bis *Berlin*?

Das Sitzproblem auf dem Fahrradsattel beschäftigt mich am hereinbrechenden Morgen, doch trotz der Problematik beginnt der Tag mit der Tabletteneinnahme und dem Frischmachen, dann begebe ich mich auf den Weg zum obligatorischen Frühstück.

Neben mir am Tisch sitzt mein Zimmernachbar. Er ist auf der Zwischenstation zu seinem Kuraufenthalt auf Usedom. Dorthin hätte man mich nach dem Infarkt zur Genesung schicken sollen, denn Usedom hätte ich gern mitgenommen, aber für mich als Herzpatient war Bad Nauheim zuständig.

Na ja, die Kur in Bad Nauheim war recht angenehm, vor allem sehr hilfreich und dementsprechend akzeptabel.

Aber wieder zum anderen Gast zurück.

Der Mann aus Heidelberg und beschwert sich bei mir über den Übernachtungspreis: „Die geforderten vierzig Euro sind ein Witz. Im Badischen sind dreißig Euro die Obergrenze."

Ich antworte nicht, fahre aber gedanklich mit ihm Schlitten. An der Nordsee habe ich auch weniger bezahlt, denke ich. Akzeptiere den Preis und hau ab. Ich finde die Wirtsleute ausgesprochen nett.

Der Störenfried hat das Weite gesucht, und auch ich verlasse die Unterkunft mit meinem liebgewonnen Ungetüm.

Als ich drei Minuten von der Pension entfernt bin, da erst registriere ich die bevorstehende Gluthitze. Doch plötzlich fährt mir eine Schrecksekunde in die Glieder. Wo ist mein Rucksack?

Ich denke nach: Von meinem Rücken kann man ihn nicht entwendet haben. Wie soll das gehen? Das wertvolle Stück ist in der Pension zurückgeblieben. Ja, ich erinnere mich. Nach dem Verstauen meiner Gepäckstücke auf das Rad ist er unbeachtet im Hausflur liegengeblieben.

Und blitzschnell zur Pension geradelt, treffe ich auf die Wirtin.

„Mein Mann ist mit dem Auto unterwegs und sucht Sie. Sind Sie ihm nicht begegnet? Er muss jeden Moment zurück sein."

Wir warten.

So verstreichen Minuten. Da rollt sein Wagen auf den Hof. Der Mann springt aus dem Auto, natürlich mit meinem Rucksack in der Hand, und überreicht mir mein Schmuckstück.

„Vergessen sie ihn nicht zu oft. Irgendwann ist er weg", belehrt er mich. „Machen sie sich eine Kerbe ins Ohr oder einen Knoten ins Taschentuch." Was man eben so sagt.

Die Pensionsleute kräftig gedrückt und mich tausendmal bei ihnen bedankt, danach den Rucksack umgeschnallt, mache ich mich endgültig auf die Reise nach *Berlin*.

*

Mit dem zurückgelassenen *Rheinsberg* habe ich das Kapitel *Mecklenburg Vorpommern* beendet. Nun schlage ich eine neue Seite auf, und das ist das Bundesland *Brandenburg*. In dem bin ich wankend unterwegs, wie ein angeschlagener Boxer. Etwas abwegig denke ich an den Roman von Hermann Hesse.

„*Kunst des Müßiggangs*" heißt das Werk. Dementsprechend grundsolide verrichte ich meine Beinarbeit, dabei geht's mir den Umständen entsprechend, denn in Wirklichkeit ist zwar der Geist willig, keinesfalls aber das Sitzfleisch. Mein Hinterteil brennt wie das Fegefeuer. Ein Warnschild mit der Aufschrift „*Sitzgefahr*" umgehängt, würde zur Tragweite der Tragödie passen.

Noch ist es ein Schwelbrand, doch der kann sich zur Feuersbrunst entwickeln, mit der sogar die Feuerwehr überfordert wäre. Den Feuerlöscher in Form einer Brandsalbe habe ich vergessen und den Ernstfall „*Mein Hintern in Aufruhr*" habe ich nicht geprobt.

Da hilft kein Lamentieren. Meine Ex-Frau wartet, und in *Berlin* will ich die entscheidende Phase der Fluchtgeschichte aus seinem Dornröschenschlaf erwecken. In meinem filmerprobten Gehirnkämmerchen, ich habe vor Jahren als Komparse in einem Film mitgespielt, werde ich den Fluchtkrimi zu einem Spielfilm verarbeiten. Gleich nach der Ankunft fange ich damit an, denn eine ähnliche *Extremradtour* werde ich kein zweites Mal unternehmen.

In sommerlichen Klamotten radele ich durchs *Ruppiner Land*. Ein Bestandteil der malerischen Landschaft ist die *Zechover Heide*. Und die Heidelandschaft hinter mir gelassen, maloche ich mich durch den *Rägelsdorfer Forst* nach *Neuruppin*.

Der Wald als Schutz vor der Sonne ist vorteilhaft. Durch den Laubbaumbestand radelt es sich gut, hätte mein Hinterteil dem Sattel nicht den Krieg erklärt. Ein Wärmegewitter sei von Westen im Anmarsch, hatte der Pensionsmensch gesagt.

O je, o je. Bei den steil steigenden Temperaturen leicht vorhersehbar.

Innerhalb *Neuruppins* erschwert eine Baustelle das Weiterkommen, außerdem wird der altertümliche Ortskern durch Baufahrzeuge und Kräne optisch entstellt.

Ich stoppe mein Rad an einem Lidl, denn der Wasservorrat bricht kontinuierlich ein. Als Abwechslung bereichere ich mein Trinkangebot mit einer Flasche Apfelschorle. Auch Äpfel und Bananen wandern in den Rucksack, doch ich verzichte auf Müsliriegel. Die würden zur undefinierbaren Masse im Glutofen Rucksack schmelzen, den ich auf dem Rücken trage. Ich gehe in *Berlin* mit meiner Ex-Frau phantastisch Essen, überlege ich. Beim Gedanken an ein Festmahl läuft mir das Wasser im Mund zusammen.

Aber vor dem Essen steht die Quälerei. *Neuruppin* nach *Berlin,* das ist es eine Strecke von siebzig Kilometer. Mit meinen wundgefahrenen Pobacken ist das kein Pappenstiel, trotz eines hervorragenden Radweges entlang des *Ruppiner Sees*. Ich verrichte knochenharte Sitzarbeit. Nicht eine schwungvolle Beinarbeit, sondern das Po schonende sitzen auf dem Sattel hat Priorität. Aber wie verhindere ich die sich anbahnende Brandkatastrophe?

Ich versuche mein Gewicht zu verlagern, wobei ich abwechselnd eine Pobacke entlaste. Ähnlich dem Werbeslogan: *Wir machen den Weg frei,* ermögliche ich mit der Methode das stetige Vorwärtskommen. Oberstes Gebot ist die Schonung, dass kreative Radeln ist angesagt.

Nahe am See lege ich eine Verschnaufpause ein. Keine Menschenseele hat sich in das herrliche Teilstück meiner Tour verirrt. Mein T-Shirt habe ich zum trocknen über dem Gepäckständer ausgebreitet, so genieße ich mit nacktem Oberkörper die Sonnenbestrahlung. Bei der habe ich sogar meine Wanderlatschen ausgezogen. Ich esse eine Banane und blicke hinüber zum Radweg. In dem Moment zischt ein undefinierbares Objekt an mir vorbei.

Was war das? Ein Radfahrer?

Ja, natürlich, aber es war nicht irgendeiner. Der Mann auf dem Fahrrad war splitterfasernackt, wie originell. Nacktradler nennt man diese seltene Spezies.

Ich bin blitzschnell aufgesprungen, aber ich sehe nur noch dem nackten Po auf dem Sattel eines Fahrrades hinterher.

Gott, oh Gott, dazu gehört Mut, denke ich. Diese Nacktsportart beherbergt nur durchgeknallte Typen. Die eben gesehene Ulknudel kommt bestimmt aus *Berlin*. Die Bundeshauptstadt ist ein Sammelbecken für urige Vögel. Dazu kommt, dass viele Ossis die FKK Kultur vergöttern, gerade hier im Raum *Berlin*. Niemand stört sich an den Textillosen. Aber nun stellen Sie sich mal folgendes Szenario vor: Ich als Nacktradler auf meiner *Deutschlandtour*.

Genug gescherzt, denn in meiner sich anbahnenden Schmerzsituation ist mir mehr nach Ernsthaftigkeit zumute.

Ab *Wustrau* wird es richtiggehend ungemütlich. Ähnlich, wie bei dem größenwahnsinnigen Napoleon, ist auch mein Waterloo im vollen Gange. Meine Durchhalteparole lautet: Egal wie, irgendwie schlage ich mich nach *Berlin* durch.

Hinter *Wustrau* endet der Radweg am See. Den löst ein furchiger Feldweg ab. Danach wechseln sich klobiges Kopfsteinpflaster mit heruntergewirtschaftetem Asphalt ab. Ich werde kräftig durchgeschüttelt, dabei rebelliert mein Hinterteil vor Schmerz.

Wer diese Pein je erlebt hat, der kann es nachempfinden, doch mein Martyrium übersteigt jegliche Vorstellungskraft. Der Sattel übernimmt die Rolle des Marterpfahls. Ein Indianer kann Schmerz ausblenden, das ist meine trotzige Reaktion.

Ich ersticke die aufkommende Resignation im Keim und radle unbeugsam weiter. Die Sonne sticht und schränkt mein Sehvermögen ein. Meine Schweißströme brennen in der Augenpartie. Wäre ich eine auf Ausdauer programmierte Maschine, dann ließe mich die Hitze kalt, und mein Hintern wäre immun gegen Schmerzen. Ich jedoch bestehe aus einer Hülle empfindlicher Haut, darunter Muskelmasse und ein Knochengestell, an dem das Alter nagt, deshalb bin ich der Bewusstlosigkeit nahe.

Ich ertappe mich beim Sprechen mit dem Rad. Das hat den Platz eines Freundes eingenommen. Dem Leichtmetallross vertraue ich den Beginn meiner galoppierenden Schwindsucht an. Ein Fahrrad als Vertrauensperson, der Schwachsinn passt zu einem Idioten. Und der scheine ich zu sein, sonst hätte ich mich nicht auf den Höllenritt eingelassen. Bin ich übergeschnappt? Habe ich einen Sonnenstich?

Das erstere könnte ich mir gut vorstellen, denn in den letzten verstrichenen Tagen war ich oft auf mich allein gestellt. Das erfordert einen Lernprozess. Das Alleinradeln lässt ungeheuerlich viel Energie aufkeimen, das hatte ich mir als Motivation für den Erfolg der Radtour so ausgedacht. Doch ein erfolgreiches Leben ist kein Selbstläufer.

Es ist aber auch kein Selbstbedienungsladen, in dem der perfekte Lebensablauf auf der Ladentheke ausliegt. Für die Gesundheit und die Wohlfühleffekte bin und bleibe ich selbst verantwortlich. Ich beeinflusse beides nur dann positiv, wenn ich mich weiterentwickele, und das heißt: Jede Reaktion, die auf Selbstaufgabe hindeutet, habe ich zu verscheuchen.

Zu dem Thema habe ich eine Zauberformel entwickelt. Mit konstruktiver Bewegung vermeide ich geistigen Stillstand. So nenne ich meinen geistreichen Erguss.

Plötzlich zwickt es in meiner Brust. Unerwartet verspüre ich ihn, den unbeschreiblichen Druck. Mein Puls rast und mein Herz leidet. Ist es ein Krampf? Hat sich einer meiner *Stents* zugesetzt? Nicht genug damit, fühle ich ein undefinierbares Kribbeln im Nackenbereich. Ist es die Angst?

Was sonst, denn das nackte Grauen sitzt mir im Nacken. Zwar ist der Sensenmann noch nicht mein Begleiter, aber mein Unterbewusstsein ist besetzt von meiner Furcht vor einem weiteren Infarkt. Oder liegt es an der Hitze und ich bin dem Kreislaufkollaps nahe?

Ich halte an und lege mich ein paar Minuten an den Wegesrand, schon fühle ich mich besser, denn das undefinierbare Kribbeln lässt nach.

Eine Arztpraxis kann ich in dem Landstrich mit seiner trostlosen Feldkartoffelanpflanzung vergessen, geht mir durch den Kopf. Eine ärztliche Betreuung wird's hier nicht geben. Stattdessen steige ich auf und setze mich auf den Sattel, womit ich meine Sitzmuskeln weiterhin über Gebühr bestrafe.

So nähere ich mich mit Behäbigkeit der Brücke über die *Alfter*. An der zuckelt mir ein Rennradfahrer entgegen. Der ist das Spiegelbild meiner Beschaffenheit. Schweißnass ist seine Radlerbekleidung.

Ich schwanke bedenklich, als ich vom Rad steige und mir mit dem Handrücken die Schweißtropfen vom Gesicht wische. Dann beseitige ich mit der Mütze den aus allen Poren der Arme und des Nackens gedrungenen Schweiß, danach lege ich sie auf den Gepäckständer zum Trocknen in die Sonne. Es bereitet mir Mühe, mein Rad am Umkippen zu hindern. Diese Anstrengungen sind erheblich.

Der Rennradbesitzer sieht die Schwäche. „Mensch", faucht er wie eine Wildkatze. „Tanken sie auf."

Auch er reibt sich mit einem Handtuch die Schweißperlen aus den Gesichtsfurchen, danach sagt er: „Sie radeln noch fünf Kilometer, dann beginnt die Straße nach *Schönwalde,* und es wird angenehmer." Dabei zeigt er mir den Verlauf auf seiner Radwanderkarte.

„Schalten sie ihr Navi aus und nehmen Sie den Streckenverlauf, den ich gekommen bin", rät er mir, und fährt er mit dem Zeigefinger über die Karte.

Wir trinken kräftige Schlucke aus den Wasserflaschen, nebenher beginnt die Fachsimpelei über das Navigationsgerät. Der Technikkram interessiert ihn brennend.

Er fragt mich gezielt: „Wie lange fährt man mit einer Akkuladung? Und von welcher Qualität ist die Kartengrundlage?"

Ich lege meine Hand auf das Navigationsgerät und erkläre ihm ohne Lobhudelei: „Für eine kurze Tagestour reicht eine Akkuladung. Besser ist es allerdings, man hat einen Akku in Reserve. Über das Kartenmaterial von Falk kann ich mich bislang nicht beschweren."

Diese Infos reichen ihm. Er besteigt sein Rennrad und betont: „Bis zum nächsten Supermarkt sind's zwanzig Kilometer. Teilen Sie sich des Wassers gut ein."

Dann winkt er mir zu und strampelt davon.

Zwar erreiche ich nicht mein Topniveau, aber das ist mir egal. Von dem war ich eh weit entfernt. Immerhin erledige ich eine zu bezwingende Buckelpiste im Galopp, dabei erzeugt meine an Turnübungen erinnernde Sattelakrobatik bei Passanten ein mitleidiges Lächeln. Meine Rotfärbung im Gesicht ist schwächer geworden, denn meine Kondition hat sich gefestigt. Mich mit Eigenlob überhäufend, teile ich meinem Fahrrad die überstandene Schwächephase mit.

Doch da ich keine Antwort bekommen kann, radele ich im gleichen Muster weiter und stoße auf den Laden, den mir der Mann mit dem Rennfahrrad vorhergesagt hatte.

Ich kaufe nur Obst und Wasser ein, dann verspeise ich das Obst in Unmengen, wie ein Nimmersatt, nebenher trinke ich literweise Wasser, bis ich fast platze.

Anschließend lege ich mich zwischen die Entenkacke auf eine Wiese am Dorfteich. Ein schattenspendender Obstbaum vermeidet die Negativkrönung des Tages, und das wäre ein Hitzschlag.

Als ich mich aufrichte, bemerke ich in der Ferne deutliche Veränderungen am Himmel. In der Tat ist ein Gewittertief im Anflug. Und wie's mit den Unwettern für gewöhnlich so ist, kommt es aus westlicher Richtung.

Hoffentlich verschont es mich und zieht vorüber, gebe ich mich Wunschspekulationen hin. Und wenn nicht?

Nach den Aussagen auf der Radkarte ist *Berlin* eine handbreit entfernt, das müssten in der Realität etwa dreißig Kilometer sein. Haue ich rein, dann ist das Gewitter kein Thema.

Ein 70-jähriger Kraftprotz in Rennradmontur macht mir vor, wie das geht. „Hallo, junger Mann", ruft er mir zu. Er hält neben mir und erklärt mir: „Ich komme von der polnischen Grenze und habe einhundertzwanzig Kilometer in den Beinmuskeln."

Für mich protzt der Mann, deshalb scherze ich: „Na ja, so ganz ohne Gepäck bringt dass Abstriche."

Dennoch orakelt der Altradler weiter: „Ich überschreite in *Wedding* die einhundertsechzig Kilometer. Und im Spätsommer nehme ich am dreihundert Kilometer Fahrradmarathon in Schweden teil. Mindestens fünfhundert Teilnehmer stehen auf der Meldeliste. Mensch, da ist was los."

Ob das alles so stimmt?

Papperlapapp, der Vollblutprofi ist ein Schlitzohr, resümiere ich, allerdings sind seine Beinmuskeln die Erfüllung eines Sportlerlebens, wenn man darauf steht. Aber brauche ich diese Knödel an den Unterschenkeln und die modischen Radlerklamotten überhaupt? Oder das dazu passende Trikot, das albern aussieht, und die Sportradlerhose mit Firmenaufschrift? Den Kram brauche ich sicher nicht. Auch nicht die speziellen Rennradschuhe.

In die Schablone eines von der Werbung beeinflussten Alleskönners lasse ich mich nicht pressen. Die Hauptsache ist doch, ich erhalte mir meine Ausdauerfähigkeit. Trotz Herzinfarkt alt werden ist kein Verbrechen.

Mit dem Fahrradfreak mitzuhalten, das gebe ich auf. Der Mann hat Wespen am Hintern. Stattdessen feuere ich mich mit dem Sprechgesang der Fußballfans während eines Pokalspiels an: „*Berlin, Berlin, ich fahre nach Berlin!*"

Doch mein übersprudelnder Klamauk ist kontraproduktiv mit meinem Wundfleisch am Arsch.

Schmerzvoll durchlebe ich die Tour der Leiden. Der Radrennfahrer Erik Zabel war als Sprinter kein Ausdauertalent. Dafür war er zu schwer. Ich dagegen bringe mit meinen achtundsechzig Kilogramm hervorragende Eigenschaften für das Langstreckenradeln mit. Leider fehlt mir die Zähigkeit des Zeitfahrspezialisten mit einer Hornhautschicht am Hintern.

Nun gut, ich bin nicht solch ein Spezialist, deshalb würde ich mich am Besenwagen erfreuen, der mich aufliest und still und heimlich nach *Berlin* bringt.

In einem Randbezirk Berlins, es ist *Spandau*, bedrängt mich ein weiteres Problem. Es ist ein unaufschiebbares Geschäft. Ich bremse in einer Tankstelle, schmeiße das Rad achtlos an eine Zapfsäule und renne zur Kasse, an der ich den Schlüssel fürs Klo bekomme. In dem stinkt es erbärmlich, aber das stört mich nicht, denn es bricht aus mir heraus wie aus einem Vulkan.

Meine selbstgestellte Diagnose lautet: Durchfall. Die vielen Äpfel und das literweise getrunkene Wasser tätigen ihre Wirkung. Hinterher bin ich von der Entleerungsaktion entgültig ein Wrack.

Ich gebe den Schlüssel ab, dabei kann ich den Donner hören. Zusehends verängstigt mich der unwetterartig zugezogene Himmel. Der Westwind frischt kräftig auf und schlagartig wird es kühl.

Mit dem Ziel, dass ich vor dem Unwetter zu meiner Ex-Frau komme, bestrafe ich meinen verwundeten Po für etwas, wofür er nichts kann. Mich den Höllenqualen noch brutaler unterziehend, hole das Allerletzte aus mir raus. Inzwischen habe ich das Navi wieder aktiviert und die Adresse meiner Ex-Frau eingegeben.

Noch sind es fünf Kilometer bis zur *Mindener Straße* in *Charlottenburg*, jetzt noch drei Kilometer, dann ist es noch ein Kilometer, da öffnet der Himmel unbarmherzig seine Schleusen. Und wo suche ich Schutz vor den Wassermassen?

Na wo wird das wohl sein? Natürlich in einem überdachten Buswartehäuschen.

Es gießt wie aus Eimern. Wegen des Platzregens quellen die Abwässer aus den Schachtdeckeln der Kanalisation. Bei dem Sturm- und Regenspektakel scheue ich nicht den Vergleich mit einem Monsun.

Während des Wartens beschäftige ich mich mit einem Rückblick. Was waren die skurrilsten Höhepunkte der Tour und was die beeindruckendsten Merkmale?

Die Zwischenbilanz fällt respektabel aus: Platz eins gehört dem ehemaligen Flüchtlingslager *Blankensee*.

Auf Platz Zwei führe ich die Frauen im VW-Bus mit ihrer Anmache im rustikalen Stil und die Lachnummer mit dem Nacktradler.

Und was die landschaftlichen Reize angeht, setzten mehrere Regionen die Glanzlichter. Da wäre der *Nord-Ostsee Kanal* oder das Niemandsland bei *Parchim*, aber auch die Landschaft um die *Mecklenburger Seenplatte* war beachtenswert.

Das ist ein erfreuliches Fazit, noch dazu war es nie langweilig. Es war das Aneinanderreihen unterschiedlichster Radabenteuer. Nichts von den Geschehnissen und Eindrücken möchte ich missen. Und die neunhundert gefahrenen Kilometer hinzuaddiert, dann haben sich meine Wünsche mehr als erfüllt.

So ist es bei Halbzeit eine außergewöhnliche Radtour. Aber mit dem Besuch des Flüchtlingslagers *Marienfelde* steht der absoluten Knaller noch aus. Auf dessen Besichtigung werde ich gezielt hinarbeiten.

*

Ich habe mein Rad kaum abgestellt und mich auf die überdachte Bank gehockt, da setzt sich eine alte Dame neben mich. Der läuft das Wasser in Bächen aus den Haaren. Aus dem Nichts war sie aufgetaucht.

Das Geschöpf strahlt, als ich ein Gespräch beginne: „Wo kommen Sie her?"

Da sie nicht antwortet, erweitere ich meinen Fragenkatalog: „Wo wollen Sie hin? Wo wohnen Sie?"

Laut ihrer Wortwahl ist sie das einsamste Wesen der Millionen-Metropole. Sie hat niemanden. Ihr Mann ist tot und ihre Kinder in die Welt verstreut. Freunde und Bekannte hat sie nicht. Die Vereinsamung alter Menschen in der Großstadt, diese Entwicklung steigt stark an, das habe ich in einem Bericht über *Berlin* gelesen. Von der Öffentlichkeit unbemerkt, schreitet die Isolation einer ganzen Generation vonstatten. Und die Politik kennt die Misere, sie schaut jedoch uninteressiert zu. Jeder ist seines Glückes Schmied, so naiv sehen es die abgehobenen Politiker.

Ich bedaure diese einsame Frau zutiefst, aber wie soll ich ihr helfen? Momentan bin ich der Letzte, der das kann.

Um mich in die Spur zu bringen, wähle ich die Telefonnummer meiner Ex-Frau mit dem Handy an, die sich folgendermaßen meldet: „Pech gehabt, was? Wo steckst du?"

„Einen Kilometer von dir entfernt", entgegne ich genervt. „Trotz des Regens werde ich weitergurken, dann bin ich in zirka zehn Minuten bei dir."

Ich verabschiede mich von der alten Dame, dann steige ich supervorsichtig auf den Sattel, und so gut cs eben geht, quäle ich mich über eine der Havelbrücken in den Stadtteil *Charlottenburg.* Jetzt kann es nicht mehr weit sein, also ran an die Buletten.

Und welch ein hervorragendes Timing? Das Navigationsgerät ist perfekt. Punktgenau führt es mich direkt vor die Haustür des Mehrfamilienhauses in der *Mindener Straße*, in dem meine Ex-Frau wohnt.

Mir ist rundherum mulmig. Was erwartet mich bei meiner Verflossenen?

Dem Schicksal ist die Welt ein Schachbrett nur, und wir sind die Steine in des Schicksals Faust, schrieb ein Journalist in seiner Kolumne über das Schaffen des legendären *George, Bernhard Shaw.*

Herr im Himmel, was für ein ausdrucksstarker Satz.

An den denke ich, als ich auf den Klingelknopf der Wohnung meiner Ex drücke. Gibt es Gewinner bei einer Trennung, oder sind beide Beteiligten die Verlierer?

Das beschäftigt mich im von meiner Ex-Frau besetzten Gehirnbereich. Ich bezweifele, dass eine Trennung pauschalisierbar sind. Aber tut man es, dann sind die Kinder durch das Vermeiden von Streitigkeiten die indirekten Gewinner.

A la bonne heure, wie ihr das mit den Kindern hinbekommen habt. Mit diesem Lob haben mich die unterschiedlichsten Seiten überschüttet. Normal sei das nicht. Und dieses heraufbeschworene Wunder lässt sich durch abertausend Vergleichsbeispiele bestätigen.

Mein Hauptziel war: Unbedingt den Rosenkrieg vermeiden. Die Kinder dürfen unter gar keinen Umständen unter dem Ende der Beziehung leiden. Es ist tausendmal besser, sie wachsen in zwei Elternhäusern auf, als auf einem Kriegsschauplatz leben zu müssen.

Jahre danach ist zwischenmenschlich bei meiner Ex-Frau und mir alles im Lot. Wir verstehen uns gut, denn aus unserer Liebe ist echte Freundschaft geworden. Wir haben uns auseinanderdividiert, ohne den anderen zu schwer zu verletzen, aber die *Leichtigkeit des Seins* war das nicht.

Meine Ex-Frau hat mir per Türdrücker geöffnet. Ich stehe mit dem Rad im Hausflur, als sie gemächlich die Treppen herunterstapft. Sie ist dick geworden, nun ja, etwas füllig. Erbliche Vorbelastung nennt sie das. Ihre Mutter war richtig fett.

„Dein Fahrrad stellen wir in den Hof", befiel sie schmunzelnd. „Alles andere nehmen wir mit rauf in die Wohnung."

Wir umarmen uns. Danach entlade ich mein Rad und bringe es zu einem Fahrradständer, wo ich es ankette. Dann bin ich körperlich am Ende. Bleibt mein Hintern in dem Zustand, dann ist meine *Deutschlandtour* beendet. Mit dem malträtierten Hinterteil setze ich mich nicht wieder auf den Sattel, denn das ähnelt der Selbstgeißelung. Manch anderer ist bei ähnlichen Vorhaben an einem wunden Hintern gescheitert.

Darüber spreche ich mit meiner Ex-Frau, als wir mein Gepäck in den dritten Stock hinauftragen. Oh, oh, das Treppensteigen. Das Aneinanderreiben der Pobacken stimmt in mir keine Jubelarie an, eher das düstere Klagelied eines geschlagenen Feldherrn. Ich wundere mich nicht über die Vertrautheit zwischen mir und meiner Ex-Frau, obwohl wir fünfundzwanzig Jahre getrennt leben, denn für den ungezwungenen Umgang gibt's eine logische Erklärung: Der Kontakt war wegen der Kinder nie unterbrochen. Jedes Jahr hatten wir die Weihnachtsfeiertage und die Geburtstage der Kinder gemeinsam verbracht.

In der Dreizimmerwohnung erwartet mich das Chaos, als ob ein Nahkampf stattgefunden hätte. Im größten Zimmer hat sie Berge an Kartons aufgehäuft.

„Die müssen alle mit", ermahnt sie mich.

In den anderen Zimmern zeigt sie auf das, worauf sie ebenfalls Wert legt. Da stehen altertümliche Schränke, die stammen noch aus unserer Ehe, antike Tische, uralte Stühle und selbstredend die Waschmaschine, der Herd und der Kühlschrank. Dazu diverse Spiegel und Regale. Sie will sich von nichts trennen.

„Der Rest wandert auf den Sperrmüll, oder er landet bei wohltätigen Organisationen", erwähnt sie beiläufig.

„Morgen holen wir den Transporter, und übermorgen kommt der Hausmeister der Schule mit drei kräftigen Burschen. Die schleppen den Kram runter."

Danach beendet sie ihren Vortrag mit einem Spruch von mir: „Organisation ist alles. Findest du nicht? Aber die Schränke und das Bett bauen wir heute noch auseinander."

„So, so". Ich nicke. „Und den Kronleuchter muss ich abnehmen?"

„Sehr richtig. Das ist deine Aufgabe", fällt mir meine Ex ins Wort. „An Lampen traue ich mich nicht ran. Daran hat sich nichts geändert."

„Na gut." Ich willige ein. „Den Job übernehme ich. Solange ich nicht sitzen muss, habe ich die geringsten Probleme."

„Dann fang bitte mit dem Leuchter an, ich koche eine Kleinigkeit. Was sagst du zu Käsespaghetti? Die waren früher dein Lieblingsgericht."

Manchmal ähnelt sie noch der Frau aus unserer Ehe, daher gelingt ihr das Spaghettigericht im Schlaf.

Während sie kocht, schickt sie nebenher den Waschgang mit meinen T-Shirts, der Unterwäsche und den

Strümpfen auf die Reise. Zwei saubere T-Shirts habe ich bis *Berlin* gerettet. Und bevor wir mit dem Essen beginnen, habe ich den Leuchter abmontiert und angefangen, einen Schrank auseinander zu nehmen.

Während sie kocht, unterhalten wir uns, wobei ich sie frage: „Wo ziehst du überhaupt hin?"

„Zu einem ehemaligen Freund", antwortet sie reserviert. „Wir gründen eine Wohngemeinschaft."

So, so, mit einem Freund. Von wem könnte dabei die Rede sein?

Danach sprechen wir über unsere Kinder und kommen vom Hölzchen aufs Stöckchen. Sie fragt mich nach dem Befinden meiner Lebensgefährtin und der Schwester, worauf ich ihr wortkarg antworte: „Angela geht es gut. Und der Schwester so lala. Na ja, du kennst ja die Umstände."

Es ist es spät geworden, als das Tagwerk vollbracht ist, daher unterbreite ich meiner Ex ein Anliegen: „Ich kann nicht mehr sitzen und muss ins Bett. Vorher rufe ich meine Partnerin von deinem Festnetzanschluss an und morgen die Kinder. Ist das okay für dich?"

„Mach das", sagt meine Ex. „Morgen erledigen wir den Rest ohne Stress. Du schläfst in dem alten Bett für den Sperrmüll."

Der Übernachtung bei meiner Verflossenen steht kein Hindernis im Weg, denn sie hat mit den Sätzen klare Fakten geschaffen.

Ich schnappe mir also ihr Telefon und erreiche meine Partnerin, die erstaunt reagiert: „Es ist kurz vor Mitternacht. Ich lege mich gerade hin. Bitte erzähle, aber in Kurzform."

Als ich loslegen will, würgt sie mich ab: „Übrigens sind meine Schwester und Richard in Urlaub. Sie am *Müggelsee* zu besuchen ist zwecklos."

Erst danach folgt ihre Frage: „Wie war deine heutige Etappe?"

Ich räuspere mich: „Ja, ähmm...", da unterbricht sie mich abermals. „Na, bist du endlich bei deiner Frau? Seid ihr wieder glücklich vereint?"

Ich bin verunsichert. Was waren das für merkwürdige Fragen? Welches Glück meint Sie? Sind ihre Fragen iro-nisch gemeint?

Nichts wird so heiß gegessen, wie's gekocht wird, wer kennt den Spruch nicht. Der gilt auch für mich und meine Partnerin, denn wir haben keine Geheimnisse voreinander. Rede ich mit ihr, schwebe ich auf Wolke sieben.

Zu guter Letzt stellen wir fest, dass sich meine Liebste einen Scherz erlaubt hat, deshalb entlasse ich sie mit dem Versprechen ins Bett, sie am folgenden Abend früher anzurufen.

Ach ja, ich hatte ganz vergessen zu erwähnen, dass die Schwester meiner Partnerin mit ihrer Tochter und dem Freund in *Berlin* wohnt, und das weit draußen am *Müggelsee*. Wir sehen uns an den Weihnachtsfeiertagen bei der Mutter im Emsland. Normalerweise hätte ich sie besucht, doch das hat sich erledigt.

Inzwischen ist es weit nach vierundzwanzig Uhr, aber das Einschlafen stellt mich vor die erwarteten Proble-me: Auf dem Rücken liegen geht nicht, denn mein Wundfleisch macht sich eindringlich bemerkbar. Also lege ich mich auf die Seite, und danach auf den Bauch. Gelingt mir das Einschlafen in der Bauchlage, obwohl ich nicht daran gewöhnt bin?

Nach mehreren Versuchen stellt sich der Erfolg ein, denn meine Augendeckel schließen sich.

9

Durch das laute Herumkramen meiner Ex-Frau bin ich früh aufgewacht. Sie ist auf dem Sprung an den Arbeitsplatz im Schulsekretariat und flüstert in Richtung meiner Schlafstätte: „Gegen vierzehn Uhr bin ich zurück. Geh spazieren und gönne dir was."

Kurz danach fällt die Tür ins Schloss.

Ich stehe auf, schlucke meine Tabletten und dusche mich, dann bekommt mein Po eine Portion Niveacreme verpasst. Eine Verbesserung für den Sitzeffekt ist das erhoffte Ergebnis. Geht die Radtour doch in die wünschenswerte Verlängerung?

Direkt um die Ecke gibt es einen Türken mit frischen Brötchen, hat mir meine Ex schriftlich auf einem Zettel aufgetragen. Kauf ein paar Schrippen mehr und die Tageszeitung.

Während ich frühstücke, schaue ich in die Zeitung, dabei lese ich einen schockierenden Artikel, der mir nahe geht. *Sintflutartige Unwetter über der Seenplatte,* das steht als Überschrift über dem Katastrophenbericht. Und es geht folgendermaßen weiter: *Hunderte Bäume*

wurden entwurzelt und viele Keller sind *vollgelaufen.*
Die Feuerwehr war im Dauereinsatz."

Du lieber Himmel, das war kurz nach meiner Durchreise. Hätte ich mich einen Tag länger in *Neustadt* aufgehalten, dann wäre ich in das Unwetter an der *Seenplatte* geraten. Ich wäre mit dem Rad abgesoffen. Anderseits bin ich clever und hätte einen sicheren Unterschlupf gefunden, beruhige ich mich. Ich bin nicht dumm und radele ins Verderben.

Ich beende das bescheidene Frühstück, dann sehe ich nach dem Fahrrad, und das ist unbehelligt geblieben.

Alsdann raffe ich mich zu Fuß zu einem Erkundungsmarsch ins *Berliner Zentrum* auf. Grundsätzlich bin ich ein Stadtfreak. Als ich in *München* gelebt hatte, da war meine bevorzugte Wohnlage der Stadtkern. Nur selten hatte ich auf dem Land gewohnt.

Das Gewitter ist abgezogen, der Himmel ist blau, die Luft rein und klar. Mein hinternschonendes Gehen wird belohnt und ähnelt einer Genesungsaktion.

Über die *Spree* führt mich der Marsch, mit Blickkontakt zum *Charlottenburger Schloss,* an den Anfang der *Otto Suhr Allee.* Und an der entlang erreiche ich den *Ernst Reuter Platz.*

Auf einer Eisengitterbank untersuche ich die Beschaffenheit meines Sitzfleisches. Es gibt sich störrisch. Ich gehe einhundert Meter weiter zu einer ruhig gelegenen Verweilbank, auf der ich in einer Flut an Gedanken versinke. Vorrangig beschäftigt mich ein weit zurückliegender *Berlinbesuch* mit den Grünen.

Vor dem Mauerfall hatte die grüne Bundestagsabgeordnete unseres Wahlkreises eine Exkursion für Kommunalpolitiker der Region *Aachen* nach *Berlin* initiiert. Eine Delikatesse dabei war der Besuch des UFA-Geländes.

Doch den Höhepunkt bildete ein Treffen in *Ostberlin* mit Vertretern der Bürgerbewegung. Das war unter der größtmöglichen Geheimhaltung vorbereitet worden und versprach ein Highlight zu werden.

In vier Gruppen hatten wir die Skandalmauer zum Ostsektor passiert, danach schlich meine Delegation zum Prenzlauer Berg. Im Unterbewusstsein hatten wir das Gefühl, als würden die Augen der Stasi auf uns ruhen. Verabredet waren wir in einem Abbruchhaus. Dessen Treppenhaus war vollgepflastert mit grünen Wahlplakaten. Bei deren Anblick lief mir ein freudiger Schauer nach dem anderen über den Rücken.

Wir tranken Bier und diskutierten hingebungsvoll mit Bärbel Bohley und Wolfgang Templin. Sie waren zwei der bekanntesten Aushängeschilder der Bewegung, dabei sparten wir nicht mit Aufmunterungen.

„Eure Bewegung findet im Westen sehr viel Gehör. Aber wie könnt ihr den Stasi-Terror nur aushalten?"

Das hatte ich voller Bewunderung gefragt.

Wir hatten den Druck deutlich gespürt, dem besonders die zierliche Bärbel ausgesetzt war. Andauernd hatte man sie verhaftet und schäbigen Verhörmethoden unterzogen, woraufhin man sie vorübergehend in die Freiheit entlassen hatte, doch kurze Zeit später hatte das zerstörerische Martyrium erneut begonnen. Es war psychische sowie physische Gewalt mit System.

Nach verschwörerischen und ergreifenden Verbrüderungen mit den neugewonnen Freunden, waren wir durch den Osten zum Grenzübergang zurückgeeilt, und das vor der Sperrstunde, dabei hatten wir Genugtuung über die aufschlussreichen Gespräche empfunden, aber auch darüber, dass uns der Westteil *Berlins* wieder in seine Arme geschlossen hatte.

Wolfgang traf ich später bei einer Wahlveranstaltung und Bärbels Tod ging wie ein Donnerhall durch die Medienlandschaft.

„Jammerschade, dass Bärbel nicht mehr lebt", entfährt mir ein Seufzer. „Ein bisschen hatte ich mich in die charismatische Frau verknallt."

Nach dem Rückblick erhebe ich mich und gehe weiter. Auf der „*Straße des 17. Juni*" stört mich die Negativaussage der *Siegessäule*. Solche kriegsverherrlichenden Monumente gehören durch Friedensdenkmäler ersetzt, denke ich in logischen Bahnen. Warum dringt diese Notwendigkeit nicht bis in die verantwortlichen Köpfe der Senatsmitglieder vor?

Von dem Schandfleck schieße ich ein Foto. Danach stapfe ich durch den *Tiergarten* zum *Kurfürstendamm,* wo ich mich unter die Masse an Kaufsüchtigen mische, obwohl schoppen nicht zu meinen Lieblingsbeschäftigungen gehört. Bei den Deutschen rangiert es weit vor dem Fernsehen und Bumsen. Es ist kaum zu glauben.

Vom Gewühl abgekämpft, ist mir unerträglich warm geworden, prompt ist mir nach einem Eis, aber ich erspähe keine Eisdiele. Das gibt's doch nicht. Weit und breit kein Eissalon im Umfeld von hundert Metern. Das ist ein Skandal, der ähnelt dem nicht fertiggestellten Flughafen.

Anstatt an einem Eis zu schlecken, zwänge ich mich durch den Menschenpulk in einen Saturn und erweitere die Kapazität des Handys. Danach spende ich einer Frau zwei Euro in ihren Becher. Ihre mitleidheischende Pose hatte mich erwärmt.

Normalerweise unterstütze ich weder das Saufen noch den nächsten Schuss, und ich bin auch strikt gegen die Bettelei. Ganz ähnlich verhält es sich bei mir mit den Spendenaufrufen. Wo landet das Geld? Wie sieht es aus mit einer Garantie, dass die Spendengelder nicht für Bürgerkriege verschwendet werden?

Die armen Länder der Welt haben den Kampf gegen die Korruption aufgegeben. Sie haben kapituliert. Es gibt zu viel Elend auf dem Erdball, daher müssen Veränderungen her. Der religiöse Fanatismus gehört abgeschafft. Er ist eine Schande. Doch das geht nur mit einem politischen Wandel.

Nach meiner Elendsdebatte im Kopf, erscheint mir meine Suche nach einer Eisdiele geradezu lächerlich. Als ich nicht mehr damit rechne, gleich zwei Eispaläste im Radius von zwanzig Metern. Das ist nun wirklich die absolute Verschwendung.

Ich nutze die Gunst der Stunde und gönne mir einen riesigen Eisbecher und überlege beim Schlecken: Wann radele ich zum Flüchtlingslager *Marienfelde*?

Mein Besuch ist überfällig. Ich lechze nach meinem persönlichen Krimi mit dem Namen: Meine Flucht in den goldenen Westen mit der U-Bahn.

Der Titel klingt gut, aber ich verschiebe den Besuch. Mein Hinterteil erhebt Einwände gegen die Radtour nach *Marienfelde*. Das signalisiert: Hebe dir die Besichtigung auf, bis der Umzug vonstatten gegangen ist. Danach ist deine Verflossene nach *Aachen* unterwegs und du kannst den Besuch mit ihrem zurückgelassenen PKW machen.

Recht so, denke ich.

Nicht allzu schnell mache ich mich auf den Rückweg, ja ich verlaufe mich sogar. Deshalb dauert er eine gute Stunde, dann schiebt sich das *Schloss Charlottenburg* in meinen Fokus. Von dort ist es nicht mehr weit bis zur Wohnung meiner Ex-Frau.

Aber bevor ich ankomme, einverleibe ich mir zwei Frickadellen im Brötchen mit Senf, dann bin ich bereit, von meiner Ex-Frau missbraucht zu werden, selbstverständlich nur für ihre Umzugsvorbereitungen. Mit meiner Hilfsbereitschaft stehe ich zu jeder Schandtat zur Verfügung.

Ich treffe meine Ex vor ihrem Wohnhaus, wo sie mich überrascht fragt: „Wo bist du überall gewesen? Ich hatte gedacht, du bist bewegungsunfähig.“

Und ihr den Rundgang geschildert, hält sie mich für bekloppt. „Die Strecke hast du zu Fuß zurückgelegt?“ Ungläubiges Staunen. „Das waren mindestens fünfzehn Kilometer. Dazu könnten mich keine zehn Pferde bewegen.“

Das sieht man, denke ich. Du bist zu dick. Mehr Bewegung täte dir gut. Kleine Laufeinheiten haben noch keinem geschadet.

Während ich das denke, gehen wir in ihre Wohnung hinauf. Dort montieren wir das Bett auseinander, dann ist es an der Zeit, den Pritschenwagen in *Tegel* abzuholen. Eine Stunde Fahrzeit zum Autoverleiher sollte man einplanen, denn die Strecke ist gewiss kein Katzensprung. Außerdem liegt die Verleihfirma in der Einflugschneise des Flughafens.

Und prompt mache ich eine neue Erfahrung. Mir kommt es vor, als würden die Düsen der Maschinen unweit meines Kopfes über mich hinweg donnern. Ich habe das Gefühl, mir platzt das Trommelfell. Eine Verständigung klappt nur mit Händen und Füßen. Da fragt man sich: Wie lebt es sich mit dem höllischen Düsenlärm? *Tegel* ist sicher kein begehrtes Wohngebiet.

Meine Ex-Frau unterschreibt den Mietvertrag für den Transporter, denn gehen wir in den Fahrzeughof. Dort stehen dreißig Lastkraftwagen nebeneinander aufgereiht und warten auf Abnehmer.

Wir finden den Angemieteten, und ihn per Druck-knopf aufgeschlossen, setzt sich meine Ex ans Lenkrad. Der Fahrerbereich ist ungewohnt. Sie überkommt das Gefühl aufkeimender Angst.

In dem Zustand macht sie mir den Vorschlag: „Fahren wir den Wagen gemeinsam nach Aachen. Du siehst dei-ne Partnerin und die Kinder wieder. Wäre das was für dich?"

Ich bin baff. Sie hat mich auf dem falschen Fuß er-wischt, denn darauf bin ich nicht vorbereitet, also denke ich nach: Meine Lieben in *Aachen* wiederzusehen, das wäre schön. Damit hat sie mich im Sack, denkt meine Ex. Aber was wird aus meiner *Radtour*?

Ich bin nicht bereit, sie aufzugeben. Durch den Um-zugstrip würde ich vier Tage verlieren und auf das Ent-laden in *Aachen* verzichte ich gut und gerne. Mir reicht die Schlepperei hier vor Ort. Wie aber winde ich mich aus der Bredouille?

Die Wahrheit muss ans Tageslicht, daher ersticke ich ihren Wunsch rigoros: „O nein, vergiss es", sage ich ernst. „Aber versteh mich nicht falsch. Ich helfe dir gern beim Beladen des Wagens, aber danach genießt meine Radtour Priorität."

Jawohl, so muss es sein, jetzt ist es raus. Und wie re-agiert meine Ex-Frau?

Die ist keinesfalls zerknirscht und lacht: „Okay. War ja nur ein Versuchsballon. Ganz ehrlich. Ich hatte nicht mit deinem Mitfahren gerechnet."

Der Sachverhalt ist zu meiner Zufriedenheit geklärt, aber weder das Rausmanövrieren des Lasters vom Hof, noch wer mit welchem Wagen fährt.

„Nimm du meinen Clio, ich fahre den Planwagen", schlägt meine Ex vor. „Ich muss mich mit den Macken des Lasters vertraut machen."

Und das gilt auch für mich und den Clio, denn daheim fahre ich mit dem Berlingo eine größere Kategorie. Doch bald sind wir per du, meine Ex-Frau mit dem LKW und ich mit dem Clio.

*

Es ist zwanzig Uhr und ich bin hungrig, daher biete ich meiner Ex den Besuch in einem Restaurant an. Und was kommt heraus? Der Italiener um die Ecke.

Die Wahl der Gerichte ist exzellent. Ich bin zufrieden, denn meine Penne-Arabiata kann kaum besser schmecken, und das Fischgericht meiner Ex-Frau ist ohne Gräten. Dazu tut die freundliche Bedienung ihr bestes und sorgt so für das Gelingen des Abends.

Ich bezahle, denn gehen wir zurück in die Wohnung, wo ich sofort telefoniere. Von meiner Tochter erfahre ich alles über die Vorbereitungen zu ihrer Hochzeit. Die Ungetaufte heiratet sogar in der katholischen Kirche, was für eine Ungeheuerlichkeit.

Aber darin ist sie stur, denn sie hat sich ein sauteures Brautkleid geleistet und die Feier soll vom allerfeinsten sein.

Sie fiebert mit Leidenschaft diesem Brimborium entgegen, so werde mit dem Kirchgang wohl in den befürchteten sauren Apfel beißen müssen. Noch dazu hat sie mich als Hauptredner auserkoren.

„Du, Papa, hältst die Brautrede", bestimmt sie. „Du als Ex-Politiker hast das drauf."

Mein Sohn erzählt mir von der neuen Wohnung, die er mit Lena bezogen hat. Sie wäre tausendmal besser als die Alte. Doch dann regiert der Sport. Geradezu juchzend überfällt er mich mit dem entscheidenden Sieg der *Dallas Mavericks* über die *Miami Heat.*

„*Dirk Nowitzki ist MVP*", jubelt er.

Ich dagegen bin traurig, denn nach dem Jahre zurückliegenden Florida-Urlaub mit Miamiaufenthalt und Stadionbesuchen, bin ich *Miami-Fan*.

Beim Plausch mit meiner Liebsten geht es weniger hoch her. Sie erzählt von meinem Stellvertreter in der Tennisrunde: „Dieser Günther kommt vom Tischtennis und spielt deinen Stil", lobt sie ihn und dann sich selbst, was untypisch ist. „Mit ihm habe ich kein einziges Spiel verloren."

Eigentlich macht sich meine Partnerin gar nichts aus der Siegermentalität, weshalb ich sie theatralisch aufs Siegerpodest hieve: „Du bist einsame Spitze, meine Süße."

Spreche ich mit meinem Spatz, vergesse ich alles um mich herum.

„Ich verzehre mich vor Sehnsucht nach dir", sülze ich um Nuancen melancholischer. „Schick mir bitte einen dicken Kuss."

„Du Heuchler", verhöhnt sie mich, oder ist es ein Seufzer? „Komm bitte bald heim und pass auf dich auf. Ich liebe dich."

Nach den Telefonaten ist es Punkt zwölf. Ich wende die Wäschestücke, damit sie schneller trocknen, danach wünsche ich meiner Ex eine gute Nacht und lege mich nachdenklich ins Sperrmüllbett, prompt macht meine Einschlafproblematik auf sich aufmerksam.

Ich denke an die Situation mit meiner Ex-Frau: Es ist unglaublich, was ich in *Berlin* erlebe. Dass ich ihr sogar beim Umzug zurück in mein Wohnumfeld helfe, das grenzt an Irrwitz, ist aber Realität.

Aber wir hatten unsere Chance, doch die haben wir kläglich hergeschenkt. Nach dummen Fehlern im Umgang miteinander, hatten wir uns auseinander gelebt. Wir wollten einfach nicht mehr, so sah ich das damals.

Diese Begründung dient nicht als Alibi-Funktion, denn sie gilt für das Scheitern vieler Ehen. Jedenfalls war's so banal bei der Trennung, die meine Frau und ich nicht verhindert hatten.

Ich kann und will die Zeit nicht zurückdrehen, denn mit der jetzigen Partnerin bin ich glücklich, und meine Kinder dürsten wenig nach dem Wiederaufleben der Beziehung ihrer Eltern. Das bleibt auch so und ich werde nicht daran rütteln.

Beim Nachdenken höre ich meine Ex im Nebenraum laut atmen. Mehr tut sich nicht. Das Leben hat es kurios eingerichtet.

10

Christi Himmelfahrt ist auch in Berlin ein Feiertag. Sind Umzüge an Kirchenfeiertagen verboten? Ich denke mit Schrecken an das Drumherum mit dem Heruntertragen und Verladen. Zum Glück macht mein Hintern

Fortschritte. Ich vermute, ein weiterer Tag Sattelentzug und ich bin wieder hergestellt. Zumindest am meinem Po werde ich mich wie neugeboren fühlen.

Wir haben gefrühstückt und einige Schrippen für die Helfer geschmiert. Danach stelle ich die Getränke auf ein Tablett, krame die Kartons abholbereit in den Eingangsbereich, so können sie die Jungs sie in der richtigen Reihenfolge runterschaffen.

Unser Plan sieht vor, dass ich den Kram anreiche, und je einer der Jüngelchen eine Etage beackert. Vor dem Haus kramen meine Ex und der Hausmeister der Schule den Planwagen voll. Bei der riesigen Menge an Umzugsgut gehört jedes Eckchen der Ladekapazität perfekt zugestellt. Ich als Kleintransportunternehmer in *Münchner* Tagen finde kein Haar in der Suppe.

So schön, so gut.

„Hoffentlich lassen dich die Burschen nicht im Stich", stelle ich deren Zuverlässigkeit in den Raum, aber meine Ex beschwichtigt mich: „Mal den Teufel nicht an die Wand. Der Hausmeister kennt die Jüngelchen."

Es klingelt. „Juhu, sie sind da."

Meine Ex vollführt Freudensprünge.

Der Hilfstrupp erscheint und ist ausgesprochen nett. Nach auflockerndem Smalltalk geht es handfest zur Sache. Alsbald rinnt der Schweiß in Strömen, viel Wasser wird inhaliert und wieder ausgeschwitzt, aber es geht voran. Im Minutentakt leert sich die Wohnung, und der Transporter wird voller.

Doch die Krönung ist eine Sackkarre, mit der das Hilfspersonal den Geschirrspüler, den Kühlschrank und die Waschmaschine durch das Treppenhaus abwärts bugsieren, als wären die Gegenstände federleicht.

Dreizehn Uhr ist Schicht im Schacht. Der Transporter platzt aus allen Nähten. Hoffentlich ist das Gewicht der

Ladung gleichmäßig verteilt, damit meine Ex-Frau keine Kapriolen mit dem Transporter dreht.

Ich schieße ein Bild von meiner Verflossenen mit dem Hausmeister vor dem Planwagen, dann verabschiedet der sich mit der Meute. Das Ganze war eine Aktion wie aus dem Lehrbuch und könnte heißen: Das Entleeren einer Wohnung im dritten Stock und das Beladen einen Umzugswagen, und das in Rekordzeit. Trotz meiner vielfachen Erfahrungen habe ich einiges dazugelernt, denke ich, aber oft werde ich sicher nicht mehr umziehen.

Und damit ist es soweit. Die Abreise meiner Ex steht bevor. Bereits vorher hatten wir eine Übergabelösung für die Wohnungs- und Autoschlüssel ausgetüftelt. Ihr Briefkasten scheint das ideale Objekt zu sein. Ich gebe meiner Ex die entsprechenden Grüße an unsere Kinder mit auf die Fahrt, dann bricht sie auf. Sehe ich Tränen in ihren Augen?

Ich winke überschwänglich und schicke manche Krokodilsträne hinterher. Dann gehe ich ins Haus, dabei denke ich: Sie ist eine gute Autofahrerin und wird durchkommen. Und ist sie zurück in *Berlin*, dann will sie mich auf meinem Handy anrufen.

Ich bin mal gespannt.

Es ist vierzehn Uhr. Ich habe geduscht und überlege intensiv: Was mache ich mit dem angebrochenen Tag? Fahre ich mit dem Clio nach *Tempelhof* und *Marienfelde?* Die Besichtigung des *Berliner* Notaufnahmelagers für Flüchtlinge aus dem Bespitzelungsstaat böte sich jetzt an. Existiert das Lager noch? Komme ich überhaupt hinein? Wie sieht es inzwischen dort aus? Und was werde ich von der damaligen Unterbringung wiedererkennen?

Meine Kindheitserfahrungen wachzurütteln, das gehört zu meiner Intension. Für das Wühlen in der *Vergangenheit* bin ich zu meiner Radtour aufgebrochen.

*

Nach halbstündiger Fahrt stehe ich in *Marienfelde* vor den Wohnblöcken der Notunterkunft. Im Jahre 1952 hatte die Grundsteinlegung für zehn der Unterkunftsgebäude stattgefunden und nur Monate später dann das Richtfest. Eine enorme Menge an Neubauten hatte man in Windeseile aus dem Boden gestampft und das Arial durch die Nachwirkungen des 17. Juni 1953 ständig erweitert.

Der Flüchtlingszuzug in der Neuzeit, durch Kriegszustände und Hungersnöte, hat die Zahl der Gebäude erhöht, aber deren Architektur ist verunglückt. Sie ist abschreckend. Ich starre die Bauten mit Abscheu an. Nur wegen meiner Vergangenheit kann ich mich der Fas-zination des Gasamtkomplexes nicht entziehen.

Als ich einen der Wohnbunker betrete, stelle ich fest, dass die Qualität der Unterbringung für die jetzige Flüchtlingsgeneration deutlich verbessert wurde. Wir hatten in den fünfziger Jahren unakzeptablere Zustände vorgefunden. Uns hatte man geringeren Lebensraum zugestanden.

Um die Fluchtsituation in den fünfziger Jahre mit der Beteiligung des Vaters, der Mutter und uns Kindern in mein Gedächtnis zurückzuholen, gebe ich meinem Erinnerungsvermögen freie Fahrt.

Wie schon in *Blankensee* fange ich mit dem Vater an, denn der hatte die gefährliche Fluchtroute über die Zonengrenze gewählt, Gott weiß warum, anstatt die *Berliner* U-Bahn zur Flucht zu nutzen. Er hatte die Grenzbefestigungen an einer mir unbekannten Stelle überwunden. Fragt sich nur wo?

Warum hatte er sich den viel größeren Gefahren ausgesetzt? Weshalb hatte er uns nicht berichtet, wo er den Todesstreifen überquert hatte?

Unversöhnlich und mit Widerwillen hatte er dem DDR-System gegenübergestanden, dabei hatte er den Mund mächtig vollgenommen. Sein Verhalten war unvorsichtig gewesen. Jedenfalls war er im Frühjahr des Jahres 1954 in einer Nacht und Nebelaktion geflüchtet und nach einer bewegenden Odyssee im Lager *Blankensee* gelandet. Diese Version sauge ich mir nicht aus den Fingern, sondern auf diese Art und Weise muss es sich zugetragen haben. Weshalb er nicht im Harz, in dem der Bruder seiner Frau wohnte, sondern weit oben im Raum *Lübeck* über die Grenze gegangen war, darin hatte er niemanden eingeweiht. Warum dort und wie war er dorthin gekommen?

Diese Tatsache umgibt ein geheimnisvoller Schleier. Dass es ihm im Aufnahmelager *Blankensee* gelungen war, ein Zimmer für sich und seine Familie zu ergattern, diese Nachricht war der Mutter über mir unbekannte Kanäle zugespielt worden. Aber wie hatte er das geschafft? Und durch wen war sie in die Hände der Mutter gelangt?

Dass ich nichts konkretes über die Fluchtumstände des Vaters weiß, das habe ich anfangs in *Blankensee* erwähnt.

Der Vater war die große Liebe unserer Mutter. So war sie, von der positiven Nachricht des Gelingens seiner Flucht ermutigt, mit uns Kindern nach Potsdam aufgebrochen. Wir fuhren zu Verwandten mütterlicherseits. Und das taten wir, obwohl unser Haus von der Staatspolizei überwacht wurde.

Die systematische Bespitzelung in der DDR hatte Hochkonjunktur, denn durch die Flucht des Vaters war das Interesse der Obrigkeit an seiner Familie besonders groß. Die Wächter hätten nichts lieber getan, als uns aus einem Fluchtversuch einen Strick zu drehen.

Das aber war den Spitzeln gottlob nicht gelungen, denn die Überwachungsmaßnahmen waren der Mutter nicht entgangen. So hatte sie zum Mittel der Ablenkung gegriffen, um die mögliche Verhaftung zu umgehen, indem sie ihre Krankheitssituation vorgetäuscht hatte, mit allem drum und dran.

Dafür hatte sie den Arzt, der dem Vater bei der Kriegsdienstverweigerung mit Attesten aus der Patsche geholfen hatte, zu uns ins Haus bestellt, und der hatte sie für bettlägerig erklärt. Der Krankenstand der Mutter sollte natürlich zu den Bespitzelnden vordringen, und das hatte bestens funktioniert.

Als das Wachpersonal abgezogen war, und die Luft somit rein zu sein schien, da hatte die Mutter Nägel mit Köpfen gemacht. Sie hatte ein paar Sachen zusammengerafft, dann hatte sie uns Kinder geschnappt, und sich ohne irgendwelche Vorplanungsschritte so unauffällig wie möglich vom Acker gemacht.

Tja, wie sehen Sie das? Kann man ihr gefährliches Vorgehen als leichtfertig bezeichnen oder es eher wagemutig nennen?

Ich denke, es war etwas von beidem, denn der nicht einzudämmende Wunsch nach der Familienzusammenführung hatte gesiegt. Aber war's auch die richtige Entscheidung? Schließlich trug die Mutter die Verantwortung für das Wohlergehen ihrer Kinder und deren Zukunft. Und die war ihr sicher nicht egal.

Man kann es drehen und wenden, wie man will. Natürlich kann man ihr Handeln als leichtfertig abtun, aber ich will mir nicht anmaßen, über die Mutter zu richten. Keine Frau hätte mit ihr getauscht. Sich für eine Flucht zu entscheiden, und das ohne Hilfe von außen, also im stillen Kämmerlein. Das war kein lächerlicher Schildbürgerstreich.

Die Mutter hatte alle Besitztümer im Heimatdörfchen zurückgelassen und sämtliche liebgewonnenen Einrichtungsgegenstände aufgegeben, was ihr sehr schwer gefallen war. Dabei ging es um ein kleines Häuschen mit anständigem Inventar, dazu gehörten das obligatorische Hausschwein, einige freilaufende Hühner und ein riesiger Gemüsegarten. Diese materiellen Kostbarkeiten hatten die Großmutter und diese Tante Minna übernommen.

Und abermals stellt sich mir die Frage: Wie groß war der Knatsch innerhalb der Familie wegen der verhassten Tante gewesen? Hatte die eine schwerwiegende Rolle im Zwist gespielt? Hatte sie die Kräfte des Vaters zermürbt, der wie ein Löwe um den Zusammenhalt der Familie gekämpft hatte?

Aber noch wichtiger war: Wie hatte die Mutter zum Vater gestanden? Angeblich war er ihre große Liebe, und daran glaube ich felsenfest. Aber war ihre Liebe zu ihm wirklich so groß gewesen?

Schaue ich mir die Unannehmlichkeiten an, die meine Mutter auf sich genommen hatte, dann hege ich an ihrer Liebe zu ihm keinerlei Zweifel.

Die Flucht war in vollem Gange, denn wir waren unterwegs nach *Potsdam.* Kurz vor dem Ziel wurde die Mutter panisch. Das war sichtbar am Angstschweiß, der ihr in Sturzbächen den Nacken herunter lief. Sie hatte mir oberflächlich erklärt, ohne es die Mitreisenden hören zu lassen, dass wir zur Tante Evi nach *Leipzig* fahren.

Zwangsläufig hatte ich unentwegt gemault: „Das *Leipzig* ist diesmal aber weit", was nun gar nicht für falsche Ohren bestimmt war, doch keine Auswirkungen nach sich zog.

Die entfernten Verwandten wohnten in einem Haus mit integriertem Fischgeschäft. Im ganzen Haus und besonders im Laden stank es bestialisch. Stundenlang hatte ich vor dem Bassin mit den zum Tod verurteilten Fischen gesessen und um sie getrauert. Ich hatte in einer Welle an Mitleid geradezu gebadet

Diese unwirkliche Atmosphäre hatte zu einer Essblockade geführt. Dieser Eindruck ist mir in Erinnerung geblieben. Tiere zu töten, nur wegen des Verzehrs, das war mir ein Graus. Deshalb habe ich in der Nacht vor der Flucht kein Auge zugemacht. Ansonsten habe ich über den Aufenthalt bei den Verwandten wenig bemerkenswertes im Speicher.

Wie erwähnt gab es im Spätherbst des Jahres 1954 nur eine Möglichkeit, dem Arbeiter- und Bauernstaat zu entrinnen, und das war eine Flucht mit der *Berliner* U-Bahn. Das hatte sich bis in unser gottverlassenes Heimatdörfchen herumgesprochen. Doch trotz strengster Kontrollmaßnahmen der Volkspolizei im *Berliner* Umfeld, also auf den Schienensträngen und den Autobahnen, machte man von der Republikflucht über *Berlin* regen Gebrauch.

Hinterher klingt vieles banal, doch so einfach war es ganz und gar nicht. Um nach Berlin zu gelangen, da hatte man die beschriebenen Sperrzonen unbeschadet zu überwinden.

Herrgott noch mal, meine tapfere Mutter hatte eine Vielzahl an Höllenqualen durchgestanden. Die Versagensängste, die sie durchzustehen hatte, die waren groß wie ein Scheunentor und beeinträchtigten ihre Vorgehensweise in großem Maße. Eine Republikflucht war ein supergefährliches Unterfangen. Das war damals so, doch nun der Reihe nach.

Die Mutter wollte unbedingt ein paar für sie wichtige Klamotten in den Westen retten. Hatte sie den Ernst der Lage unterschätzt?

Das kann ich mir beim besten Willen nicht vorstellen. Was hatte sie sich sonst dabei gedacht? Was zum Teufel hatte sie zu dem Unsinn veranlasst?

„Wir brauchen was zum anziehen."

So oder so ähnlich hatte die Mutter das Mitnehmen einer Reisetasche begründet, doch der Verwandte hatte sie gewarnt: „Tu das nicht. Die Tasche fällt auf."

„Lass mich mal machen", hatte sie ihm trotzig geantwortet, denn sie wollte nicht auf ihn hören. „Ein paar passende Anziehsachen brauche ich schließlich."

Die Mutter war uneinsichtig geblieben. Das hatte ich als unbedarftes Kind nicht begriffen. So ist mir von da an erst richtig bewusst geworden, auf was für einen halsbrecherischen Kanossagang wir uns begeben hatten, und ich hatte innerlich vor mich hingeweint.

Dann schlug die Kirchturmsuhr zum Finale. Nun war die Henkersmahlzeit angerichtet. Die letzte Stunde im verhassten Osten war angebrochen. Das hofften wir inständig aus tiefstem Herzen.

Von dem Moment an war der Spannungsbogen zum bersten gespannt. Uns Kindern war das Blut in den Kopf geschossen und unser Puls raste beim Abschied von der Verwandtschaft.

Doch die Mutter hatte ihre Verunsicherung wie mit einem Knopfdruck abgeschaltet, so erschien es mir in der Außenwirkung. Aufgeräumt war sie mit uns Kindern an die S-Bahn Haltestelle in *Potsdam* getrottet. Es war eine Szene, die mächtig unter die Haut ging. Wir waren ein menschlicher Haufen, der wie eine Gruppe zum Tode Verurteilter wirkte, die sich auf den Weg zur Hinrichtungsstätte gemacht hatte. Die zwangsläufig aufgetretenen Ängste waren deutlich sichtbar.

Auf dem Bahnsteig angekommen, hatte die Mutter, ohne großartige Worte zu verlieren, einen Fahrschein für sich und uns Kinder gelöst, der auch für die U-Bahn galt. Dann waren wir in eine S-Bahn gestiegen, und etwa zwanzig Minuten bis in den Ostsektor *Berlins* gefahren. Dort waren wir auf den Bahnsteig für die U-Bahn Fahrt gewechselt.

Sehe ich diese Szenen vor mir, dann frage ich mich immer wieder: Hatte die Mutter die folgenden Fluchtabläufe bis ins letzte Detail geplant? War so etwas möglich?

Auf mich wirkte die Vorgehensweise der Mutter undurchdacht, geradezu planlos, ihr Verhalten war das Gegenteil von Abgebrühtheit, und ihre schleppenden Bewegungsabläufe hatten etwas verstörtes, aber innerlich hatte sie viel Adrenalin getankt.

Daraus ist zu schließen, dass sie die Automatismen des Fluchtablaufs sehr wohl durchgekaut hatte. Den Eindruck wollte sie uns Kindern jedenfalls vermitteln. Und anscheinend war sie bei uns auf keinerlei Widerstände gestoßen.

Ob das so war, das kann nur sie allein wissen.

Und um uns Kinder nicht ins offene Messer laufen zu lassen, hatte sie uns Beruhigungspillen verabreicht. Das Einverständnis, die zu nehmen, das hatte sie mit den Schwierigkeiten begründet. Wir dürfen um nichts in der Welt bei dem Vorhaben der Wiedervereinigung mit dem Vater auffallen, so einfach klang das aus ihrem

Mund. Mit den Pillen hatte sie eine verständliche Vorfreude geweckt.

O ja, endlich kann uns der Vater in die Arme nehmen. Danach sehnten wir uns unbeschreiblich, und das mit jedem Schlag des Herzmuskels mehr. Doch dieser Herzenswunsch stand im krassen Widerspruch zu den Gefahren der Flucht.

Wir Kinder standen mit der Mutter auf dem Bahnsteig. Wir waren aufgeregt, wofür die Mutter Verständnis gezeigt hatte. Deswegen hatte sie uns mehrmals heiß und innig gedrückt, als sei es das letzte Mal. Hatte sie böse Vorahnungen?

Ich war noch dabei, die resolute und beherrschte Haltung der Mutter zu bewundern, als eine U-Bahn in die Station einbog und am Bahnsteig entlang rollte. Dann hatte sie abgebremst und angehalten.

Als sie stand, da waren wir eingestiegen. Von der Struktur des Haltepunktes bekomme ich allerdings nichts auf den Schirm.

Im Waggon hatten wir uns umgeschaut, dann waren wir zu einer notdürftig gepolsterten Sitzreihe gegangen, nicht weit von der Eingangstür entfernt.

Wir hatten uns auf die Sitze gesetzt, zuvor hatte die Mutter ihre dumme Tasche in die Gepäckablage neben einen Koffer gestellt.

Oh, oh, wenn das man gut geht. So ungefähr werde ich wohl gedacht haben. Sogar mir als fluchtunerfahrenem Kind war das Gefahrenpotenzial der Tasche nicht entgangen.

Nun saßen wir da, wie die Hühner auf der Stange. Misstrauisch wurden wir von den Mitfahrenden beäugt, aber niemand sprach uns an. Wir drei waren auffällig bleich, ja, richtiggehend kreidebleich. Jeder konnte uns ansehen, dass uns nicht geheuer war in unserer Schale.

„Du bist ein großer Junge", hatte meine Mutter zu mir gesagt. „Spricht dich ein Vopo an, dann sagst du, wir fahren zu Verwandten nach *Pankow*."

Ein Vopo war damals ein Volkspolizist des DDR-Staates.

Auch meiner elfjährigen Schwester hatte sie die Antwort mit den Verwandten in *Pankow* als Fahrziel unentwegt eingepaukt, doch der hatten vor Furcht die Knie geschlottert. Leider war sie ein leicht einzuschüchterndes Mädchen und dadurch viel ängstlicher als ich.

Die Schwester verrät sich sofort, sobald sie ein Vopo auch nur anguckt. Daran hatte ich beim Blick auf die Nervosität der Schwester gedacht, doch gegen Obrigkeitsängste gibt es kein Medikament.

Im Waggon herrschte Schweigen. Die Beleuchtung war schlecht. Die Begleiterscheinungen waren grotesk, eher eine Farce, dennoch lief das Unternehmen Flucht ab wie am Schnürchen.

Ich könnte juchzen, denn über die Fluchtabläufe ist mir mehr als erwartet eingefallen. Jetzt wage ich zu hoffen, dass das so bleibt.

Wir saßen also in der U-Bahn. Die ratterte monoton auf dem Schienenstrang dahin. Bisher hatte sich kein Vopo im Wagon blicken lassen, oder sonst ein DDR-Grenzer machte Anstalten, uns wegen unserer Fluchtabsicht zu belangen. Noch war keine Klippe aufgetaucht, die es zu umschiffen galt, daher machte alles den Eindruck, als hätten wir das Glück gepachtet.

Aber es kam anders.

Es waren nur wenige Minuten vergangen, da wurde es brenzlig. Das Bedrohungspotenzial spitzte sich dramatisch zu, denn zwei Vopos betraten bei ihrem Kontrollgang den Waggon. Sie ließen ihre Blicke über die

Köpfe der Insassen schweifen, womit sie die Lage misstrauisch taxierten.

Die Mutter rüttelte an uns, was unvernünftig war, denn wir Kinder hatten uns vor Angst fast in die Hose gemacht, wenn's bei meiner Schwester nicht geschehen war. Aber wir hatten das Rütteln der Mutter verstanden und uns ganz klein gemacht.

„Schaut nicht auf", hatte sie uns flüsternd geraten. Wenn es möglich gewesen wäre, dann hätte sie uns unsichtbar gemacht.

So saßen wir da, als ob uns kein Wässerchen trüben könnte. Doch als sich uns einer der Uniformierten näherte, da hatte mir vor Endsetzen der Mund sperrangelweit offen gestanden.

Mir war regelrecht die Spucke weggeblieben. Gefühlsmäßig hatte in unseren Körpern ein unheilvoller Stillstand geherrscht, als wenn böse Mächte den Stecker aus der Anlage einer elektrischen Eisenbahn gezogen hätten.

Der Vopo war stehen geblieben und hatte den Koffer und die Tasche in der Ablage betrachtet.

„Wem gehört der Koffer", schnaubte er mit Feuereifer.

„Und wem die Tasche", murrte der andere Vopo, der hinzugetreten war, aber niemand rührte sich.

„Die Gegenstände sind beschlagnahmt", befahl der Wortführer.

Der hatte erst mich, dann meine Schwester und anschließend die Mutter mit bestrafender Miene angeschaut, danach den Fahrgast vor uns.

Mir stockte der Atem. Meine Glieder zitterten wie Espenlaub. Das Luftholen fiel mir schwer und mein Herz wollte aufhören zu schlagen.

Es ist aus und vorbei. So unbarmherzig hallte es durch meine Sinnesorgane. In mir war der Siedepunkt er-

reicht, denn das Endsetzen hatte die Oberhand ge-
wonnen, insoweit ich, der Achtjährige, die bedrohliche
Situation in seinem Ausmaß auch nur halbwegs einschätzen konnte.

„Nein. Bitte nicht."

Ein Mitfahrender in der Sitzbank vor uns war aufge-
standen, dabei hatte er mit den Armen gerudert. Danach
hatte er gebettelt: „Nehmen Sie mir nicht den Koffer
weg. In dem sind Erbstücke. Bitte, bitte, ich brauche
den Koffer."

Doch mit seinem Gezeter war er bei den Vopos an die
falsche Adresse geraten, denn die blieben bei ihrer ei-
sigen Grundhaltung.

„Sie nehmen das wertvolle Stück und kommen mit",
knurrte einer der Uniformträger verächtlich. „Einfach so
abhauen, was? So weit kommt's noch. Euch Abtrün-
nigen ziehen wir die Hammelbeine lang."

Ein Volkspolizist riss den Mann von seinem Sitz, der
andere drückte ihm seinen Koffer in die Arme, dann
trieben sie ihn mit roher Gewalt vor sich her.

„Und zu Ihnen kommen wir gleich", rief der Rohling
mit der verächtlichen Grimasse der Mutter zu. „Machen
Sie sich schon mal fertig für den Abtransport."

Im selben Moment quietschte es.

Das waren die Bremsen des Zuges.

Der näherte sich dem Bahnsteig des herbeigesehnten
Haltepunktes. Der Name will mir partout nicht einfal-
len. Er ist aber auch unwichtig. Jedenfalls war es eine
Station im Westteil *Berlins*.

Und dann passierte das, womit ich nicht gerechnet
hatte. Es geschah total unerwartet. Von etwas vergleich-
barem hatte ich in keinem meiner Märchenbücher gelesen, die ich als Kind verschlungen hatte, und die waren
schaurig und unberechenbar.

Ein bis dahin unauffällig gebliebener Mann war wie von einer Spirale angetrieben von seiner Sitzbank gesprungen. In panischer Stimmlage hatte er uns angeschrieen: „Schnell! Raus hier!"

Und das hatte Signalwirkung, denn auch ich war aus der Erstarrung erwacht und ebenfalls von meinem Sitz gehopst. Meine Haare hingen mir wirr in die Stirnpartie. Was soll ich tun? Das hatte ich wahrscheinlich gedacht. Dem Mann blind gehorchen?

Ich hatte wie von Geisterhand gesteuert gehandelt und war dem Mann durch den engen Mittelgang hinterhergerannt, dabei war ich mit dem Arm an einem Sitz hängen geblieben. Das schmerzte höllisch.

Auch die Mutter hatte geistesgegenwärtig reagiert und es uns nachgemacht, vom nackten Überlebenswillen gepackt. Meine Schwester hatte sie wie eine große Puppe am Arm hinter sich hergezerrt.

Scheiß Tasche, hatte sie sich sicher gedacht.

Sie ignorierte ihre Tasche und stolperte mit uns auf den Waggonausgang zu. Das waren nur wenige Meter. Andere Mitfahrende hatten zwar gezetert, doch den Versuch, uns zu stoppen, hatten sie unterlassen. Nur raus aus dem Zug, das war unser Ansinnen. So schnell es geht hinaus in den Westen.

Das Wettrennen war eingeläutet.

Wer war schneller?

Waren wir es, das heißt der Mann, die Mutter und wir Kinder, oder die hinter uns herhetzenden Volkspolizisten?

Endete die Hatz mit einem Supergau, weil uns die Uniformträger eingeholt und überwältigt hatten?

O ja, jetzt höre ich es wieder.

Ganz deutlich vernehme ich deren fürchterliches Gebrüll.

„Halt! Bleiben Sie stehen", hatte der eine geschrieen, und der andere: „Was Sie machen ist Landesverrat."

Der Boden des Wagons vibrierte unter den Stiefelschritten der Vopos. Deren Befehle hallten ohrenbetäubend von den Wänden zurück, doch das Gezeter spornte mich zu einer Laufleistung an, die man einem schmächtigen Jungen, wie ich es war, nicht zugetraut hatte.

An der Waggonaustrittstür angekommen, kannte der Mann den Öffnungsmechanismus der Tür. Das vermute ich, denn er hatte sich gegen eine bestimmte Stelle an der Türbefestigung gestemmt, und die Tür war aufgesprungen.

Ich hatte innegehalten. Was mache ich jetzt?

Springe ich hinaus?

Die Mutter hilfesuchend angesehen, stellte ich mich in die Türöffnung, doch es bedarf eines heftigen Stoßes des mitflüchtenden Mannes, durch den ich hastig in die Freiheit gesprungen war.

Meine Mutter und die Schwester hatten es mir gleichgetan, danach folgte uns der Mann.

Wir waren auf dem Bahnsteig und hatten es gemeinsam geschafft. Und was taten die Vopos?

Die standen wütend in der offen stehenden Waggontür und brüllten sich die Lunge aus dem Hals. Sang und klanglos hatten sie den Spurt durch den Gang zwischen den Sitzreihen verloren.

So seh'n Verlierer aus. Das hätte ich gern gesungen, doch ich hatte es unterlassen, denn ich wollte die Vopos nicht reizen. Sie konnten immer noch auf den Bahnsteig springen, und uns zur Rückkehr auffordern, oder gar handgreiflich dazu zu zwingen.

Fehlte es ihnen an der Traute?

Die Waggontür schloss sich und die U-Bahn war weitergefahren. Wir hatten es geschafft. Unsere Erleichterung sprengte jeden Rahmen.

Das Freiheitsgefühl war kolossal. Mein Herz war von dem Druck befreit, der es fast zerquetscht hatte. Er hatte mich wie eine Schraubzwinge eingeengt, doch der Sprung hatte sie gelöst und mir die Tränen in die Augen getrieben. Von dem bewegenden Moment waren wir im Westen, und den galt es mit seiner Tragweite auf uns einwirken zu lassen.

Sichtbar von der Situation beeindruckt, hatten wir auf dem Bahnsteig gestanden. Das bedeutete ein neues Leben ohne Maßregelungen und Eingeengtheit. War die Tragödie der Unterdrückung nun ausgestanden?

Das unterdrückt werden war an Grausamkeit nicht zu überbieten gewesen. Durch die Brutalität der Fluchtszene war uns Kindern der Verlust der vertrauten Umgebung wie der Schlag mit einer Keule bewusst geworden. Knall auf Fall hatten wir begreifen müssen, dass es kein Zurück in unser geliebtes Haus und zum Freundeskreis mehr gab.

Wir würden weder die Katze wiedersehen, noch die Großmutter, ebenso wenig den Garten und die freilaufenden Hühner.

Noch auf dem Bahnsteig hatte sich die Mutter bei dem hilfreichen Mann bedankt, der sich nicht mit Namen vorgestellt hatte. So unerwartet, wie er aufgetaucht war, so schnell war er verschwunden. Er hatte uns viel Glück gewünscht, dann war er weg, und wir haben ihn nie wiedergesehen.

Jetzt waren wir auf uns allein gestellt, und die Mutter war tränenüberströmt in die Hocke gegangen, dabei hatte sie uns Kinder in ihre wohltuenden Arme genommen. Sie hatte so heftig geschluchzt, dass einige Passanten stehen geblieben waren. Sie hatten uns ihre Hilfe anboten, denn die Mutter war ein zierliches Persönchen, keine robuste Frau. Aber stolz, wie sie war, hatte sie alle Hilfsangebote dankend abgelehnt.

Stattdessen hatte sich die Mutter aufgerichtet und gestrafft. Kaum vernehmbar hatte sie gesagt: „So, liebe Kinder, es muss ja irgendwie weitergehen."

Sie hatte uns Kinder beruhigend angeschaut und sich ihren Sommermantel glatt gestrichen, dann war sie mit uns vom Bahnsteig ins Bahnhofsgebäude gegangen. Dort hatten wir uns auf die Suche nach dem Informationsschalter gemacht.

Und den mühelos gefunden, waren wir mit der Weiterleitung an die zuständigen Ansprechorgane fündig geworden. Es war einfacher, als es sich die Mutter vorgestellt hatte, denn mit viel Einfühlsamkeit hatten die Sachbearbeiter ihr weitergeholfen.

Mein Gott, die menschenverachtende Bevormundung der DDR-Machthaber war überstanden. Das war immer noch nicht in uns angekommen. Diese Lumpen hatten, statt einer möglichen Grenzöffnung, ihren Staat zu einem Gefängnis ausgebaut. Vom Traum eines vereinten Europas war in der DDR so weit weg, wie der Mond oder gar der Mars von der Erde.

Hätten die Trottel den Menschen selbst überlassen, wo und wie sie leben wollten, vielleicht wäre das Modell DDR überlebensfähig gewesen und nicht gescheitert, doch sie hatten den Abwanderungswilligen die Todesstrafe angedroht, anstatt sie ziehen zu lassen.

Und wie sieht es heute aus?

Leider hat sich die Welt nur unwesendlich verbessert. Im Mittelmeer erleben die Flüchtlinge in überladenen und untauglichen Schlauchbooten ähnlich grauenvolle Überlebensängste, wie wir sie durchgestanden hatten.

Solche Schicksale zuzulassen, das ist ein Verbrechen an der Menschlichkeit.

Ich habe viele Reisen nach Griechenland gemacht, und dort vor allem in die wundervolle Inselwelt der Ägäis, daher bibbere ich bei den Gedanken an die Unwetter in der rauen und tobende See, die den Fährverkehr oft lahmgelegt hatten.

Denke ich über unsere eigene Flucht nach, dann hatten wir das Glück auf unserer Seite. Wir hatten von dem bedauernswerten Geschöpf mit dem Koffer profitiert, der die Nerven verloren hatte. Mein Mitleid mit dem Koffermann sprengt alle Grenzen. Was werden sie mit ihm gemacht haben?

Der Robusteste war er wohl nicht, denn durch seine Angst um den Koffer waren die Vopos auf ihn aufmerksam geworden. Statt auf uns, hatten sie sich auf den Verängstigten konzentriert. Somit hatte er uns aus der Schusslinie genommen.

Aber mein besonderer Dank gilt unserem Retter, der uns ohne Eigennutz unter die Fittiche genommen hatte. Er hatte uns vor den Schikanen der Staatsmacht bewahrt und uns sozusagen den Arsch gerettet.

Leider erntet man mit Lob oder Mitleid in der hartherzigen und verrohten Welt kein Lorbeer. Fest steht: Hätte man uns geschnappt, dann wäre der Ofen aus gewesen. Mit brutalen Methoden hätten uns die Stasi-Schergen zur Minna gemacht. Ohne mit der Wimper zu zucken, hätte man uns Kinder von der Mutter getrennt und die Mutter ins Gefängnis gesteckt. Das klingt hart, aber das hätte uns geblüht.

Doch gegenüber der Mutter hege ich keinerlei Groll, obwohl sie das Vernichtungsrisiko der Familie eingegangen war. Sie wollte es richtig machen. Für sie sprach: Sie hatte es für eine vielversprechende Zukunft getan. Und bevor ich mich auf Jubelarien über die tolle Frau einstimme, mache ich weiter mit dem Fluchtablauf in den Westen.

Die Mutter hatte den für uns zuständigen Behördenmitarbeitern ihren DDR-Pass ausgehändigt und als Ersatzdokument das wichtige Flüchtlingsvisum für sich und uns Kinder erhalten. Von dem Tag waren wir anerkannte Flüchtlinge im eigenen Land. Tja, so paradox, war das.

Und da stellt sich mir die Frage: Was wäre aus mir im Arbeiter und Bauerstaat geworden? Hätte ich eventuell in einer Stadt wie Leipzig oder Dresden studiert, oder wäre ich im Heimatdorf versauert? Wäre ich, so wie es dem Vater ergangen war, am aberwitzigen Denkmuster der DDR-Machthaber gescheitert?

Mit meiner jetzigen Denkstruktur hätte ich in der DDR kein Bein auf den Boden bekommen. Eine positive Endwicklung kann ich mir kaum vorstellen. Hätte ich studiert, dann wäre ich wegen meiner politischen Ansichten überall angeeckt. Weiß der Himmel, ob ich im sozialistischen Arbeiter und Bauernstaat einen meinen Vorstellungen endsprechenden Status erreicht hätte.

Einerseits bin ich meinen Eltern dankbar, andererseits war meine Kindheit ein Mischmasch aus Fluchtepisoden und sich in neuen Umfeldern zurechtfinden müssen, außerdem hatte ich den Verlust der Heimat zu verschmerzen, was auch kein Pappenstil war.

Darauf hatte ich mit Sarkasmus reagiert: „Ich bin ein Heimatloser."

Das hatte ich jedem geantwortet, der sich für meine Herkunft interessierte.

Schlussendlich werde ich nicht müde, zu betonen: Die Mutter hatte eine beachtenswerte Heldentat vollbracht, als sie ihr Hab und Gut zurückließ, und mit uns noch kleinen Kindern das Weite gesucht hatte.

So schnell es möglich war, wollte meine Mutter nach *Blankensee*, wo ihr Mann und der Vater von uns Kindern wartete. Sie wollte ein besseres Leben im goldenen Westen finden. Sie hatte sich eine Menge von dem Land mit der fließenden Milch und dem süßen Honig ver-sprochen. So wie sie hatte die breite Masse der Ostler über das gelobte Land gedacht.

Für manch eine Familie war die Flucht ein unreparierbarer Irrtum gewesen und nur wenige hatten von der Fluchtwelle profitiert. Wir leider auch nicht, siehe den frühen Tod des Vaters. Aber wie ging es mit uns in *Westberlin* weiter?

Wir waren nicht lange in *Berlin*, da hatte sich die zu Kräften gekommene Mutter an die Flüchtlingsbehörde gewendet, wegen der gewünschten Familienzusammenführung. Vor den Angestellten in den Amtsstuben hatte sie die Anwesenheit des Vaters in *Blankensee* auf das Tablett gebracht.

Clever war sie ja, alle Achtung, denn der erfolgreiche Umgang mit Behörden will gelernt sein. Diese Vorgehensweise hatte ihr der Vater vor seinem Verschwinden eingetrichtert.

Und das war goldrichtig und wichtig, wie sich hinterher herausstellt hatte. Aber bevor die für die Zusammenführung notwendigen Schritte in die Wege geleitet waren, hatte man uns in das Notaufnahmelager *Marienfelde* gesteckt, wo ich jetzt stehe.

Der Aufenthalt hatte zwangsläufig zu Komplikationen geführt, denn von den Lebensumständen in Flüchtlingsunterkünften hatten wir nicht den blassesten Schimmer. Noch im Gefühlsdusel der gelungenen Flucht, ahnten wir nichts von den grassierenden Schikanen. Wir würden bald zum Vater reisen. Davon waren wir beseelt und das hatte uns ein Hochgefühl beschert.

Unser Quartier, in das wir untergebracht wurden, war vom Charakter her eine Großunterkunft. Das Gebäude über mehrere Etagen hatte eine monotone Lagerhallenarchitektur und die Räumlichkeiten ähnelten denen, die ich von Bildern aus Konzentrationslagern mit vom Hungertod betroffen Insassen gesehen hatte, allerdings fehlten hier in *Marienfelde* die Menschen mit ihren vor Hunger ausgemergelten Körpern.

Die zeitgleich mit uns geflüchtete Generation, die samt und sonder aus der DDR stammte, war anders. Die hatte nicht unter Hunger gelitten, sondern an einem Mangel an Freiheit, die ihnen das gescheiterte System vorenthalten hatte.

Aber auch ohne Hunger war der Zustand in *Marienfelde* eine Katastrophe. Was wir vorgefunden hatten, das waren primitive Einrichtungsgegenstände, denn das Zeug war bei einer Massenunterbringung anscheinend normal. Alles wirkte notdürftig zusammengeschustert und war trostlos. Zum Standart gehörten Hochbetten, zwischen denen sich die Familien Abteile durch an Betten befestigte Decken gebastelt hatten.

Es gab also keine Intimsphäre. Einen abgeschotteten Bereich, in dem die Mütter und Väter mit ihren Kindern wenigstens kurzzeitig für sich allein sein konnten, der war eine glatte Fehlanzeige.

Und wie stand es um die benötigten Ruhezonen?

Gott bewahre, an den Lärm will ich gar nicht denken. Sich tagein, tagaus die Ohren zuzuhalten, das wäre eine Möglichkeit gewesen, aber wer bringt das fertig? Das Geschrei der Kinder und das Gezänk der Erwachsenen hieß es auszuhalten, ob man es wollte, oder nicht.

Gab es vernünftig ausgestattete Waschanlagen für die Masse an Menschen?

Aber nein. Nur das Notdürftigste war vorhanden.

Die Waschbecken waren verdreckt und damit unzumutbar, Badewannen gab's gar keine, und der Zustand der Sanitäreinrichtungen war mangelhaft, um das Wort katastrophal zu vermeiden.

Herr im Himmel, hatte ich gedacht. Was hatte das Chaos mit menschenwürdiger Unterbringung zu tun? Und das in einem Land, von dem man glaubte, dass es aus dem Krieg seine Lehren gezogen hatte?

Aber war denn alles zum Haare raufen und so unerträglich?

Selbstverständlich, warum sollte ich übertreiben?

Eigentlich war es viel schlimmer. Doch was hatten wir von einer Flüchtlingsunterkunft zu erwarten? Das sie einem Luxushotel gleicht? Oder wenigstens einer Familienpension?

Mein Gott, wir waren für die Entscheidungsträger nur dahergelaufene Flüchtlinge. Man hatte uns nicht umsonst mit dem Schimpfwort Polacke versehen. Solche Dahergelaufenen brauchten weder Luxus noch großartiges Schlafgedöns. Mit denen machte man nicht viel Federlesens, man kann es auch übertreiben.

Heute weiß ich es besser: Die Unterkünfte waren zumutbarer, als die im Jahr 2015 provisorisch hergerichteten Turnhallen.

Das es bei den Umständen zwischen mir und meiner Schwester gekriselt hatte, das lag auf der Hand. Womit sollten wir uns sinnvoll beschäftigen? Wir hatten nicht mal einen Malblock und Buntstifte in den Westen gerettet und man stellte uns keine ähnlichen Utensilien zur Verfügung. Wir fanden keinen Raum, der sich geeignet hätte, den Spieltrieb auszuleben. Eine Spielecke oder etwas vergleichbares war Utopie. Außerdem war es in der Behausung schwer, geeignete Freunde zu finden. Wir Kinder beschäftigten uns so gut es eben ging mit uns selbst, und das war öde.

Doch der Unglücksfall, der aus der Langeweile entstanden war, den hätte ich vermeiden müssen. Er war unnötig. Als mich meine Schwester nicht in das obere Bett lassen wollte, da hatte das zum handgreiflichen Streit geführt. Fluchs hatte ich ihr die Häkelnadel entwendet und sie ihr mit Wucht in den Oberschenkel gerammt.

Es war ein unbedachter Reflex, der ganz und gar nicht zu mir gepasst hatte, denn ich war das Gegenteil von gewalttätig. Aber das Ausmaß war schmerzhaft, denn zu meiner Schande flossen bei ihr neben dem Blut auch die Tränen, noch dazu hing die Häkelnadel fest.

Mich als Helfer ließ sie nicht an sich heran, auch die Mutter stand auf verlorenen Posten. Erst ein herbeigerufener Arzt hatte sie von dem verzwickten Ding befreit. Die Tumulte der Mitflüchtlinge hatten es in sich. Eine hysterische Frau wäre mir fast an die Gurgel gegangen.

Unsere Mutter hatte vor Verzweiflung gezittert, dann hatte sich ein Weinkrampf ihres Körpers bemächtigt. Bei ihr war der Wechsel von starken und kreativen Momenten, hinüber zu Schwächeanfällen gang und gebe. Einerseits hatte sie recht brauchbare Kleidung für sich und uns Kinder organisiert, andererseits fühlte sie sich handlungsunfähig. Sie hatte eine Form der gefährlichen Gleichgültigkeit befallen. Es war der Lagerkoller, der wie ein Lauffeuer um sich gegriffen hatte.

Und was kann ich sonst noch an erwähnenswertem vom Notaufnahmelager *Marienfelde* aus mir herauskitzeln?

Voller Schrecken denke ich an das nächtliche Gequatsche. Dessen Lautstärke war indiskutabel. Rücksichtnahme auf die Nachtruhe war ein Fremdwort. Längere Schweigephasen der Besinnung waren die Seltenheit. Zu dem Thema fallen mir etliche Gewalttätigkeiten ein.

Dann waren da die nächtlichen Schnarchkonzerte, und das abstoßende Furzen der Insassen war geradezu unerträglich. Aber noch schlimmer waren die nervtötenden Hustenanfälle. Der die Nacht zum Tag machende Lärmpegel war eine Zumutung. Viele der älteren Lagerinsassen wurden todsterbenskrank.

Auch ansteckende Krankheiten und andere Abartigkeiten gehörten zur Tagesordnung. Und das waren keine Kleinigkeiten, doch die dazugehörigen Bilder der beteiligten Menschen sind in mir bis zur Unkenntlichkeit verblasst.

Letztendlich war es ein Segen, als sich die Tage im Notaufnahmelager *Marienfelde* dem Ende zuneigten. Die zielgerichtete Abreise zum Vater ihrer Kinder, das war Manna für die Seele meiner Mutter und hatte neuen Lebensmut freigesetzt. Zu lange hatte sie der Lageraufenthalt in *Berlin* von ihrem Mann getrennt. Das auf sich allein Gestellt sein war ihr in den Knochen hängen geblieben.

Endlich hielt die Mutter das Abreiseschriftstück in Händen und sah Licht am Ende des Tunnels. Der Lagerkoller der Vergangenheit hatte sich verflüchtigt. Er war der Zuversicht gewichen..

Das Abschiedsprogramm sah vor, dass man uns vom nahegelegenen Flughafen *Tempelhof* nach *Hamburg* ausfliegen würde, das hatten wir schwarz auf weiß.

Nun waren es die Freudentränen, die uns über die Backen rannen, denn bald würden wir von *Hamburg* mit dem Zug zum Vater nach *Blankensee* fahren.

*

Mein Kopf droht zu platzen, denn er ist voll mit Eindrücken und Erlebnissen. Wie einer, der einen Sieg davongetragen hat, so verlasse ich die Flüchtlingsunterkunft. Als wäre es ein Taschenbuch über aufgeklärte Kriminalfälle, so lege ich die Lagerproblematik ad acta. Hinter den Aufenthalt in *Marienfelde* mache ich drei Kreuze. Das Fluchtdrama habe ich wie einen Abenteuerfilm vor mir abgespult, was will ich mehr.

Ab jetzt zählt wieder meine Radtour, also unterlasse ich den Besuch des Flugplatzes *Tempelhof*. Der würde keine weiteren Erkenntnisse bringen. Außerdem wurde auf dessen von Gewächsen überwucherter Start- und Landebahn der Flugverkehr inzwischen eingestellt.

Und das ist erfreulich, denn so konnte sich auf dem Gelände, glaube ich einer Fernsehreportage, eine der Natur übergebene Brache entwickeln.

Na dann tschüs, *Marienfelde*. Vorerst war's das mit den Fluchtrückblicken. Es fehlen nur die Puzzleteile mit den Fluchtursachen, und die beabsichtige ich im Geburtsort *Preußlitz* durch weitere Nachforschungen zu finden. Dort stoße ich, so erhoffe ich es mir, auf die Hintergründe, durch die sich die Flucht des Vaters aufhellt, denn seine Motivation ist mir immer noch nicht hundertprozentig vertraut.

Solange ich mir kein endgültiges Bild über die politischen Verhältnisse in meinem Geburtsort gemacht habe, und mir die Rolle, die der Vater im Ortsgefüge gespielt hatte, nicht hundertprozentig klar ist, wird das so bleiben. Mein Wissensschatz über den Mumpitz ist dürftig, den das SED-Parteiorgan mit dem Vater veranstaltet hatte. Sicher ist nur, dass in diesem *Preußlitz* die Endscheidungen über meinen späteren Lebensweg gefällt wurden. In diesem Dorf wurden die Weichen für meine Zukunft gestellt.

Mir reicht es. Ich habe genug von *Marienfelde* gesehen. Als ich den Ausgang der Flüchtlingsunterkunft gefunden habe und wieder draußen bin, schaue mich ein letztes Mal nach den Gebäuden um, dann setze mich in den Clio.

Ich fahre ins *Charlottenburger* Viertel zurück und parke vor der Wohnung meiner Ex. Da steht der Wagen gut. Als ich ausgestiegen bin, schwinge ich die Beine. Und mit dem erforderlichen Elan unternehme ich den zweiten Marsch in die *Berliner* Innenstadt.

Über die *Straße des 17. Juni* bis hin zum *Brandenburger Tor* und zum *Kurfürstendamm* baue ich den angesammelten inneren Stress langsam ab. Danach verstricke ich mich im *Berliner* Straßenlabyrinth, sodass ich den Stadtplan als Hilfe in Anspruch nehme.

Irgendwie bin ich seitenverkehrt. Das ist eine unangenehme Orientierungsschwäche. Durch das häufige Benutzen des Navigationsgerätes ist mir der Wiedererkennungssinn abhanden gekommen. Manche Straße gehe ich zweimal. Es ist zum verzweifeln.

Erst als nach mehreren Irritationen das Schloss *Charlottenburg* in Sichtweite erscheint, erkläre ich den Wiederfindungsmarsch für beendet.

Gegen den Hunger kaufe ich das Entengericht vom Thai-Imbiss und nehme die Plastikschachtel mit in die Wohnung, dort esse ich auf einer Apfelsinenkiste und dem zurückgelassenen Sperrmüllsofa. Wie in den wilden sechziger Jahren, denke ich dabei.

Danach mache ich mich ans Packen. Meine Klamotten sind trocken und landen in den Seitentaschen, auch das Kartenmaterial und alles andere ist blitzschnell verstaut, schon setzt wieder das berühmte Kribbeln bei mir ein.

Es ist wichtig, dass es endlich weitergeht. Wer rastet, der rostet, heißt es nicht umsonst. Die wunderbare Tour zieht mich wieder in ihren Bann. Der Radweg bis *Potsdam* durch den *Grunewald* soll ein Leckerbissen für Fahrradfahrer sein.

Ich knapse mir die Zeit für ein Telefonat mit der Schwester ab, der ich die *Blankensee-* und *Marienfelde* Eindrücke schildere.

Sie ist gerührt und bedauert, die Tour nicht mitgemacht zu haben. „Jeden Fliegenschiss über *Marienfelde* kann ich aus dem Ärmel schütteln", sagt sie. „Du warst damals noch klein. Aber wenn du in *Preußlitz* vor unserem Elternhaus stehst, dann rufst du mich an."

Als ich meine Lebenspartnerin in der Leitung habe, ist die hektisch. Sie ist in Aufbruchstimmung.

„Ich muss los. Anne hat mich zum Grillen eingeladen", erklärt sie mir zwischen Tür und Angel. „Es ist eine Wiedersehensfeier mit Mathias. Ich soll dir viele Grüße ausrichten."

„Nun gut, dann mache das du Land gewinnst", antwortete ich knapp. „Und tausend Grüße zurück. Morgen melde ich mich von ich weiß nicht wo."

„O Gott, jetzt bist du sauer", wird meine Liebste ganz sanft. „Bitte versteh mich nicht falsch und sei mir nicht böse."

Ich höre im Hintergrund, wie sie sich hektisch ihre Jacke anzieht. Und als sie damit fertig ist, beendet sie die Kurzunterhaltung.

„Ich bin spät dran, also mach's gut. Versprich mir aber, dass du gut auf dich aufpasst Bitte, versprich es mir."

Sie ist ein Goldstück. Ein wertvollerer Mensch hat meinen Lebensweg nie gekreuzt. Ohne diese Traumfrau wäre ich ein Pot ohne Deckel. Für ein Zusammenleben mit ihr benötige ich keine Gebrauchsanweisung. Mein Leben ohne diese Frau wäre sinnlos, es wäre mein Todesurteil. Der Leibhaftige bewahre mich vor solchen Schicksalsschlägen.

Als Abendunterhaltung bleibt mir die Glotze. Das ist auch mal ganz schön. Das Fernsehprogramm hilft mir beim geistigen Abschalten, dazu passt ein Tatort super. Morgen werde ich mit *Berlin* eine der aufregendsten Städte *Deutschlands* verlassen. Und was hat mir das Flair der Bundeshauptstadt geboten? Was habe ich in *Berlin* erlebt?

Bewegend habe ich den Umzug meiner Ex-Frau empfunden. Die kehrt an meinen heimischen Wohnort zurück. Dass Verladen der Möbel hatte herausragend geklappt. Toll war auch, dass keine nachtragenden Bemerkungen die gemeinsame Aktion getrübt hatten.

Und dann das Aufrollen des Lagerlebens in *Marienfelde,* das hatte dem Fass die Krone aufgesetzt. Mit großer Intensität hatten sich die selbst erlebten Abläufe wie eine Wiederholungssendung des Fernsehens in meinem Gedächtnis angefühlt, und das hat mich innerlich sehr aufgewühlt.

Aber der absolute Knüller war meine als Dokumentation abgelaufene Flucht mit der U-Bahn.

Die entsetzliche Grausamkeit in seinem aufrüttelnden Ausmaß durch und durch zu spüren, als der arme Mann mit dem Koffer abgeführt wurde, das kann niemand beschreiben.

Doch das Glanzlicht war der eigentliche Fluchtablauf und dabei die Situation, als die Vopos hinter uns hergerannt waren, und uns die Geistesgegenwärtigkeit eines Mitflüchtenden auf den Westbahnsteig hinausbefördert hatte. Diese Apokalypse hatte die nachhaltigste Wirkung bei mir hinerlassen.

Demnach kann ich ohne zu übertreiben festhalten: Ich hatte lebendige und fesselnde Eindrücke in mir abgespult, für die sich meine Radtour auf jeden Fall gelohnt hatte.

Dagegen entsprachen meine Märsche in die Innenstadt nicht der erhofften Intensität. Leider hatten sich keine erwähnenswerten Neuerungen von Seiten der Bausubstanz für mich aufgetan. Nichtsdestotrotz ist *Berlin* jede Reise wert.

Hundemüde bin ich, als ich den ereignisreichen Tag beende, und damit die Akte *Berlin-Aktivitäten* schließe. Das neue Kapitel führt mich mit Vorfreude auf die erste der drei Etappen zu meinem Geburtsort.

11

Es ist sieben Uhr, als der Wecker klingelt. Ich springe hastig aus dem Sperrmüllbett und dusche, dann setze ich meine Zähne instand. Zu guter Letzt nehme ich meine Tabletten und creme mir meinen Po kräftig ein. Und auch diese Prozedur erledigt, setze ich Kaffee für zwei Tassen auf renne ich zum Brötchenhaus.

Heute kaufe ich drei Schrippen. Eine werde ich gleich essen, die anderen beiden dienen als Vorrat für die Fahrt.

Und wieder zurück in der Wohnung, beschmiere ich die Semmel mit Butter und Honig. Davon ist genug vorrätig und beides steht auf einem zurückgelassenen Regalbrett. Während des Frühstücks schlürfe ich zwei Tassen des mit Milch verdünnten Gesöffs und überfliege die Zeitung.

Erfreut bleibe ich an der hervorragenden Wetterprognose hängen, prompt bin ich für eine vorhersehbare Traumetappe startklar. Ade *Hauptstadt*, tschüs *Charlottenburg*, wahrscheinlich sehen wir uns so schnell nicht wieder. Aber weiß man's?

Als ich mein Gepäck hinuntergetragen habe, werfe ich den Wohnungs- und Fahrzeugschlüssel in den Briefkasten, dann belade ich mein Rad, das sich zu freuen scheint. Die Griffe des Lenkers und der Sattel fühlen sich hervorragend an. Auch der erste Sitzversuch befördert Erfreuliches zu Tage. Nur ein leichtes Ziehen am After, ansonsten empfinde ich keinerlei Schmerzen. Es wäre auch nicht mit rechten Dingen zugegangen, hätte ich das Experiment der Vergangenheitsbewältigungstour wegen meines Hinterteils abgebrochen.

In den nächsten Tagen stehen unbekannte Landstriche und mein Geburtshaus in *Preußlitz* auf der Agenda, danach der Besuch bei einer Ex-Arbeitskollegin in *Kirchheim* bei Erfurt.

Aber bevor ich die Etappen nach *Potsdam* und dann weiter zu meinem Geburtsort *Preußlitz* angehe, konzentriere ich mich auf den *Berliner* Verkehr, denn der hat es in sich. Und wie üblich bei Großstädten, muss mich das Navigationsgerät durch das Straßenlabyrinth lotsen und auf den Radweg nach *Potsdam* führen.

Vorbei am Schloss *Charlottenburg*, dann über die *Schlossstraße* zum *Messegelände* mit dem *Funkturm*, geht es hinaus aus der Stadt. In der Ferne sehe ich das *Olympiastadion*, und ab da beginnt das unangenehme Radeln, denn die Wegstrecke entlang der *Avus* entpuppt sich als Höllenritt. Die *Avus* ist eine nur Kennern bekannte Autorennstrecke.

Und endlich die Autobahn hinter mir gelassen, bin ich mittendrin in der Natur, denn es wird atemberaubend schön und waldreich. Vor mir erstreckt sich das Ausflugsparadies *Grunewald*, das zigtausend Radfahrwütige zum Freizeitsport nutzen. Die Rudel bestehen aus Rennradbenutzern, die mich auf einem der schönsten Radwege meiner Tour begleiten.

Hoppla, ich habe den Radweg mit dem Nacktradler und den am Nord-Ostsee Kanal entlang vergessen. Nun gut, dann ist es eben der drittschönste Radweg.

Man sieht es meinem strahlenden Gesicht an, wie sehr ich das Radfahren anhimmele. Das Genießen des auf dem Fahrradsattel sitzen ist phantastisch. Bewerte ich die Erlebnisse auf deren betörende Eigendynamik, dann komme ich nie wieder vom Etappenradeln los. Diese starkmachende Unabänderbarkeit, das nicht wissen, wie, wo und wann man ankommt, das ist einmalig.

Eine ähnliche Fahrradtour lege ich Ihnen zur Nachahmung ausdrücklich ans Herz, wenn möglich in die eigene Vergangenheit.

Bis kurz vor *Potsdam* erstreckt sich eine in seiner Freundlichkeit einzigartige Landschaft. Ich mache vom schattigen *Grunewald* einen Abstecher zum beliebten *Wannsee*. Die südliche Umgebung *Berlins* sollte man in das Weltnaturkulturerbe aufnehmen. Diese Forderung würde ich inständig unterstützen.

Gegen die knackige Sonnenbestrahlung gönne ich mir jede Baumkrone als Schattenspender. Mein Wasservorrat wird für den Tag nicht ausreichen, das ist von vornherein klar. Gegen Mittag werde ich mich um Nachschub kümmern.

Aber weshalb sich vorher mit ungelegten Eiern, also mit Kleinigkeiten beschäftigen. Bis dahin ist es noch eine Weile hin. Frei und unbekümmert unterwegs zu sein, das macht Laune.

*

In Höhe *Potsdam* beginne ich mich zum *Schloss Sanssouci* durchzufragen, denn wenn man schon mal in *Potsdam* weilt, dann nimmt man die Sehenswürdigkeit sehr gern mit.

Voller Neugierde schlüpfe ich im riesigen Schlosspark in die Rolle eines Allerweltstouristen, allerdings unterscheide ich mich von denen durch mein bepacktes Rad. Die Innenbesichtigung des Schlosses fällt aus besagtem Grund flach. Wer passt auf mein wertvolles Fahrrad und die Bepackung auf? Kann ich hundertprozentig davon ausgehen, dass hier nur ehrliche Besichtigende herumlaufen?

Auf die Ehrlichkeit der Besucher ist kein Verlass, deshalb schaue ich mir die Einrichtung des Schlosses im Internet an. Zu zweit kann man sich beim Bewachen des Rades abwechseln, doch ich bin allein,

So hat das Alleinradeln auch seine Nachteile, aber ich hatte dass Testen meiner Eigenständigkeit und Unabhängigkeit gewollt.

Meine Tour hat auch einen gewünschten Nebeneffekt, denn allein unterwegs stelle ich mein Verhalten auf den Prüfstand. Meine Reaktion auf Unvorhersehbarkeiten zu testen, ob nun positive oder negative, das ist mir wichtig. Ich will herausbekommen, ob und wie schnell ich aufgebe oder gar schlappmache, sollte manches nicht so gelingen, wie von mir gewollt.

Außerdem will ich klären, ob ich Entscheidungen ohne die Partnerin, also selbstständig, fällen kann. Es wäre schade, wenn ich immerzu jemanden in meiner Nähe bräuchte, der mir sagt, wo's lang geht.

Was das betrifft, bin ich gewappnet. Bisher habe ich Ungereimtheiten mit Bravour gemeistert, seien es die Pobackenprobleme, waren es das Heimweh oder die Sehnsucht nach meiner Partnerin. Und auch die Unzähmbarkeiten der Natur, zum Beispiel die Starkregenphase durch den Gewitterschauer, haben mir nichts ausgemacht.

Alle Widrigkeiten sind an mir abgeprallt. Ich hatte gelernt, mich nicht hängen zu lassen, sondern aktiv nach vorn zu blicken. Jeder Tag war kostbar. Man hat nur ein Leben und aus dem gilt es kein Drama, sondern eine Erfolgsbiographie zu machen.

So, das war's zum Thema inneres Befinden, und nun wieder zurück zur Radtour.

Bei der brauche ich als Beleg für meine Anwesenheit am Schloss Sanssouci ein Photo, daher spreche ich eine Gruppe durch den Park wandelnder Touristen an. Die bitte ich, ein Bild von mir zu machen, schon ist das Foto im Kasten.

Sogar ein interessantes Gespräch über meine Ziele kommt in Gang. Ich Enfant terrible wecke Begeisterung bei den Beteiligten. Sich solch eine Radtour als Rentner zuzutrauen, allein das wird bewundert. Allein schon auf die Idee zu kommen, das hat die Gesprächspartner über-rascht. Bei zwei Männern löse ich gar den Nachah-mungseffekt aus.

Na ja, reden kann man viel.

Als ich mich verabschiedet habe, entzündet sich in mir die Sucht nach einem Becher Eis. Das ist bei der Hitze eine verständliche Reaktion. Im Park selbst werde ich keinen Eisstand finden, denke ich, also verlasse ich die sehenswerte Parklandschaft und radele ins Zentrum *Potsdams,* prompt entdecke ich auf dem zentralen Platz den mich anmachenden italienischen Eissalon mit einer Verweilbank davor.

Die Bank aus Holz ist eine Fügung des Schicksals, und damit der ideale Eisschleckplatz. Ich bin erstaunt, wie oft sich der Zufall auf meine Seite schlägt, dabei klammere ich die Eiskaffeesuche in *Berlin* bewusst aus. Und meine drei obligatorischen Eiskugeln verdaut, schwinge ich abermals meine Keulen.

Wunderbar radelt es sich am *Templiner See* entlang bis zum *Schwielowsee.* Die Stadt *Berlin* leidet wahrlich nicht an Wassermangel. Wenigstens einer von den vie-len *Berliner* Seen könnte der wasserarmen Stadt *Aachen* gut zu Gesicht stehen.

Danach ist eine Mittagspause vonnöten. Bloß nicht wieder die trockenen Cornys essen, denke ich. Die stehen mir bis zur Unterkannte Oberlippe. Auch der Wasservorrat ist aufgebraucht.

Ich radele bis *Ferch,* dort arbeite ich meinen Essens-wunsch ab und verspeise eine Bockwurst mit Kartof-felsalat, dazu trinke ich eine Flasche Cola. Das alles er-eignet sich an einem Bootsanlegesteg.

Nun ja, das Prädikat besonders wertvoll verdient der Imbissschuppen nicht, aber das Essen ist genießbar und preiswert. Hinterher finde ich einen Supermarkt gegenüber dem Fresstempel. In dem kaufe ich Äpfel, Bananen und drei Flaschen Wasser ein, so bin ich mit dem Notwendigsten eingedeckt.

Doch danach beginnt das Merkwürdige.

Es ist ein Tourdrama: Ich nenne es die Suche nach dem *Europa Radweg R1*?

Erster Versuch mit dem Navigationsgerät.

Aus *Ferch* heraus leitet mich das Mistvieh mitten in den Wald, und natürlich ist der Waldweg versandet, so bleibe ich stecken. Hopp, hopp, zurück mit dem Rad.

Zweiter Versuch.

Und abermals lande ich in einem Waldstück, aber auf einer noch schlimmeren Strecke. Fürs Navi ist es die richtige Route. Noch heute höre ich die Frauenstimme näseln: „Bitte weiterfahren, bitte weiterfahren."

Ich fluche wie eine Kettensäge: „Hör auf. Du kannst mich mal!"

Gelobt sei die gesunde Selbstorientierung, denn nach gut einer Stunde gelingt mir der Sprung auf den *Europa Radweg*.

Aber jetzt kommt's, denn das Navi verscheißert mich weiterhin.

„Noch fünfzig Meter, dann bitte wenden", meutert die verhasste Stimme. Und die Meterzahl wird geringer: „Noch zwanzig Meter, dann bitte wenden."

Ja Herrgott sakra. Was soll das?

Ich glaube, das Navigationsgerät verarscht mich. Was anderes will mir dazu nicht einfallen. Oder gibt es im Süden *Berlins* ein irreführendes, magnetisch geladenes Strahlenfeld.

Ich schaue auf mein Kartenmaterial, und das ist nicht das Allerneuste.

Na bitte, es geht doch, denn auf der Radwegekarte taucht der *Europa Radweg* auf. Er ist keine Fata morgana, aber weshalb erkennt das Navigationsgerät diese Radstraße nicht an?

Das ist peinlich, äußerst peinlich.

Doch die warnenden Stimmen bezugnehmend auf die Kartenqualität habe ich noch im Ohr. Die Streckenführung im Fahrradnavigationsgerät ist nicht ausgereift, so steht es in Fachzeitschriften. Die Schwäche gibt der Hersteller in der mitgelieferten Gebrauchsanleitung zu.

Aber gibt es besseres Material?

Im Moment weiß ich es nicht.

Letztendlich ignoriere ich die Frauenstimme, die soll der Teufel holen, und halte ich mich an die Beschilderung, die sich als gut erweist.

Doch irgendwann nervt das: „Bitte wenden", so gewaltig, dass ich das Gerät ausschalte. So viel zum Thema: Technik im Radfernverkehr.

Eine gute Stunde habe ich wegen dem hü und hot verloren, dafür entschädigt mich das Fahrvergnügen auf dem *Europa Radweg*. Zielstrebig nähere ich mich dem Naturpark *Hoher Fläming*, doch holla, was sehe ich da? Mir radelt eine mit schwerer Bepackung ausgestattete ältere Dame entgegen.

Ich halte an und steige vom Rad, die betagte Dame tut das Gleiche. Dann fragt sie mich: „Wie weit ist es bis *Berlin?*"

Sie ist quietschfidel und zeigt keinerlei Verschleißerscheinungen. Ich staune über den Zustand der schwer zu schätzenden Fahrradkollegin. Wie macht sie das? Sie muss hervorragende Gene haben.

Während einer angeregten Unterhaltung erfahre ich: „Ich bin neunundsechzig Jahre alt."

„Neunundsechzig Jahre?", frage ich ungläubig. „Das ist unmöglich."

Ich frage sie noch einmal, weil ich es nicht glauben will: „Wie alt sind Sie?"

„Neunundsechzig Jahre. Ja, da staunen sie, nicht wahr? Vor zwei Tagen bin ich in der Lutherstadt *Wittenberg* losgeradelt, dort habe ich eine Veranstaltung der Kirche besucht."

Sie quasselt wie ein Wasserfall.

„In zwei Tagen nehme ich an einer Tagung in *Berlin* teil", erzählt sie weiter. „Schlafen tue sie im Zelt und fünfzig bis sechzig Kilometer radele sie am Tag, je nach Beschaffenheit der Strecke."

„Wahnsinn", unterbreche ich sie. „Und Sie radeln immerzu allein? Haben Sie niemanden, der Sie begleiten könnte?"

„Wozu einen Begleiter", sagt sie keck. „Nur allein vermeide ich einen Krach."

„Das ist richtig", bestätige ich sie und bekräftige ihre Meinung. „Ich sehe das ähnlich."

Und mit der Bemerkung: „Das Ende der Tour habe ich in einer Woche in *Wismar* an der Ostsee erreicht", beendet die alte Dame ihren Vortrag.

Alle Achtung, geht mir durch den Kopf. Die Alte ist ein Konditionswunderwerk. Außerdem hat sie mir mit den Übernachtungen im Zelt etwas elementares voraus. Zudem steht ihr das Altern. Sie wirkt putzmunter, wie ein junges Reh.

Mit der Kirche habe ich es zwar nicht so, trotzdem ist die Quasselstrippe eine Ausnahmeerscheinung. Es ist jammerschade, dass wir nicht das gleiche Ziel haben. Bei ihrer Ausdauer wäre eine Etappe mit ihr die pure Freude geworden.

Allerdings hätte mir die alte Dame manches Loch in den Bauch gefragt, aber Frauen ihres redseligen Kalibers trifft man oft. Ihre Ausstrahlung macht mir Mut für die Zukunft.

Mit einer Umarmung habe ich mich verabschiedet und *Dessau* als nächstes Etappenziel auserkoren. Das wären einhundertsechzig Kilometer in einem Rutsch. Doch die Strecke an einem Tag zu schaffen, das ist eine zu gewagte Spekulation.

Von der Wunschvorstellung verabschiede ich mich schnell. Aber ohne die Anfangsirritation wäre ich meinem Etappenziel eventuell nahe gekommen.

Doch hätte, wenn und aber, das bringt mich dem gewünschten Ort nicht näher. Ich backe kleine Brötchen und wähle als Übernachtungsstädtchen den Ort *Bad Benzing* aus. Erreiche ich die Stadt, dann habe ich über hundert Kilometer im Sack.

Bad Benzing ist der Ausgangspunkt für Wanderungen in den Naturpark *Hoher Fläming*. Vorher hatte ich den Namen des Naturparks nie gehört, was ich als eine Bildungslücke ansehe. Meine alte Heimat *Sachsen Anhalt* hat selbst für mich noch unbekannte Ausflugsziele im Repertoire.

*

Achtzehn Uhr bereichere ich *Bad Benzing* mit meiner Anwesenheit. Ich fühle mich erstaunlich frisch. Weder die hohen Tagestemperaturen, noch die Maulwurfshügel im Vergleich zu den Alpen, die es zu bezwingen galt, haben Spuren bei mir hinterlassen.

Um den Hunger zu bekämpfen gibt es heute nur ein Rezept: Einen Thai Imbiss.

In den neuen Bundesländern habe ich keinen Ort ohne diese Verköstigungshorte vorgefunden. Das liegt an den ehemals freundschaftlichen Verbindungen zwischen der

DDR und Nordvietnam, die viele Vietnamesen in die damalige Ostzone gelockt hatte.

Und auch *Bad Benzing* macht da keine Ausnahme. Preiswert und gut, steht über dem Imbiss, natürlich in deutscher Sprache, weswegen die Qualität des Reisgerichtes nicht leidet. Wie immer ist die Sättigungsstufe sehr hoch. Das Gericht ist feurig, ähnlich den von mir daheim gekochten Thai-Gerichten, die ich mit Sambal-Olek aufpeppe. Und wie bei meinem letzten Besuch im Thai-Imbiss trinke ich eine Cola dazu. Danach bin ich mit mir und der Welt im Einklang.

Ich bin also satt und begebe mich auf die Zimmersuche, doch die sehe ich in *Bad Benzing* ungewohnt locker. Es soll zwei Gasthöfe in derselben Straße geben. Das ist eine einmalige Situation und vor allem eine Rarität. Ich würde Wetten eingehen, dass mich einer von den beiden aufnehmen wird.

Doch völlig unerwartet kommt es anders.

„Alle Zimmer sind ausgebucht", erfahre ich in dem auf mich sympathisch wirkenden Gasthof. „Eine Wandergruppe hat sich angemeldet."

„Macht nichts", entgegne ich ohne Nervosität, mit der zweiten Gaststätte im Rücken.

Mit zwei vor dem Gasthof sitzenden und ihr Bierchen zwitschernden Pärchen albere ich wie ein Altcasanova herum. Was das Zeug hält, so flirtet eine der Frauen mit mir. Ihre Albereien und Kichereien erinnern mich an einen Teenager aus der Zeit des Petticoats. Den Augenaufschlag hat sie sich allerdings bei der *Monroe* abgeguckt.

Ich mache ihre Spielchen mit, dabei erzeugen meine Scherze ein bestialisches Gackern. Äußerlich macht die Kurzhaarige was her, gar keine Frage, aber mich stört ihre fürchterliche Stimme. O Gott, wie hält ihr Mann die aus?

Oder ist der neben ihr platzierte Mann nur ein Begleiter? Das werde ich nie erfahren, denn ich muss zur verbliebenen Gastwirtschaft.

Vor der als Notnagel angedachten Lokalität stelle ich das Rad ab, schlendere zur Theke und frage nach einem Zimmer. Das ruft eine barsche Serviererin auf den Plan, die beim Inhaber nachfragen will.

Ja, so unvorhersehbar kann es zugehen. Die Zimmersuche bleibt spannend. Es dauert und dauert, aber die Barsche ist weg und das bleibt sie auch. Hat sie mich vergessen?

Doch irgendwann taucht sie auf und serviert mir ihre Endlösung.

„Holen sie ihr Gepäck rein", befiehlt sie unwirsch. „Das macht vierzig Euro inklusive Frühstück. Hinter der Tür ist der Frühstücksraum und sie haben die Zimmernummer 9."

Sie drückt mir einen Schlüssel in die Hand und verschwindet.

Zack, zack, das war militärisch korrekt. Beim Bund hätte sie es weit gebracht. Mindestens zum Unteroffizier mit ihrer äußeren Erscheinung. Sie trägt, wie bei der Bundeswehr gewünscht, ihre kurzen Haare straff nach hinten gekämmt.

„O Mann, was rege ich mich auf", stöhne ich. „Ich muss sie ja nicht heiraten."

Dann nehme ich mein Gepäck in die Hände und gehe auf mein Zimmer, welches tadellos ist. Es hat einen Fernseher, sieh an, sieh an. Eine Dusche, ein Waschbecken und das WC, keine Beanstandung. Den Akku in die Steckdose, zu Befehl und Abmarsch. Die Serviererin hat mich militärisch korrekt gemacht.

So, nun aber Schluss mit dem Schabernack.

Meine Sehnsucht nach meiner Partnerin verleitet mich dazu, sie sofort anzurufen. Und die am Handy, sucht sie die Stadt *Bad Benzing* auf ihrem Atlas, sie findet einen Ort mit dem Namen allerdings nicht. Auch auf meiner Fahrradkarte steht *Belzig*. Hat da eine Namensumbenennung stattgefunden?

Sie erzählt vom Besuch des Grillabends bei Anne und Stefan. Dass es spät geworden sei, und ihr das Fleisch schwer im Magen liegt. Ein guter Fisch oder Scampis, beides hätte ihr besser gemundet.

Einerseits wäre ich gern beim Grillen anwesend gewesen, andererseits wächst in mir der Wunsch, ganz auf Fleisch zu verzichten. Vegetarier will ich werden, nein, das werde ich. Die geschundenen Kreaturen verdienen unsere Schonung. Massentierhaltung ist ekelerregend. Ich kann die Bilder vom gequälten Viehzeug nicht mehr ertragen.

Der Ausstieg aus dem Fleischverzehr wird eins meiner nächsten Ziele sein. Ich brauche neue Aufgaben. Das Rauchen aufzugeben hat problemlos geklappt. Warum soll es mit dem Fleisch nicht ähnlich einfach sein? Mit meiner Partnerin stimme ich in der Thematik überein. Bisher war ich der Schwachpunkt.

Wir beschließen, nach meiner Rückkehr, alle Fleischrezepte aus unserem Sortiment zu verbannen. So ergibt unser Telefonat einen tiefgreifenden Sinn.

Und der Abend gehört dem Fußball, denn an dem ziehe ich mir das Länderspiel der Deutschen gegen Österreich rein. Das Prestigeduell hat enorme Bedeutung, denn dem Sieger winkt die Teilnahme an der Europameisterschaft.

Mürrisch sehe ich einen mäßigen Kick. Das Spiel ist grottenschlecht. Es plätschert ohne Höhepunkte dahin.

Beide Mannschaften erwecken den Eindruck, als hätten sie einen Nichtangriffspakt geschlossen. Nur die Kaltschnäuzigkeit eines Mario Gomez beschert den Deutschen den Sieg, wobei das Ergebnis von 2:1 den Spielverlauf auf den Kopf stellt.

Ich verzehre mein Betthupferl mit Schokoladengeschmack, danach habe ich mir eine Portion Schönheitsschlaf redlich verdient. Entgegengesetzt zu den deutschen Spielern, kann ich mit meiner Leistung wuchern.

12

Im Frühstücksraum sitze ich neben einer Wandergruppe, bestehend aus zwei älteren Pärchen. Seit Tagen sind sie im Wanderparadies *Hoher Fläming* unterwegs. Als ich mit ihnen ins Gespräch komme, da landen wir prompt beim *Eifelsteig*.

„Den haben wir im vorherigen Jahr beackert", erklärt mir eine der Frauen. „Von *Aachen* bis nach *Trier*. Es war eine aufregende Strecke."

Ich berichte ihnen, dass ich bisher nur fünf Teilstücke absolviert hätte, da raten sie mir eindringlich, die Etappen nach Trier dranzuhängen. Das Naturspektakel sei einmalig. Ich würde die Schlussstücke nicht bereuen.

Ja, so sind die Wandersleute. Sie sind sympathisch, doch immer überzogen in der Wahrnehmung. Aber wer weiß? Vielleicht sind die nächsten Teilabschnitte des Eifelsteigs das versprochene Weltnaturreservat?

Ich beschließe, den *Eifelsteig* weit oben in der Prioritätenliste anzusiedeln. Dazu bietet der lange Herbst das eine oder andere Wochenende zur Umsetzung an. Dann sollte ich, anstatt dem Radeln zu frönen, gelegentlich auf Wanderschaft gehen. Meine Liebste wird es mit Freude aufnehmen.

Ich verabschiede mich von *Bad Benzing* oder *Belzig*, wie auch immer der Ort heißen mag, ohne ihm nachzutrauern. Nun ist *Dessau* mein neues Etappenziel, die Traumstadt meines Vaters. Doch bevor ich aufbreche, rufe ich die Jugendherberge *Rosslau* vor Ort an, und das mit Erfolg. Hundertfünfzig Betten hat die Herberge. Eins davon habe ich für mich reserviert.

Und weiter geht der Ritt über den *Europa Radweg* durch den *Hohen Fläming*. Durch das Naturschutzgebiet strampele ich wohlgemut und schwungvoll, somit komme über *Grubo* und *Rabenstein* zügig voran. Den Anfang bildet eine wunderschöne Heidelandschaft mit Blumen am Wegesrand, die hübsch anzuschauen sind. Meine Liebste bedauert, dass Feldblumen nicht für die Vase taugen. Wie recht sie damit hat.

Später mühe ich mich durch das *Gruboer Holz*, bekannt als eine waldreiche Strecke mit mannigfaltigen

Steigungen und waghalsigen Abfahrten. Beides geht in die Beinmuskeln. Die Hitze hält sich in den Waldstücken im angenehmen Bereich.

Überall, wo ich mit dem Packesel Proviant aufnehme, sei es bei einem Nettodiscounter oder bei einem Lidl, bin ich die Attraktion. Besonders in den Ortschaften weltfremder Regionen, nehmen Sie mir die saloppe Ausdrucksweise nicht übel, fragt man mich nach meinen Plänen. Mich umringt eine Fülle an positiver Aufmerksamkeit, und immer wieder schwingt der Funke Begeisterung bei den Gesprächsabläufen mit.

Diese Gespräche genieße ich, und die brauche ich als Ansporn. Ich fühlte mich sauwohl als Hahn im Korb. Die rege Anteilnahme baut mich auf und rechtfertigt mein Radabenteuer. Eine befürchtete Auseinandersetzung zwischen mir und dem im Osten weitverbreiteten Neonazipack, die bleibt Gott sei Dank aus.

Es ist früher Nachmittag, als ich in der Lutherstadt *Wittenberg* eintrudele, wo ich mich auf einen kurzen Stadtrundgang mit der Kirchenbesichtigung begebe, und danach wieder zurück zum Fahrrad gehe. Dann radele ich schnurstracks weiter, denn unerwartet bin ich in Zeitnot geraten.

Die Jugendherberge *Rosslau* ist noch weit entfernt und auch für die gilt: Aufnahmeschluss ist üblicherweise achtzehn Uhr.

Das wird ultraknapp. Und da gibt's nur eins, sich nach der Decke strecken, um die Eincheckzeit einzuhalten. Doch genau den Zeitstress wollte ich unbedingt vermeiden, aber beeile ich mich nicht, dann bin ich der Gelackmeierte.

Schnell wie der Wind, rase ich aus *Wittenberg* hinaus. Luther kann sich seine Thesen sonst wo hin stecken. Was das Kirchenumfeld betrifft, da habe ich mich hinlänglich geoutet, und das im negativen Sinne. Meinen Kirchenaustritt hatte ich mit dem Erreichen der Volljährigkeit vollzogen, das war damals mit einundzwanzig Jahren, und der kam nicht von ungefähr. Geht es um die Kirche, dann bin ich ein Kulturbanause.

In Glaubensfragen halte ich es wie der ehemalige Stunk-Kabarettist *Jürgen Becker,* dem es mit seinen Auftritten regelmäßig gelingt, die Kirchenfürsten auf die Schippe zu nehmen.

Aber hier und jetzt interessiert mich allein der *Elberadweg,* auf dem ich mich ab *Wittenberg* befinde. Die *Elbe* überquere ich erstmals bei *Coswig.* Von da an beglückt mich das Radeln durch die wunderschönen Elbeniederungen.

Mit meiner Liebsten werde ich den Plan erörtern, nächstes Jahr den hochgelobten *Elberadweg* von *Hamburg* nach *Dresden* zu verwirklichen. Das Höhenprofil ist flach und dürfte ihr liegen. Auf die Strecke entlang der *Elbe* freue ich mich riesig.

Total abgeschlafft komme ich in *Dessau* an. Und nach dem Ortsteil *Rosslau* überquere ich abermals die *Elbe.* Die Jugendherberge ist leicht zu finden, obwohl sie außerhalb der Stadt liegt.

Vor der Jugendherberge angekommen, steige ich hastig vom Sattel. Ich habe eine Punktlandung hingelegt, denn kurz vor Schalterschluss stehe ich verschwitzt, aber mit Sack und Pack an der Aufnahme und bitte um den Schlafplatz.

Soll ich mir vor Freude in die Hose machen?

Das sicher nicht, denn ohne großes Federnlesen verfrachtet mich der Herbergsleiter in ein Sechsbettzimmer, was mich wütend macht.

Mich mit einer wildgewordenen Horde Jugendlicher auf ein Zimmer zu legen, das ist eine Frechheit, zumindest grenzt es an eine Zumutung.

Ich empöre mich: „Das können Sie doch nicht mit mir machen", und so weiter. „Bitte berücksichtigen Sie mein Alter."

Doch sich mit dem Mann anzulegen, das ist die Vergeudung von Kraftressourcen, denn er sitzt am längeren Hebel, denke ich. So glotzt er mich bei seiner Antwort verständnislos an.

„Sie haben hier angerufen. Schon vergessen? Waren Sie noch nie in einer Jugendherberge?"

Okay, er hat gute Argumente, denen ich nicht wiedersprechen kann.

So ist es, wie es ist, aber was das Einschlafen betrifft, da bin ich nun mal kompliziert gestrickt. In Einrichtungen mit Kompaniestärke zu schlafen, das ist so was von unmöglich, wegen des erwähnten Kindheitstraumas. Und das ist entstanden durch überfüllte Flüchtlingsunterkünfte.

Ich gehorche der Fügung und gebe klein bei. Eine vernünftige Unterbringung in Jugendherbergen ist ein Zufallsprodukt. Mit dem unbefriedigenden Schlafzustand werde ich mich arrangieren, zumindest mache ich einen Versuch.

Nachdem ich meine Utensilien in einen Spind eingeschlossen habe, kümmere ich mich um *Dessau*. Endlich bin in der Stadt, die der Vater gegenüber uns Kindern mit Lobeshymnen überhäuft hatte. Stundenlang hatte er uns von den Schönheiten der Bauten vorgeschwärmt. Er war total verliebt in die Stadt und hatte sie uns in allen Einzelheiten beschrieben.

Und nun?

Durch den kleinen Besichtigungsrundgang verstehe ich die Hintergründe seiner Schwärmerei. Die *Bauhausstadt* mit seinen historischen Gebäuden, den *Meisterhäusern* und den wunderschönen Parkanlagen ist der beschriebene Augenschmaus.

Leider erschließt sich mir *Dessau* nur teilweise, denn der Besichtigungszeitraum ist begrenzt. In der Jugendherberge herrscht Anwesenheitspflicht, und die besteht ab zweiundzwanzig Uhr.

In der Herberge zurück, beherrscht als Besichtigungsersatz die Fluchtproblematik mit dem Vater meine Gedankengänge, denn die beschäftigt mich jede freie Minute. Noch immer bin ich mir über seine Beweggründe, wegen der die DDR verlassen hatte, nicht sicher.

Weshalb hatte der Vater seiner Heimat mit der Nacht und Nebelaktion den Rücken zugekehrt? Schließlich hatte er *Dessau* mit jeder Faser seines Körpers gemocht. Niemand gibt einen Ort auf, den er liebt. Stattdessen hätte er gegen die Missstände, die zu seiner Vertreibung geführt hatten, ankämpfen müssen. Ich sehe in seinem Handeln gravierende Widersprüche. Musste die Flucht aus seinem geliebten Lebensumfeld wirklich sein?

Die Wahrheit gehörte auf den Tisch. Deshalb hatte ich bei der Mutter gebohrt. Ich hatte ihr sinnbildlich sogar die Daumenschrauben angezogen, aber es kam nichts dabei heraus. Der Mutter war keine nachvollziehbare Begründung herausgerutscht.

Der enorme Druck, der auf dem Vater lastete, hatte ihn zum Mittel der Flucht greifen lassen. Das Argument hatte die Mutter sehr halbherzig erwähnt. Ihm drohte eine empfindliche Gefängnisstrafe, wegen seiner staatsfeindlichen Aussagen.

Sie hatte krampfhaft an der zweifelhaften Erklärung festgehalten, trotz meiner gerunzelten Stirn. Sie hatte sich regelrecht in die Version festgebissen.

Und daran wird sich nichts mehr ändern, denn die Eltern haben ihre Geheimnisse mit ins Grab genommen. Von denen werde ich keine Fluchtgrundänderung erfahren. Vielleicht gelingt mir in *Preußlitz* der sprichwörtliche Durchbruch?

Über die Nacht in der Herberge spanne ich den Mantel des Schweigens. Nur so viel sei erwähnt: Als ich meine Abendtoilette und Tabletteneinnahme erledigt habe und mich ins Bett lege, machen sich die Jüngelchen über mich lustig. Wegen der hemmungslosen Schadenfreude kehrt die ganze Nacht keine Schlafruhe ein. Es wird gequatscht und gegackert. Oft steht jemand lärmend auf und bringt sein Abendgetränk aufs Klo.

Zu lange quäle ich mich über die Runden, dann bin ich es leid. Ich stehe auf und setze mich in den Aufenthaltsraum, dort schmökere ich im Roman der Elke Heidenreich.

Soviel zum Thema: Übernachtung in einem Mehrbettzimmer.

*

Es ist eine stockfinstere Nacht. In der habe ich mich im Aufenthaltsraum müde gelesen, daher lege ich mich irgendwann ins Bett, ja, ich schlafe sogar kurz ein.

Sieben Uhr in der Frühe stehe ich auf. Ich schlucke meine Tabletten mit einem Glas Wasser, wasche mich und putze mir die Zähne. Dann setze ich mich unausgeschlafen in den Frühstückssaal.

Oh, wie ist das schön. Ich genieße diese himmlische Ruhe. Die hätte ich einige Stunden früher im Schlafsaal gebrauchen können.

Die Brötchen sind frisch. Es gibt Honig vom Aldi und das gekochte Ei ist weich, wie ich es liebe. Mit zwei Tassen Kaffee im Bauch, bepacke ich mein Rad, dann breche ich meine Zelte in *Dessau* ab.

Die folgende Etappe von *Dessau* nach *Bernburg* ist von elementarer Bedeutung für mich. Ich nenne sie deshalb G*eburtsetappe,* weil ich durch das Aufsuchen meines Geburtshauses die Ursachen der Flucht mit all seinen Hintergründen kräftig aufwühlen werde. Ich bin zwar müde, dennoch voller Zuversicht.

Mit der Einstellung sitze ich gedankenverloren im Sattel und strampele besinnlich durch die heimatliche Umgebung, dabei genieße ich die durch meine Radtour hinzugewonnene Weltanschauung. Die hat sich durch das Herumvagabundieren in der Walachei positiv verändert. Ich denke darüber nach, wie viel Glück ich hatte, nie einen Krieg hautnah miterlebt zu haben.

Das Wetter vermeidet unschöne Streiche, so ist die heutige Etappe für mich als ehemaligen Stresstyp eine endspannende Freizeitveranstaltung. Ich lasse die Seele baumeln, anstatt andauernd auf die Uhr zu schauen. Kein Bürochef oder Fitnesstrainer treibt mich zu haarsträubenden Höchstleistungen an. Mit Genugtuung erkenne ich, dass ich bis hierhin mein Ding locker durchgezogen hatte. Trotz mancher Wehwehchen, hatte ich pure Lebensfreude empfunden, auch wenn's dann und wann gezwickt und gezwackt hatte.

Die Jahre zuvor, die hatten ausschließlich der Arbeiterei gehört. Dann und wann Urlaub und wieder die Arbeit mit Stress, und letztendlich wieder Urlaub. Diese Tortur war nicht die Erfüllung meines Lebenstraums, klammere ich die Urlaubszeiten aus. Aber jetzt, auf dem Fahrradsattel, fühle ich mich frei, nicht wie ein gehetztes Herdentier. Der Tag gehört allein meinen Anforderungen und Bedürfnissen.

Um den Fahrradweg nach *Köthen* zu benutzen, intensiviere ich das Navigationsgerät, doch das Ergebnis ist mehr als mager. Wo hält sich die erhoffte Zweiradstraße versteckt?

Was einen Radweg betrifft, da herrscht Funkstille im Kartenmaterial. Die Notwendigkeit des Radwegenetzausbaus ist nicht nach *Sachsen Anhalt* vorgedrungen, oder man hatte Radwegeverbindungen an der Straße schlichtweg vergessen.

Mir erschließt sich der Mangel an Vernunft nur bedingt. So passt es ins Bild, dass ich mich auf einer stark befahrenen Landstraße dahinquäle.

Ich bin kein Sensibelchen und kann einstecken, aber was die Lkw-Fahrer in der nächsten Stunde mit mir veranstalten, das sollte zum Berufsverbot führen. Deren Terror geht nicht auf die berüchtigte Kuhhaut.

Lastkraftwagenschlangen rauschen im Höchsttempo an mir vorbei. Die beängstigende Nähe zu mir und ihre skrupellose Brutalität jagen mir Angst ein. Der Fahrtwind der Lastkraftwagen droht mich aus den Angeln zu heben. Zwar bin ich wie erwähnt abgebrüht, trotz allem wird mir Bange bei der Drängelei. Die Idioten hupen sogar dreist, als gehöre ihnen die Straße allein.

Mit angespanntem Nervenkostüm gebe ich zwölf Kilometer Stoff, dann ist der Spuk vorbei und ich kann auf eine entlegenere Dorfstraße ausweichen.

Hatte ich vorher das Leben auf der Straße gelobt, so hat sich prompt die Kehrseite der Medaille offenbart. Aber bei meiner speziellen Vergangenheitsroute kann ich mir das Wegenetz nicht aussuchen.

Ausgeschilderte Radwege an Flüssen sind Leckerbissen für die Radszene, doch kein begeisternder Radweg führt durch *Köthen* und zu meinen Geburtsort *Preußlitz*. Die Stadt und das Dorf liegen abseits der Radfernstrecken, denn durch meine Heimatregion fließt kein Fluss, auch kein unbedeutendes Rinnsal.

Erst einmal fahre ich nach *Köthen*, beschließe ich, danach werde ich sehen, ob ich Preußlitz vor Einbruch der Dunkelheit erreiche.

*

Die Stadt *Köthen* erreiche ich in der Mittagszeit. Hier irgendwo hatte mein Vater vor der Flucht gewirkt. Damals hatte er die Familie mit einem kleinen Fahrradhandel inklusive Werkstadt ernährt.

Okay, der Vater hatte viel mit Fahrrädern zu tun, jetzt erschließt sich mir manches. Daher stammt meine Gier nach dem Fahrrad. Die Lust am Radeln hat er mir vererbt. Und für diese und manch andere Gabe, bin ich ihm zu großem Dank verpflichtet.

Im Zentrum der Stadt angekommen, schaue ich mich staunend um. O lala, diese Ausstrahlung habe ich nicht erwartet. Dieses *Köthen* hat zwar etwas spießiges, aber ansonsten ist die Stadt gar nicht so schlecht. Verdammt oft habe ich den Namen aus dem Mund meines Vaters und meiner Mutter gehört.

Den Stadtplanern sind zwar keine Zacken aus der Krone gefallen, aber ich kenne schlechtere Stadtkerne. In dem gibt es die obligatorische Fußgängerzone und einige Bänke zum verweilen. Vor allem ist das Essen in den Imbissbuden sehr preiswert, billig klingt zu negativ und abwertend. Für eine Currywurst mit Brötchen bezahle ich einen Euro achtzig, für eine Kugel Eis gerade mal fünfzig Cent.

Da mir der Preisspiegel rundherum gefällt, esse ich mich pappesatt. Selbstverständlich gönne ich mir meine drei Kugeln Eis, danach lasse ich mich zu einer Verschnaufpause nieder. Bei der bewundere ich die durch ein kostspieliges Pflaster total aufgewertete und aufgemöbelte Einkaufsmeile.

Gäbe es nicht die politisch rechtsradikale Gesinnung der ehemaligen Landsleute, die mir ganz und gar nicht gefällt, dann könnte ich mich sogar wohlfühlen, aber in Anbetracht der braunen Brut betrachte ich das Treiben mit gemischten Gefühlen.

Ich habe genug gesehen und breche auf, denn der weitere Tagesablauf birgt allerlei aufwühlende Kindheitspassagen. Für den Besuch meines Geburtshauses will ich fit sein.

Und ausgeruht wieder auf Tour und meinen Geburtsort *Preußlitz* mit dem Navi anvisiert, taste ich mich leicht und locker über *Biendorf* und *Cörmigk* an das Objekt meiner Begierde heran.

Die mir im Gedächtnis gebliebenen Namen der Dörfer habe ich auf der vor mir auf der Lenkertasche befestigten Straßenkarte markiert. All die Namensgebungen klingen wie Liebkosungen aus hitverdächtigen Liedtexten in meinen Ohren.

Meine Großmutter, die mehrere Jahre nach unserer Flucht aus der DDR zu uns in den Westen ausgereist war, hatte vom Klang der Namen gelebt. Jedes einzelne Dorf hatte sie abgöttisch geliebt und durch deren Existenz war sie uralt geworden. Das ist kein sinnloses Geschwafel, denn die alte Frau hatte ihre Heimat richtiggehend verehrt.

Es ist soweit. Gleich habe ich mein Ziel vor Augen. Ich fahre um eine Kurve, dann steht es da. Mich strahlt das Ortsschild *Preußlitz* an.

Von der Situation gefesselt, steige ich vom Rad. Ich fühle mich wie ein Achtjähriger, denn so alt war ich, als wir die Heimat verlassen und den Sprung ins gelobte Land vollzogen hatten. In Andacht an den denkwürdigen Moment, stelle ich meinen Packesel vor das Schild und mache davon ein Foto.

Herr im Himmel, ich habe es geschafft. In diesem Moment, mit vierundsechzig Jahren, bin ich zu meinen Wurzeln zurückgekehrt. Und das, man glaubt es kaum, auf dem Fahrrad.

Alles weitere erlebe ich in Zeitlupe. Wie in Trance schwinge ich mich auf den Sattel und radle weiter, um zwei Minuten danach auf dem Platz abzusteigen, von dem ich die Dorfschenke, den Kindergarten und die Kirche im Blickfeld habe. Hier übermannen mich die ersten Erinnerungsfetzen meiner Kindheit.

Jedes Jahr hatte der Vater die Ostereier auf dem Friedhof zwischen den Gräbern versteckt. Meine Schwester und ich waren durch das rückwärtige Fenster unseres Hauses auf das Grabgelände geklettert, dort hatten wir uns auf die Suche begeben

Es war grotesk, aber für uns war das ein normaler Vorgang, denn der Friedhof gehörte zu unserem Lebensumfeld. Mit dem waren wir aufgewachsen. Die Gräber hatten nichts bedrückendes für uns Kinder. Hatten diese Umstände aus der Schwester eine Grabpflegefetischistin gemacht?

Ich erinnere mich daran, dass ich Furcht vor den uneinfühlsamen und militanten Kindergärtnerinnen empfunden hatte. Vor deren Bestrafungen war ich oft ausbüxt. Eine war eine dicke und resolute Frau, mit der ich mich andauernd auf dem Kriegspfad befand.

Ich mache mehrere Fotos in alle Richtungen, danach zieht es mich zur Dorfmitte, denn der eingeschlagene Weg führt mich direkt vor mein *Geburtshaus*, vor dem ich andächtig anhalte.

O ha, in diesem kleinen Häuschen hatte ich das Licht der Welt erblickt? Ach Gott, ist das mickrig. Es hat die Größe eines Hexenhäuschens. Ich habe es größer im Gedächtnis.

Anderseits wirkt es niedlich und verspielt, aber leider auch bieder. Mein Cousinchen hatte es mit ihrem Mann renoviert, so passt es irgendwie in das unscheinbare Dorf, doch meinen andersgearteten Geschmack trifft das Ergebnis nicht.

Es ist mir zu stereotyp und unromantisch, dennoch kann ich die Vergangenheitsbilder, die sich um meine Kindheit ranken, nicht aufhalten. Die tauchen wie ein Spuk vor mir auf, und spielen sich in lebendigen Bildsequenzen vor mir ab.

So zum Beispiel das mir peinliche Kabinettstückchen, bei dem ich mich hinter der Wassertonne im Hof verstecke, weil ich vor dem Fotografieren große Ängste verspürte. War ich wirklich ein kleiner Angsthase? Ich hatte eher gedacht, dass ich dem Ebenbild eines Robin Hood geglichen habe.

Oder die Sequenz, die mich und meine Schwester im Arm unseres Vaters vor dem Haus zeigt. Es ist ein sehr familiäres Bild, außerdem das letzte Foto, das vor der Flucht aus der alten Heimat entstanden war.

Leider spiegelt das Foto nur wenig von den Geschehnissen der dramatischen Zeit wider. Der Vater trank nur selten Alkohol, aber an dem Tag war er leicht angetrunken aus der Kneipe heimgekehrt, denn zuvor hatte er sich mit Freunden zum Frühschoppen getroffen.

Hatte ihm ein Teilnehmer beim Biertrinken gesteckt, dass es besser sei, wenn er sich schnell aus dem Staub macht? Wurde sein Fluchtplan bei einigen Gläsern Bier geschmiedet? Hatte er schon gewusst, als die Mutter das Foto machte, dass er die Flucht ergreifen würde, und er hatte er uns Kinder daher so enthusiastisch geherzt?

Zum Abendessen hatte der Vater am Esstisch gefehlt. Er war einfach verschwunden, ohne uns ein passendes Abschiedswort mit auf den weiteren Weg gegeben zu haben.

Als die Staatspolizei kräftig an die Haustür geklopft hatte, um sich Einlass zu verschaffen, da hatten sie ihn nicht mehr angetroffen, denn ohne Spuren zu hinterlassen, hatte ihn der Erdboden verschluckt.

Sein Verschwinden war unverständlich für uns Kinder. Es war eine Katastrophe. Die unverschämten Polizisten, die versucht hatten, seinen Aufenthaltsort aus uns herauszuquetschen, die hatten bei der Mutter und bei uns Kindern auf Granit gebissen.

Auch bei der Großmutter und der Tante war das so, denn wir alle waren ahnungslos. Aus Unwissenheit hatten wir die Peiniger mit leerem Augenausdruck angeschaut.

Aber hatte der Vater die Mutter tatsächlich nicht in sein Fluchtvorhaben eingeweiht?

Jetzt stehe ich vor dem Elternhaus und bin enttäuscht über die Unscheinbarkeit des Hauses. Vielleicht hätte ich mein Geburtshaus nicht besuchen sollen, dann wäre mir der Negativeindruck erspart geblieben. Nun gut, das sagt sich hinterher so leicht.

Bisher habe ich keine Menschenseele in den Gassen angetroffen, auch in meinem Elternhaus ist anscheinend niemand daheim. Ich stehe für die Bewohner gut sichtbar vor dem Eingang, die müssten mich demnach sehen und ins Haus bitten.

Als ich stürmisch klingele, ernte ich keine Reaktion.

„Misst", schimpfe ich vor mich hin. „Manchmal bin ich zu blöde. Ich hätte mich frühzeitig anmelden müssen."

Doch die Einsicht kommt zu spät, denn die Hoffnung, dass mir Ulla öffnet, ist erloschen. Es ist ein Sonntag, außerdem herrscht Kaiserwetter. Sie wird es mit ihrem Mann zu einem Ausflug ausnutzen.

Meine Gedanken spielen die möglichen Abwesenheitsgründe Ullas durch: Badet sie mit ihrem Mann in der Fahrt? Das ist ein kleiner See in Dorfnähe. Oder verbringen sie den Tag gemütlich in ihrem Schrebergarten? Eventuell machen sie einen Besuch bei den erwachsenen Kindern? Wie groß ist deren Anzahl? Hatten sie weiteren Zuwachs bekommen? Ich erinnere mich an einen Jungen und ein Mädchen.

Aber genauso gut käme ein Aufenthalt in *Bernburg* für ihre Abwesenheit in Frage? Es gibt tausend Möglichkeiten.

Vor dreißig Jahren stand ich mit der Freundin Beate, die ich an der Mecklenburger Seenplatte erwähnt hatte, schon einmal vor dem Elternhaus, dabei hatte mich der Nachbar angesprochen. Wartmanns Otto, so nannte man ihn. Den Namen habe ich mir gemerkt.

Er war ein deutlich jüngeres Exemplar, als es der Vater war und er war noch am Leben.

„Bist du der Sohn vom Karl?"

Das hatte er mich gefragt. „Du ähnelst ihm wie ein Ei dem anderen."

Otto hatte mich wiedererkannt.

„Ich habe gehört, dass dein Vater früh gestorben ist", hatte er angefügt. „Mein aufrichtigstes Beileid."

„Danke", hatte ich geantwortet.

„Deine Eltern hatten eine mustergültige Ehe geführt", war Otto voll des Lobes über sie. „Wir hatten uns als Nachbarn sehr gut verstanden."

„Das haben sie mir erzählt."

„Nur das Affentheater um diese Minna hat mir nicht gefallen. Da hätte dein Vater resolut werden müssen."

„O ja, das hätte er. Ich habe die Zimtzicke nicht gemocht."

„Keiner hatte das". Otto hatte sich verächtlich über die Lippen gewischt. „Und dazu kamen die Probleme deines Vaters mit dem Regime."

Ottos Augen waren kalt geworden und er hatte seinen Erzähldrang gestoppt, doch nach einer Pause hatte er ihn fortgesetzt: „Stur war dein Vater. Er wollte seine Kritik frei äußern können. Dafür hatte er einen stolzen Preis bezahlt."

„Du meinst den Verlust der Heimat?"

„Ja, den meine ich. Die Verlockungen des Westens sind ihm nicht gut bekommen."

„Mag sein", hatte ich erwidert. „Denkst du, er war eher wegen dieser Minna oder wegen seines politischen Widerstandes abgehauen?"

„Da möchte ich mich nicht festlegen. Niemand kann in einen andere hineinschauen, und kennt er ihn noch so gut. Du hast ihn besser gekannt, daher weißt du, wie er getickt hat."

Auch Otto hatte mir bei der Wahrheitsfindung keine Klarheit verschafft. Er hatte eher den Hass auf diese Minna und auf das Regime untermauert. Sie oder die Politik hatte ihn zur Flucht verleitet, darin hatte er mich bestärkt. Wohlstand oder Reichtum hatten bei seiner Beurteilung keine Rolle gespielt.

Aber erst einmal war Otto aufgebracht über Ulla gewesen. Die hatten ihre Ohren bei meinem Verlangen auf Eintritt auf Durchzug gestellt. Sie hatten so getan, als wären sie abwesend, und hatten mir damit den Wunsch nach dem Zutritt ins Haus verwehrt.

Heute weiß ich warum.

Es war die Furcht, ich könnte das Haus zurückfordern. Diese Vorstellung hatte die Insassen gelähmt. Viele Flüchtlinge hatten in der Vergangenheit regen Gebrauch von der Möglichkeit der Rückforderung ihrer Immobilie gemacht.

Doch diese Angst war unbegründet. Warum sollte ich nach *Preußlitz* zurückwollen? Bei mir ist schon die Vorstellung totaler Quatsch. Was soll ich als Städter in diesem Dorf?

Bis auf Ulla kenne ich niemanden in *Preußlitz*. Entgegengesetzt der Schwester, habe ich die Verbindungen zum Heimatort abgebrochen. In das kleinkarierte Kaff umzuziehen, das ist das Letzte, womit ich mich beschäftigen würde. Das Geburtshaus wieder als Eigentum zu betrachten, das käme nur für meine Schwester in Frage.

Sei's drum.

Wie beim damaligen Besuch mit Beate, wirkt *Preußlitz* hausbacken auf mich, nicht wie ein erlebenswerter Luftkurort. Mit viel Sarkasmus vermute ich, dass die Bewohner des Dorfes wegen zu großer Langeweile ausgestorben sein könnten.

Trotzdem ist es bedauerlich, dass sich die Innenbesichtigung meines Geburtszimmers zerschlagen hat. Wie es jetzt in dem Raum aussehen mag, das erfahre ich nicht. Aber warum sollte mich das Zimmer, wozu es auch genutzt wird, weiterbringen? Den Quatsch, wo ein Kommissar stierend durch ein Zimmer schreitet, so wie es uns in Krimis vorgegaukelt wird, den gibt es ja nun wirklich nicht. Und selbstverständlich wird es ganz anders aussehen als früher.

Ebenso gilt das für die anheimelnde Wohnküche, in der das Familienleben stattgefunden hatte, und die von uns Kinder zutiefst geliebt wurde.

Aber auch dass nur an Festtagen genutzte Wohnzimmer kann ich abhaken. Alle Räume werden Ulla und ihr Mann renoviert und umgemodelt haben. Und die Besichtigung der Schlafräume unter dem Dach und dazu die Stallungen, alles ist ins Land der Unmöglichkeit gerückt.

Gute Güte. Wie soll ich den Fluchtursachen auf den Pelz rücken, wenn ich nicht ins Haus meiner Kindheit hineinkomme?

Das wäre so wichtig, denn im Hausinneren könnte ich das schwierige Zusammenleben vor der Flucht des Vaters durchleuchten, und Spuren meines Heranwachsens ans Licht befördern.

Wie war der Vater mit uns umgegangen? Wo und womit hatte ich mich in der Kindheit beschäftigt? Welche Dinge hatte der Vater benutzt, um mit uns Kindern zu spielen?

Das interessiert mich natürlich, um den Vater richtig einschätzen zu können. Oft reichen Kleinigkeiten, mit denen man eine Menge herleiten kann, denn früher war die Kinderbetreuung reine Frauensache.

Das Spielzeug wird es nicht mehr geben. Ulla hat es keine fünfzig Jahre aufgehoben. Das Zeug wäre jetzt Jahrzehnte alt, es würde demnach eine Ewigkeit existieren. Heutzutage hätten die damaligen Erzeugnisse einen respektablen Wert und würden auf Flohmärkten Höchstpreise erzielen.

Nichtsdestotrotz täten Fotos aus den Kindheitsjahren meinem Erinnerungsvermögen gut. Besonders die von meinem Vater mit der Mutter und der Verwandtschaft. Von dem Material hatte ich mir viel versprochen, denn aus Bildern könnte ich Rückschlüsse auf Streitigkeiten oder gar Feindschaften ziehen. Nicht immer bestand das Familienleben aus eitel Sonnenschein. Manches Foto würde den Fluchtgründen in meiner Vorstellung zum Durchbruch verhelfen.

Hat Ulla solche Erinnerungsstücke eventuell in einer Kommode aufgehoben. Und wenn ja, wie komme ich dann an diese Schätze heran?

Daraus wird ja nun nichts. Ich werde nicht auf verdächtige Fotos stoßen. Allein die Möglichkeit ist unwahrscheinlich. Warum sollte meine Kusine die meine Eltern betreffenden Aufnahmen aufgehoben haben? An eine derartige Möglichkeit glaube ich nicht.

Eins ist allerdings bombensicher: Meine Anwesenheit im Haus hätte mich weitergebracht. Wäre ich durch meine ehemalige Kinderstube und durch die anderen Räume gegangen, und hätte meinen Blick um mich schweifen lassen, dann wäre manche verschüttete Lücke in meinem Kopf ruckizucki an der Oberfläche erschienen. So etwas ist möglich, dazu gibt es aussagekräftige Studien.

Nun gut, die Besichtigung findet nicht statt. Das ist schade, aber es soll nicht sein, außerdem bin ich durch das Verschwitzen der Anmeldung selbst schuld am Dilemma.

Ich nehme den Fotoapparat aus der Hülle und knipse das Häuschen aus verschiedenen Blickwinkeln, danach die Schule, und den stattlichen Dorfplatz.

Beim Fotografieren sehe ich mich als Winnetou mit Federschmuck beim Cowboy- und Indianerspielen. Damals hatte man uns Kindern die Karl May Schinken mit der Muttermilch eingetrichtert. Ich war zwar nur ein kleiner Knirps, aber ein verwegen anzuschauendes Kerlchen. Mir wurde bescheinigt, dass ich es faustdick hinter den Ohren hatte.

Da es mit meinen Erinnerungen abspulen wunderbar läuft, ist das erst der Anfang. Es kommen noch andere Kindheitserlebnisse in mir zum Vorschein.

Ein schmerzhaftes Erlebnis war mein Sturz von einem Leiterwagen kopfüber in eine gepflasterte Rinne zur Entwässerung. Den Sturz sehe ich wie in einem Horrorstreifen vor mir, als wäre es gestern passiert.

Ich hatte den Aufprall überlebt, doch danach fürchterlich geblutet. Noch heute habe ich eine deutlich erkennbare Narbe an der Stirn.

Ebenso erinnere ich mich an die Freunde in der letzten Schulklasse vor dem Fluchtereignis. Bei denen war ich beliebt. Bei einem Fototermin, vor dem Eintritt in das Schulgebäude, stehe ich am äußersten Rand neben den Klassenkameraden. Der Lehrer war böse auf mich und hatte mich bestraft, weil ich häufig zu spät gekommen war.

Aber an ein lustiges Foto erinnere ich mich besonders gern: Auf dem kniet der Vater lachend mit uns Kindern vor eben diesem Schulgebäude. Das Bild hat wegen der freundlichen Ausstrahlung des Vaters einen enormen Stellenwert, außerdem ist es eins der letzten Erinnerungsbilder mit ihm in der Heimat.

Es ist phantastisch: Je länger ich in der Vergangenheit krame, umso mehr verrückte Kindheitsabenteuer befördere ich ans Tageslicht. Ich krame ein Notizbuch mit leeren Seiten hervor, in dem verewige ich mit ein paar Eintragungen die wichtigsten Rückblicke.

Im Notizbuch landet auch, dass es seinerzeit mächtig Krach zwischen mir und der Schwester um das blaue Pionierhalstuch gegeben hatte. Das Halstuch war das Erkennungssymbol für die Jungorganisation des SED-Staates. Junge Pioniere nannten sich die Mitglieder und das mit Stolz.

Mit dem Scheißding, wie es der Vater nannte, hatte die DDR uns Kinder zu seinen Machtgehilfen gemacht. Das blaue Tuch war der Anfang einer Kette zur Erziehung in der militärischen Weiterbildung.

Das Tuch trugen meine Schwester und ich demnach gegen den Willen des Vaters, denn ihn hatte rein gar nichts mit der verhassten DDR-Ideologie verbunden.

„In der DDR ist alles zum Kotzen".

Das hatte er ohne Angst vor den Spitzeln betont. Und schon wären wir wieder bei dem Hauptfluchtgrund gelandet, und das war der politische Aspekt.

Aber die Auswertung über die möglichen Fluchtgründe mache ich am Ende des *Preußlitzbesuches*. Vorher beschäftige ich mich weiter mit dem Leben im Dorf vor der Flucht.

Verliebt waren wir Kinder in unsere Katze. Mulle hieß das schmusige Tier. Ihr seltenes Merkmal war ein winzig kleiner Stummelschwanz. Für eine Katze total ungeschickt war Mulle mit ihm in eine Mausefalle geraten. Zack, der buschige Schweif war ab.

Wir besaßen auch freilaufende Hühner und ein Hausschwein. Das gehörte damals als Ernährungsgrundlage in jeden Haushalt im Dorf. Auch das Schwein hatten wir Kinder heiß und innig geliebt.

Trotz unserer Proteste wurde das Tier Ende des Jahres geschlachtet, wobei man uns Kinder ausgesperrt hatte.

Heute bin ich den Eltern dankbar für das Abschotten, denn bei dem Töten des Schweins anwesend zu sein, das hätte mir das Herz gebrochen.

Und die verhasste Tante Minna darf in meiner Erinnerung nicht fehlen. Was hatte den Vater zu der familienfeindlichen Handlung veranlasst, sie in unser Haus zu holen? Stand er unter Familienzwang? Warum hatte er nicht den Mut bewiesen, der alten Fregatte die kalte Schulter zu zeigen?

Damit hätte er ihre unangenehme Anwesenheit in unserem bis dahin funktionierenden Familienverbund vermieden. Diese Schwäche seinerseits ist eine von vielen Ungereimtheiten.

Wir Kinder waren mit der Unruhestifterin nicht zurecht gekommen und hatten unentwegt mit ihr gestritten, und unsere Mutter hatte das Luder sogar gehasst. Auch unserer Großmutter war sie nicht grün. Lag in der Abneigung, die oft genug in Feindseligkeit mit Morddrohungen umgeschlagen war, der Grund für die Flucht des Vaters?

So kam es, dass der arme Vater zwischen allen Stühlen gesessen hatte. Er wurde geradezu zermalmt von der bösartigen Zankerei.

Leider gab es kein Gegenmittel gegen die Streiterein, oder er hatte keins gefunden. Schon damals wirkte er aus Ratlosigkeit ausgebrannt. Aber flüchtet man wegen solch einer Zimtzicke?

O nein, lieber Vater. Den persönlichen Kram akzeptiere ich nicht als Fluchtbegründung. Solche Probleme lassen sich anders lösen. War der innerfamiliäre Streit der Grund für die Flucht, dann solltest du dich in Grund und Boden schämen.

Anderseits hatte es, neben der erwähnten Bösartigkeiten, die politische Schiene gegeben, auf die ich gern zurückkomme. Die Bonzen der Partei hatten mit aufmüpfigen Gegnern kurzen Prozess gemacht, und der Vater war ein besonders widerspenstiges Konstrukt. Als Staatsgegner war er unweigerlich ins Visier der Stasi geraten. Seine Verhaftung stand weit oben auf deren Prioritätenliste.

Die DDR war von der Umsetzung der Freiheit für Andersdenkende Lichtjahre entfernt, daher ist es durchaus möglich, das der Vater von der anstehenden Inhaftierung Wind bekommen hatte.

Aber seine Flucht hatte er nicht groß planen können, sondern sie war eine Kurzschlusshandlung. Mit der hatte er sich der Verhaftung entzogen und sich blitzschnell aus dem Arbeiter und Bauernstaat abgeseilt. Die Version ist logisch, weswegen sonst begibt sich ein Mann auf das gefährliche Fluchtabenteuer?

War es so, dann stellen sich zwangsläufig die Fragen: Wer hatte ihn gewarnt? Mit wem war er befreundet gewesen, der Einblicke in die Machenschaften des örtlichen Politbüros hatte? Wer waren die teilnehmenden Männer an seinem letzten Frühschoppen im Dorf? Wer von seinen Freunden hatte sich wissentlich der Gefahr ausgesetzt, selbst in die Mühle des Machtaperates zu gelangen?

Verdammte Hacke. Ich kann es drehen und wenden, so oft ich will, trotzdem wird mir nicht vergönnt sein, die Namen der Personen herauszubekommen. Diese Männer könnten wissentlich mit ihrem Weiterleben abgeschlossen haben. Solche todesmutigen Hilfestellungen geben nur Menschen, denen das eigene Leben nicht mehr viel bedeutet. Das Dasein kann ihnen gleichgültig geworden sein.

Aber sollten die Teilnehmer des Frühschoppens tatsächlich noch leben und entspricht diese Vermutung der

Wahrheit, wie alt sind sie dann? Und wo könnten sie heute leben und wohnen? Sitzen sie in einem Altenheim oder verbringen sie die letzten Lebensjahre hier in *Preußlitz*?

Möglich wäre auch, dass sie später selbst aus der DDR geflüchtet sind? Oder sie sind nach dem Mauerfall sogar ausgewandert?

Das sind viele Fragezeichen, doch keine der Variationen ist auszuschließen. Aber lebt einer von den Männern noch hier, dann will ich mich mit dem mutigen Mann unterhalten. Genau das ist mein Ziel mit dem *Preußlitzaufenthalt.*

Das Problem dabei ist: Wo fange ich mit der Suche an? Wie finde ich den damaligen Tippgeber und damit Fluchthelfer? Kann ich die Freunde des Vaters nach mehr als fünfzig Jahren auftreiben? Ist das durchführbar? Oder stehe ich auf verlorenem Posten?

Es ist zum verzweifeln. Ulla macht keine Anstalten, mir zu helfen, und der gesuchte Mann, wenn er überhaupt noch lebt, der weiß nichts von meiner Anwesenheit.

Wie sollte er dann zu mir kommen und sagen: „Du, Klaus, ich habe deinen Vater aus der Schusslinie genommen."

In mir dreht sich alles. Je mehr ich über den Mann nachdenke, je mehr steigt in mir die Einsicht, dass ich ihn nicht finden werde. Er wäre inzwischen steinalt, etwa neunzig Jahre. Mich erinnert die Sucherei an das Finden einer Stecknadel im Heuhaufen. Diese zutreffende Formulierung beschreibt den aussichtslosen Zustand perfekt.

Der Name des Mannes bleibt also Wunschdenken, ihn aufzutreiben ist realitätsfremd. Ein erfolgreiches Suchergebnis ist ein zusammengeträumter Schmarren. Um die Männer zu finden, oder wenigstens einen davon, dazu bedarf es des Einschaltens eines Georg Wilsberg, seines Zeichens Privatdetektiv.

Und da wäre die zänkische Tante Minna. Die soll inzwischen das Zeitliche gesegnet haben. Die kann ich nicht mehr ausquetschen. Aber auch der Hoffnungsschimmer Wartmanns Otto wohnt nicht mehr in seinem Haus. Auch der ehemalige Nachbar ist kurz nach meiner Anwesenheit mit Beate verstorben. Diese Nachricht hatte mir meine Schwester bei unserem letzten Telefonat vermittelt.

Damit hat sich der letzte mir bekannte Zeitzeuge verabschiedet. Otto als Nachbar hatte einiges zur Aufhellung der privaten Spannungen beitragen können. Vielleicht hatte er mir nicht alles verraten?

Beim Besuch mit Beate hatte Otto Zwistigkeiten zwischen dem Vater und seiner Schwester angedeutet. Er hatte von einer Depression des Vaters gesprochen, worin er seine Fluchtgründe sah.

Anderseits hatte Otto die Hartnäckigkeit, sowie den Starrsinn des Vaters hervorgehoben, denn was der partout nicht wollte, das war das Einknicken vor dem Regime. Sein Freiheitswille war bewundernswert und der hatte ihn an die Belastbarkeitsgrenze getrieben. Von eventuellen wirtschaftlichen Prägungen hatte er beim Vater nichts gespürt.

Aber mit dem Ableben Ottos hat sich die Chance auf das Herausfinden des Fluchtgrundes unter die Erde begeben. Ich bin zu spät gekommen. Habe ich versagt?

Das glaube ich nicht. Es ist auch nicht mehr wichtig, denn das Projekt Wahrheitsfindung hat sich erledigt. Es ist abgeschlossen. Genug ist genug, dieser Tatsache beuge ich mich mit Wehmut. Ich werde die traurige Gewissheit akzeptieren, egal, was noch alles passiert.

Mit einer Träne im Knopfloch verabschiede ich mich von dem Wunsch, eine Identifizierung des Retters möglich zu machen. Die mit ihm verbundene Wahrheit über die Flucht an die Öffentlichkeit zu befördern, das ist eine sprichwörtliche Fata morgana und war eine meiner dämlichsten Ideen.

Ich war mit großem Elan in das Aufklärungsabenteuer gestartet. Jetzt bin ich bis in meine Grundfeste erschüttert. Berechtigterweise schleicht sich Resignation bei mir ein, denn mein Wille ist erlahmt. Mein Enthusiasmus ist futsch. Wenn nicht heute, dann eben morgen, dieses lächerliche Phlegma hat gesiegt. Nach all dem Aufwand hätte ich das nicht für möglich gehalten. Doch mit Endtäuschungen umzugehen, das habe ich während der Flucht gelernt.

Das Zurechtfinden in der neuen Heimat war schwer gewesen, und das Einleben wurde uns von den Einheimischen nicht leicht gemacht. Und obwohl ich ein Kind war, hatte ich sogar das Schimpfwort „Polacke" ohne Wehklagen ausgehalten.

Doch sich weiter wegen der Fluchtgründe den Kopf zu martern, das ist nutzlos. Einen Deckel drübergestülpt und Ende der Veranstaltung, denn die Zeit arbeitet unerbittlich gegen mich. Mir bleibt nur übrig, es bei der Wunschfluchtversion, und das ist die aus politischen Gründen, zu belassen, die ergibt den größten Sinn.

Es könnte Wochen, wenn gar Monate dauern, bis ich Fortschritte bei der Spurensuche nach bisher verborgenen Fluchtgründen bewerkstelligt bekomme, sollten sie überhaupt von Erfolg gekrönt sein.

Wie auch immer.

Beispielsweise hätte die Suche als Schuss in die Kniescheibe enden können, oder es wäre ein noch beschisseneres Ergebnis möglich gewesen, deshalb bin ich erleichtert. Schließlich hat sich herauskristallisiert, dass der Vater mit der Flucht richtig gehandelt hatte. Mit der Lösung war er der Inhaftierung zuvorgekommen.

Bravo, damit bin ich zufrieden. Diese Version entspricht meinem Wissensstand und der ist ab jetzt Fakt. Warum nur hatte ich an dem Fluchtgrund gezweifelt und damit an der Ehrlichkeit des Vaters?

Das ist nach der Beendigung der Ermittlungen ohne Belang. Das Abwägen hat sich erledigt. Ich werde nicht mehr an den Zusammenhängen rütteln. Ich stehe hundertprozentig zur überlebenswichtigen Fluchtentscheidung des Vaters. Ich hätte an seiner Stelle genauso gehandelt.

Mit dem Wissen kann ich jedem der AfD-Nahestehenden Wutbürger gegenüber betonen: Mein Vater war kein Sozialsystembetrüger, sondern ein Flüchtling aus politischen Gründen. Der Vater hatte die Regierungsriege der DDR abgrundtief gehasst.

Nun mal ehrlich und zum mitschreiben: Gibt es einen Grund, sich für den Vater zu schämen?

Sicher nicht, denn der Wirtschaftsflüchtlingsvorwurf ist ausgeräumt. Mein betriebener Aufwand hat sich gelohnt. Ich bin stolz auf meinen Vater. Er ist und bleibt mein Vorbild.

Erleichtert ziehe ich den Schlussstrich unter die Vergangenheit. Aber den Vorwurf, dass der Vater mit seiner Gesundheit leichtfertig umgegangen ist, den halte ich aufrecht.

Leider hatte mich der Vater mit dem frühen Tod ins eiskalte Wasser geworfen, und mich bereits als Jüngling zum Familienoberhaupt bestimmt, dabei hätte ich ihn als Lebensstütze dringend gebraucht.

Aber wie geht es weiter an dem sonnigen Tag?

In *Preußlitz* will ich nach den ernüchternden Eindrücken beim besten Willen nicht bleiben. Was soll ich noch hier und wo könnte ich übernachten? Es gibt eine Kneipe ohne Fremdenzimmer im Ort, aber keine bescheidene Pension. *Preußlitz* ist ein bemitleidenswertes Nest, das niemand kennt. Das Dorf spielt nur in meiner Vergangenheit eine wichtige Rolle.

Würde in dem Ort nicht mein *Geburtshaus* stehen, ich wäre nicht vom Fahrrad gestiegen, sondern wäre mit Karacho durch die Ansammlung an Häusern hindurchgerauscht.

Trotz allem bin ich total aufgewühlt, als ich aufbreche. Mehrmals drehe ich mich um, damit sich ein bleibender Eindruck in mir verewigt. Aber den fehlgeschlagenen Bemühungen nachzutrauern, das wäre Quatsch, stattdessen will ich meinen träge gewordenen Bewegungsapparat wieder in Schwung bringen, damit der Spaß an meiner Fahrradtour zurückkehrt.

Mit dieser Grundstimmung radele ich zügig in Richtung *Leau* davon. Auch der Ortname hat den gewissen Vergangenheitswert. Und das sich anschließende Dörfchen *Peißen* gehört ebenfalls zu den Auserwählten. Diese Namen auf den Ortseingangsschildern lese ich voller Freude, also bin zu neuen Taten bereit.

So schnell es die Beinmuskeln hergeben, strampele ich nach *Bernburg* an der *Saale*.

Die Stadt *Bernburg* hat das überregionale Flair. Nach intensiver Internetrecherche hoffe ich inständig, dass die Beschreibungen der Wahrheit entsprechen. Allein der Name *Bernburg* klingt herausragend in meinen Ohren. Die Reiseführer rühmen das Städtchen als Perle an der Saale. Aber ist die Stadt das erhoffte Juwel? Haben die Stadtoberen mit der Aufbauhilfe Ost ein städteplanerisches Wunderwerk fabriziert?

In etwa schon. Als ich mit der Freundin Beate vor Ort war, da war die Stadt dreckig, muffig und ranzig. Und wie sieht es heute mit der Beschaffenheit aus?

Bernburg ist zwar ein Umweg auf meinem Weg nach *Erfurt*, aber den nehme ich gern in Kauf. Der Abend soll der Erkundung des Stadtkerns gehören, so hatte ich es bei den Vorbereitungen geplant.

Nach einer Stunde rolle ich gemächlich durch meine Zielstadt. O, la, la, ich bin begeistert. *Bernburg* ist die gewünschte Schmuckschatulle, leider steht die Burg nie ohne Gerüst da. Aber gut, welche Stadt ist ohne Makel und optisch perfekt.

In der Tat hat sich *Bernburg* zur Sehenswürdigkeit gemausert, ohne wenn und aber. Ich befinde mich in einer Lagune des schönen Geschmacks. Alles gefällt mir am Gesamtbild.

Besonders der Panoramablick von der hochgelegenen *Saale-Brücke* über den Stadtkern ist eine Offenbarung. Aus der Position mache ich ein Foto.

Es ist gleich siebzehn Uhr dreißig Umgehend brauche ich eine Unterkunft für die Nacht. Wo will ich schlafen? Nehme ich abermals eine Jugendherberge?

Es ist ein Sonntag. Das ist für Jugendherbergen ein günstiger Tag. Die Klassenfahrten finden auch in *Anhalt Sachsen* an den Wochentagen statt. Die Zimmer in der Herberge könnten leer stehen? Ein Zimmer für mich allein zu haben wie an der *Mecklenburger Seenplatte*, das wäre mein Traum.

Hals über Kopf rausche ich in den Ortsteil, in dem ich die Herberge vermute, denn ich bin hundemüde nach der schlaflosen Nacht in *Dessau*, trotzdem will ich *Bernburg* von der Picke bis zur Sohle besichtigen. Doch dafür muss es sehr schnell mit einem Bett für die Nacht klappen. Mir die Daumen drücken kann ich nicht. Das würde zu Lenkproblemen führen.

Verdammte Hacke. Mich empfängt zwar kein Gejohle und Gekreische, dennoch ist mir das Glück nicht hold.

„Bis auf ein Bett im Mehrbettzimmer ist nichts frei", beteuert die Herbergsmutter. „Die Belegschaft macht einem Ausflug nach Dresden, und ich erwarte sie am Abend zurück. Nehmen Sie nun das Bett im Mehrbettzimmer?"

Ich lehne ab und bedanke mich höflich bei der mich ungläubig anglotzenden Frau.

„Nein danke. Ich sehne mich nach einer ruhigen Nacht", erkläre ich meinen Gemütszustand. „Ich habe die Nacht in der Jugendherberge *Dessau* nicht verdaut. Was da los war, das glauben Sie nicht."

Die Herbergsmutter stemmt die Fäuste in die Hüften und lacht lauthals.

„Guter Mann", sagt sie, sich immer noch schüttelnd. „Mit diesem Lärm lebe ich seit dreißig Jahren. Meinem Nervenkostüm hat das nicht geschadet."

Mag ja sein, dass man sich an Kinderlärm gewöhnt. Ich selbst habe zwei dieser Rabauken aufgezogen, aber die sind inzwischen Erwachsene und wohnen in ihrem eigenen Verschlag. Ihre Kindheit ist passee.

Demonstrativ schüttele ich das Thema Herberge ab, aber auch der Besuch auf dem Campingplatz wird ein Flop. Den hat sich ein Zirkus im vollen Umfang unter den Nagel gerissen. Also bleibt mir nur die bewährte Lösung, und das ist eine Pension.

Ohne Hintergrundwissen über Pensionen in *Bernburg* dauert die Suche eine halbe Stunde, dann stehe ich vor einer Gesuchten. Es ist eine namenlose Bettenburg, doch die hat eine eigenartige Bewandtnis.

Warum?

Das erfahre ich sofort, als ich klingele, und sich die Tür öffnet.

„Hamburg."

„Wie bitte?"

„Guten Tag der Herr, mein Name ist Hamburg", stellt sich der Pensionswirt vor. Er blickt auf mein bepacktes Fahrrad und fährt lapidar fort: „Sie suchen sicher ein Zimmer für eine Nacht?"

Erst lache ich ausgelassen wegen seines Namens, dann einigen wir uns auf den Preis von siebenunddreißig Euro für die Übernachtung inklusive Frühstück.

Und das Rad entladen, welches ich im Hof unterstelle, nehme ich mein Gepäck mit auf das Zimmer und verstaue es provisorisch in einem Schrank.

Danach telefoniere ich mit meiner Partnerin. Der will ich einen Bericht über meine Preußlitz- und Übernachtungserfahrungen erstatten, doch die geht nicht auf mich ein, sondern sucht die Konfrontation.

„Na, wie sieht's aus. Haben sich die Zweifel an deinem Vater bestätigt?", unkt sie. „Hast du endlich genug von deiner Plackerei?

„Von wegen Plackerei, die Tour macht Spaß", widerspreche ich. „Außerdem war sie erfolgreich, denn nach meiner Recherche ist mein Vater über jeden Zweifel erhaben. Er war ein politischer Flüchtling und das erfüllt mich mit Stolz."

„Sehr schön, dann kannst du dich ja auf den Heimweg machen."

„Gemach, gemach, meine Liebste. Zuerst mache ich den Besuch in *Erfurt* bei der Ex-Arbeitskollegin."

„Ja, ja", klönt meine Partnerin. „Geht's um dein Nachhausekommen, dann machst du ein Jahrhundertwerk an Ausreden daraus."

Dann amüsiert sie sich köstlich über das Geschehen auf dem Jugendherbergsmarkt.

„Ich stelle mir das hirnrissig vor", lacht sie mich aus. „Du mit einer Horde Kinder im Schlafsaal."

Woraufhin ich unterkühlt antworte: „Jetzt wirst du gemein. So lustig war das nicht."

Nun ja, auch solche Gespräche können unserer Liebe nicht anhaben, aber sie bremsen den Berichterstattungsdrang. Sobald es meinen Geburtsort betrifft, da ist meine Schwester der Ansprechpartner.

Kaum habe ich das Geplänkel mit einem angedeuteten Kuss beendet und das Handy ausgeschaltet und weggesteckt, da bemerke ich, dass ich hungrig bin. Der Wunsch nach einer Nahrungsaufnahme drängt sich in den Vordergrund. Mein Magen knurrt fürchterlich. Das Knurren ähnelt dem des ausgehungerten Rentiers.

Bei der Zimmersuche war ich an einem Thai-Imbiss vorbeigekommen, zu dem zieht es mich. Und den für gut befunden, lebe ich abermals nach dem Motto: Sehr preiswert, lecker und ergiebig.

Danach ist die Zeit reif für den Verdauungsspaziergang durch *Bernburg* und in die direkte Umgebung. Der macht mir viel Freude und rundet einen Tag ab, der mir viel Gesprächsstoff mit meiner Schwester liefert.

Die dafür benötigten Fotos von der hübschen Fußgängerzone schieße ich bei dem Rundgang, danach die von der *Saale* mit seinen Windungen, und natürlich viele von der Burg, die eher einem Schloss gleicht.

Mit weiteren Bildern von den Gaststätten am Fluss und den anheimelnden Gassen der Altstadt, ergibt sich ein gelungenes Gesamtbild, deshalb lasse ich mich zu einer Lobpreisung hinreißen: *Bernburg* ist eine Wucht und hat mich in allen Belangen überzeugt,

Doch bevor ich mich zu Bett begebe, studiere ich den Wetterbericht. Es soll nicht regnen, aber der Tag bietet mit starkem Gegenwind aus südlichen Richtungen eine durchwachsene Zukunftsperspektive. Das heißt: Ich habe mordsmäßig in die Pedale zu treten, bis mir die Zunge aus dem Hals hängt. Das Zeug dazu habe ich. Die Devise lautet daher: Mit Willenskraft und Ausdauer werde ich dem Gegenwind trotzen.

Ich brauche lange, bis mich der gewünschte Schlaf einwickelt, was sicher an den unschönen Erinnerungsfragmenten in meiner Denkstruktur liegt.

13

Sieben Uhr dreißig sitze ich mit dem Pensionswirt, diesem Herrn Hamburg, am Frühstückstisch. Die Auswahl an Brötchen, Aufschnitt und Marmeladen ist bescheiden, aber das ist egal. Ich bevorzuge hauptsächlich Honig. Immerhin hat er ein weichgekochtes Ei vorbereitet.

Bei dem angeregten Erfahrungsaustausch erkläre ich ihm, dass ich aus der hiesigen Gegend stamme, danach erzähle ich ihm von der Republikflucht mit der Familie mit all seinen Tücken und Gefahren. Spreche ich über meine spannende Kindheit, dann bin ich eine gnadenlose Quasselstrippe.

Im Kontrast dazu erfahre ich von ihm, dass ihn die Liebe nach *Bernburg* verschlagen hatte und er, wie der Name verspricht, tatsächlich aus Hamburg stamme. Den Schritt in *Bernburg* eine Pension zu erwerben, habe er nie bereut.

Des weiteren ist die Auskunftsfreudigkeit des Wirtes sehr mager. Seine Kommunikativitätswut ist bescheiden. Trotzdem ist es immer wieder nett, wie redselig Menschen werden können, wenn man sie aus der Reserve lockt.

Dem heutigen Tagwerk sehe ich mit gesteigerten Erwartungen entgegen, denn der *Saale-Radweg* wird als Meisterwerk der Radwanderentwicklung in den Fachgazetten gepriesen. Also verabschiede ich mich, dann verlasse ich die Pension.

Ich säubere das verstaubte Fahrrad und bepacke es gleichmäßig, dann gehe ich das bevorstehende Unterfangen mit Respekt an. Bei der heutigen Etappe geht es schnurstracks raus aus der Stadt. Dann radele ich am Zeltplatz vorbei, der gerade als Zirkusplatz dient, und weiter an den Bootshäusern entlang.

Schon im Anfangsstadium entwickelt der Weg die gewünschte Dynamik. Andauernd zwingen mich hübsche Schneisen abzubremsen. Von den Stellen mache ich Fotos, denn ich bin total angetan von der Schönheit der Motive. Außerdem hat der Radweg die in den Broschüren beschriebenen grünen Oasen, die zu einer Pause einladen. Manchmal führt er auch von der *Saale* weg, um imposante Weitblicke auf den Flussverlauf zu ermöglichen.

Nach anderthalb Stunden raste ich das erste Mal. Ich setzte mich auf einen alten Baumstamm, da gesellt sich ein Motorradfahrer in voller Montur zu mir. Der Mann kommt mir nicht wie ein durch die Straßenserpentinen rasender Volltrottel vor, die man aus der Eifel kennt. Dort gehört es zur Tagesordnung, dass sich die Raser den Hals abfahren.

In unserem Gespräch geht es um Alltagsbanalitäten, so zum Beispiel, dass heute sein erster Arbeitstag wäre, den er aber auf Mittwoch verschoben hat. Einfach so. Er erwarte keinerlei Repressalien.

Nun gut, wenn's so ist?

In meinem gut geführten Büro vor dem Renteneintritt, Gott bewahre es vor seinem Untergang, hätte ich Weltuntergangsstimmung erzeugt, so groß war größtenteils der Druck.

Aber wer denkt bei solch einer schönen Radtour an die Arbeit? Ich nicht, deshalb verlasse ich den plappernden und selbstgefälligen Motorradfreak. Bei der längeren Unterhaltung hat sich sein Weltbild als nervtötend herauskristallisiert.

Manche Mitmenschen kennen leider nur wenige Themen, und das sind aufgemotzte Autos und die Arbeitswelt. Von der Sorte gibt es einige Kollegen im ehemaligen Arbeitsumfeld, die nicht mal in der Mittagspause oder bei Firmenfeiern abschalten können. Diese Leute haben ein Brett vor dem Kopf. Einen Ex-Kollegen spreche ich bewusst an.

Ich radle an einem der schönsten Flüsse Deutschlands entlang und bewundere die Umgebung, noch dazu zeigt die Sonne ihre allerbeste Seite. Die Vögel zwitschern hingebungsvoll und im Plätschern der *Saale* wird der

Straßenlärm eines Autobahnstücks in der Ferne bedeutungslos.

Leider frischen die Winde kräftig auf, wie durch die Wettervorausschau angekündigt, noch dazu aus der falschen Richtung, doch an ein zweckmäßiges Windschattenfahren ist ohne meine Partnerin nicht zu denken. Noch ein Nachteil des Alleinfahrens.

*

Es sind noch fünfzehn Kilometer bis Halle, als mich ein unscheinbarer Imbiss vom Sattel holt. Diesmal ist es keine Thai-Raststätte, daher esse ich alternativ, und das ist eine Bockwurst mit Kartoffelsalat.

Beim Essen bin ich in Gedanken in der Vergangenheit, als ein junger Mann mit einem Affenzahn angebraust kommt. Er sitzt auf einem Fahrrad mit mittelschwerem Gepäck und bremst quietschend ab.

„Hallo", ruft er mir zu. Sein langes, ungezügeltes Haar weht ihm ins Gesicht.

Danach fragt er: „Von wo kommst du?"

„Aus *Bernburg*", antworte ich kurz angebunden, da ich nicht weiß, was ich von ihm halten soll.

Doch ein paar Sätze reichen, denn durch die stellt sich heraus, dass er ein nettes Kerlchen ist. Der Figur nach würde ich ihn dem Triathlon zuordnen. Er sei an der Quelle der *Saale* losgeradelt, erklärte er mir, und am Abend müsse er in Magdeburg sein. Von dort führe er mit der Bahn zurück nach *Hamburg*.

Mein lieber Scholli. Der Bursche traut sich was. Von der Sorte müsste es mehr geben.

Und weiter erzählt er mir, dass er sich auf einer Testtour für den Sommer befinde. Da mache er mit einem Freund eine dreiwöchige Tour durch *Kirgisistan*. Er als

Kletterziege brenne auf das Erklimmen der Traumpässe durch die Bergmassive. Nach einem *Südafrikatrip* und einer Tour durch *Norwegen* sei *Kirgisistan* der absolute Kick.

Ich erkläre ihm, dass ich bis nach *Naumburg* durchradeln wolle, worauf er seinen Kopf abwägend hin und her wiegt.

„Mann, das wird hart", meint er staubtrocken. „Das schaffst du nur, wenn du ein paar Knoten draufpackst."

Der Extremradler verabschiedet sich und lässt mich stehen, dann strampelt er so schnell davon, wie er mir erschienen war.

Ich denke über seine Beurteilung nach: Habe ich das eben richtig verstanden? Hat er gesagt, ich könne es bis Naumburg nur schaffen, wenn ich eine Schippe drauflege?

Da er von Naumburg kommt, wird's wohl so sein.

Der weitere Etappenverlauf hat es in sich. Mir wird nichts geschenkt, obwohl der Radweg ohne Steigungen am Flusslauf entlang führt. Für jeden gefahrenen Kilometer schufte ich bei böigen Windverhältnissen wie ein Berserker, wobei meiner Beinmuskulatur die Übersäuerung droht.

Dennoch begehe ich nicht den Fehler, mich zu beklagen, denn als Belohnung beglückt mich eine sehr nette Bekanntschaft.

Und die ist tausendmal sympathischer als der Extremradler oder gar der Motorradfahrer, denn es ist eine junge, mehr als ansehnliche Frau.

Den glücklichen Umstand verdanke ich einer Fähre über die *Saale*. Auf der Überquerung lerne ich sie kennen. Ich spreche die Gutaussehende mit dem Wunsch an, sie möge sich neben mein Fahrrad stellen und ich würde sie in der Pose knipsen.

Damit würde ich einem nörgelnden Freund in der Heimat beweisen, dass er keine langweiligen Landschaftsaufnahmen, sondern auch attraktive Motive auf meinen Fotos bewundern könne. Sie wäre das von mir herausposaunte, ideale Motiv. Ist das eine charmante Formulierung?

Zuerst ist das zuckersüße Wesen überrascht, danach lacht es lauthals. Von mir überrumpelt, stellt sie sich in ihrer Radlerhose neben mein Gefährt und lächelt bezaubernd. So entsteht ein prächtiges Foto von der hübschen Frau, leider ohne Namen, meinem Fahrrad, der Fähre und der *Saale* als Hintergrund.

Nach zehnminütiger Überfahrt die Fähre verlassen und wieder on Tour, radeln wir ein halbes Stündchen nebeneinander her. Sie erzählte mir, sie sei zurück aus Kroatien von einer zehntägigen Radtour. Es sei herrlich gewesen, nicht nur die Strecke am tiefblauen Meer, erst recht das beeindruckende Blau der Plitvice Seen. Diese Traumtour solle ich unbedingt in meine Zukunftsplanungen aufnehmen.

Als sie mir das rät, strahlt sie jene Glückshormone aus, die ich selbst sehr gut kenne von vielen gelungenen Etappen.

Von dieser tollen Frau trenne ich mich ungern, als sie nach Halle abbiegt und ich meine Tour auf dem *Saale-Radweg* fortsetze. Ach, wäre ich doch fünfundzwanzig Jahre jünger.

Der Gegenwind macht mich mürbe. Er pfeift mir zügellos und stramm durch alle Ritzen und Körperfalten. Unter den Reifen der Räder knirscht und knackt es, je nach Beschaffenheit des Radwegbelages, aber ich habe *Naumburg* nicht abgehakt.

Love it or leave it.

Liebe es, oder lass es sein.

Das ist ein gutes Motto.

Wegen des monotonen stur auf den Radweg glotzen, treiben seltsam Gedanken in mir ihr Unwesen. Beispielsweise der Gedanke an ein Toilettenhäuschen, das auf dem 8848 Meter hohen Mount Everest aufgestellt wurde. Das ist kein Scherz. Ich las das in einer führenden Tageszeitung. Nach deren Infos sind die Bergpitzen im Himalaja von den Bergsteigerhorden zugemüllt worden.

Aber das nur am Rande.

Eine Abfahrt bringt mich mit dem Rad ins Schleudern. Der schmale Fahrstreifen, eingebettet in uraltes Kopfsteinpflaster, gehört abgeschafft, wenigstens entschärft. Sein Zustand erfordert viel fahrerisches Geschick, das mir mit den schweren Packtaschen abgeht. Es heißt auf der Hut bleiben. Leichtsinn führt zu verhängnisvollen Stürzen. Mit Glück hatte ich einen mittelschweren Sturz auf meiner Tour unbeschadet überstanden.

Von der Großstadt Halle nach *Naumburg* beträgt die Entfernung fünfundsechzig Kilometer, und *Merseburg* und *Bad Dürrenberg* habe ich bereits hinter mir gelassen, dabei habe ich den *Merseburger Dom* nur von weitem gesehen. Jetzt radele ich durch herrliche Auenwälder, die den Gegenwind hervorragend bremsen. Leider liegt auch ein Chemieindustriegebiet am *Radweg* an der *Saale*.

Als es dämmert, befinde ich mich kurz vor *Weißenfels*. Wie soll es weitergehen? Nehme ich den Kampf auf und radele bis *Naumburg* durch?

Ich bin knochenhart gegen mich selbst und spreche ein Machtwort.

„Den beschwerlichen Tag beende ich in *Naumburg*, koste es, was es wolle. Und damit basta."

In Fragen der Ausdauer, bin ich stur. Die Vernunft ist keins meiner herausragenden Merkmale. Was wäre das auch für ein Leben, würde man nur nach den Prinzipien der Vernunft handeln? Es wäre stinklangweilig, nicht der Rede wert.

Um mich von meinem Kräfteverschleiß abzulenken, pfeife ich Sergio Leones Melodie des Todes stoisch vor mich hin. Es ist kein Lied, das eine Jux-Stimmung erzeugt, aber es hilft dabei, nicht an das Aufgeben zu denken. Durch mein aufmunterndes vor mich hin Summen habe ich das *Saale-Unstrut Weinanbaugebiet* mit Bravur durchquert.

Total ermattet erreiche ich endlich das Stadtgebiet *Naumburgs* mit seinem bizarren *Dom.* Und obwohl es stockdunkel ist, ergötzte ich mich an den historischen und geschickt angestrahlten Fachwerkhäusern in seinem romantischen Stadtkern.

Ich habe es geschafft, denn eiserner Wille kann Berge versetzen. Der Ort ist wunderschön, aber um sich an seiner Schönheit zu erfreuen, ist es viel zu spät. Es ist zweiundzwanzig Uhr, und da ich kaputt bin, denke ich an einen Schlafplatz.

Als Übernachtungsmöglichkeiten stehen weder die Jugendherberge noch irgendeine Pension zur Verfügung. Zur späten Stunde schließen derartige Institutionen, zumindest nehmen sie niemanden auf. Wohin daher mit mir und dem Fahrradungetüm?

Ich verfluche meine schlampige Planung. Mehr Sorgfalt wäre angebracht gewesen. Aber als Entschuldigung merke ich an, dass ich nicht ahnen konnte, wann ich in *Naumburg* eintreffen würde. Das mit der Hellseherei hatten wir schon.

Jetzt heißt es, einen erträglichen Nachtschlafplatz zu finden, doch wo?

Eine Übernachtung im Grünen hatte ich nicht eingeplant, doch in *Naumburg* gibt es einen Märchencam-
pingplatz mit Freibad, der liegt acht Gehminuten vom
Zentrum entfernt. So steht es im Reiseführer.

Vielleicht versteckt sich in dessen Umfeld ein Plätzchen für ein klitzekleines Nickerchen?

Das Wetter hat nichts dagegen. Es ist trocken und die
Nachttemperatur annehmbar. Mir genügt eine Sitzbank
im von außen nicht einsehbaren Parkbereich. Und habe
ich die Nacht durchgestanden, und das Alltagsleben in
Naumburg nimmt Fahrt auf, dann bin ich schon wieder
verschwunden und zur Kulturhauptstadt *Weimar* unterwegs.

Jawohl, so mache ich es. Die neue Erfahrung ist eine
Bereicherung, und ich bin kein Angsthase. Ausgerech-
net in *Naumburg* werden keine umtriebigen Gesellen ihr
Unwesen treiben. Zwar komme ich mir wie der letzte
Penner vor, aber eine Nacht fülle ich die Rolle des Ob-
dachlosen problemlos aus.

Früher, in meinen wilden Jahren, hatte ich beim Tram-
pen in den unmöglichsten Situationen gesteckt. Einmal,
es war auf dem Weg nach Paris, und ich war in einem
unwichtigen Städtchen in Nordfrankreich hängen geblieben, da war ich bei Sonnenaufgang im Vorgarten
einer Luxusvilla aufgewacht.

Seitlich des Freibades finde ich die gewünschte Parkbank. Zu der begebe ich mich. Durch das Schieben des
Fahrrades ein Steilstück hinauf, bin ich restlos aus den
Fugen. Meine Partnerin rufe ich in der verzwickten Situation besser nicht an. Die täte mir die Hölle heiß-
machen, würde ich ihr den ungewollten Schlafplatz
beichten. Diesbezügliche Gedanken über ein Gespräch
mit ihr schwirren mir durch den Kopf. Sie hätte das

Schauspiel nicht mitgemacht, darin hat sie rigorose Ansichten.

Ich habe das Rad an die Rückenlehne der Parkbank gelehnt, die wird durch eine in minimaler Entfernung stehende Laterne ausgeleuchtet. Die Taschenlampe packe ich nicht aus. Durch deren Lichtstrahl könnte ich unerwünschte Personen auf mich aufmerksam machen.

Als ich das Zelt, die Luftmatratze und den Schlafsack vom Fahrrad abgeladen habe, und danach das Gleiche mit den Seitentaschen vorhabe, ereignet sich das zweite Malheur auf meiner Radtour nach dem unerwarteten Sturz.

Die Einhakvorrichtung an der linken Seitentasche reißt ab. Verdammt noch mal, was für ein Mist. Das passiert ausgerechnet jetzt in der Dunkelheit. Es muss mit einer Materialermüdung zusammenhängen. Aber ich brauche die Packtasche. Ohne die bin ich aufgeschmissen. Das Ding kann ich nicht zurücklassen, denke ich über die Auswirkungen nach.

Der aufgetretene Schaden ist der unangenehme Alltag einer mehrwöchigen Radtour. Für eine Reparatur sollte mir eine schlaue Lösung einfallen. Aber woher soll die Erleuchtung in der Dunkelheit kommen? Eine durchdachte Einhakvorrichtung als Notlösung schüttelt man nicht aus dem Ärmel und den Handwerker hat man mir nicht in die Wiege gelegt.

Im Morgengrauen werde ich mich mit der Seitentaschenproblematik beschäftigen. Aber zuerst habe ich Hunger. Mein Magenknurren ist viel furchterregender als in *Bernburg*, denn ich hatte das zu mir nehmen der notwendigen Verpflegungsration aus Stress übergangen. Mache ich so unvernünftig weiter, ähnele ich bald einem Skelett.

Mit Inbrunst vernichte ich das belegte Brötchen und den letzten Apfel meiner Notration, danach gehe ich zum Wasserlassen zu einer Hecke, und anschließend rolle ich den Daunenschlafsack auf der Bank aus.

In das weiche Ding mummele ich mich mit meinen Schuhen an den Füßen. Ich will jederzeit einsatzbereit sein, falls mir grollendende Subjekte an der Bank auftauchen. Und meine Abendtoilette fällt aus Mangel an einer Waschvorrichtung aus. Mir ist das unangenehm, aber es ist unvermeidbar. Niemand wird an mir schnüffeln. Das kann ich zu meiner Genugtuung annehmen.

14

Von irgendeinem Geräusch bin ich aufgewacht. Ich richte mich auf, dann werfe ich einen kurzen Blick auf die Zeitangabe des Handys.

O ha, schon fünf Uhr dreißig?

Die Zeitangabe überrascht mich. Ein paar Stündchen war ich tatsächlich weggedöst. Aber was ist mit meinen Körperfunktionen?

Von der unbequemen Liegestätte sind meine Knochen steif geworden. Meine Gliedmaßen sind nicht so elastisch wie ein Gummibaum. Jetzt weiß ich, was es heißt, sich wie gerädert zu fühlen. Eine hölzerne Parkbank ist eine knochenmalträtierende Ruhestätte.

Um wieder in Schwung zu kommen, mache ich einige Lockerungsübungen. Anschließend kämme ich mir das spärliche Haupthaar und putzte mir provisorisch die Beißerchen, danach geht's mir wieder so la, la, allerdings bin ich gegen den Schweißgeruch machtlos.

Aber da war doch was?

Ja, richtig.

Das Problem mit der Seitentasche hatte ich verdrängt, doch das ist weiterhin ungelöst. Eine Reparaturanleitung für defekte Packtaschen gehört nicht zu meinen Besitztümern, wenn es die überhaupt gibt, deshalb arbeitet mein Denkapparat fieberhaft.

Wie heißt es so schön: *Not macht erfinderisch?*

An dem Spruch ist was dran, denn das Befestigen der Seitentasche mit einer Gummibandverbindung ist mir im Schlaf zugeflogen. Ich bin kein Genie, aber die Verwendung eines mitgeführten Reservegummibandes, mit dem ich den Taschenverschluss am Gepäckständer befestige, hätte Applaus verdient.

Die Konstruktion sieht zwar beschissen aus, aber die Balance des Rades bleibt gewahrt. Was man so alles schaffen kann, wenn man dazu gezwungen wird?

Demonstrativ klopfe ich mir auf die Schulter und lobe mich: „Manchmal bin ich ein findiges Bürschchen."

Genug der Lobhudelei. Ich bin auch so mit meinem Ideenreichtum einverstanden, das reicht. Jetzt schaue ich mir das Städtchen *Naumburg* an, ohne eine Sehenswürdigkeit fotografisch festzuhalten. Die Sichtverhältnisse lassen hervorragende Aufnahmen nicht zu.

Danach entferne ich mich auf dem *Saale Radweg*. Nach Karte sind's nur fünfzig Kilometer nach *Weimar*. Das wird eine gemütliche Etappe, und noch besser an der ist, dass in *Bad Kösen* eine Bäckerei früh geöffnet hat.

Ich habe mein Rad abgestellt, einen Tisch angesteuert und mich hingesetzt, schon fluche ich: „Scheiße! Ich habe die Abendtabletten vergessen."

Die Einnahme der Medikamente hat sich zum Gewohnheitsritual entwickelt. Morgens zwei, abends drei, und so weiter, und das mein ganzes Leben. Durch die Tour greift der Gewohnheitsprozess nicht mehr. Die Mechanismen sind außer Kraft gesetzt. Meine Abläufe sind geprägt von Zufälligkeiten.

Trotz allem sind solche Nachlässigkeiten strikt untersagt. Herzkranke brauchen eine optimale Medikamenteneinstellung. Aber das ist mir heute egal, denn es ist nicht mehr zu ändern.

Ich beruhige mich und rede mehr zu mir selbst: „Halb so schlimm. Das ist schon öfter passiert und ich bin nicht daran umgekommen."

Als die Bedienung zu mir an den Tisch kommt, bringt sie die Tageszeitung mit. Ich bestelle eine Tasse Milchkaffee, mit dem ich die Morgentabletten runterspüle, dazu gönne mir zwei herzhafte Teilchen, eins mit Mohn und das andere mit Rosinen. Meine Zuckerwerte protestieren zwar, aber auf meiner Tour gönne ich mir Ausnahmen, denn die erhöhen mein spitzbübisches Lebensgefühl.

Schätze ich mein Gewicht richtig ein, dann habe ich einige Kilo abgespeckt, was ich am Hosenbund spüre, daher sehe ich kein Problem in der Nascherei. Strampelte ich so weiter, dann gehört das Thema Bauchansatz zu einer unschönen Vergangenheit. Darüber wird sich meine Partnerin freuen. Beim nächsten Badeurlaub in Griechenland gebe ich in der Badehose eine passable Figur ab.

Mit der guttuenden Erkenntnis, einige Pfunde abgenommen zu haben, schmeiße ich Blicke in die Tageszeitung und überfliege die politische Großwetterlage. Die hat sich unwesentlich geändert, auch sportlich ist nicht allzu viel passiert. Also wende ich mich der Seite mit der Wetterkarte zu.

Mein Eindruck ist gespalten. Bis weit in den Nachmittag hinein soll es sonnig bleiben. Aber was danach passiert, dass bleibt ein Vabanquespiel?

„Abwarten und Tee trinken", das hätte meine Mutter dazu gesagt. Niemand kann das Wetter exakt vorhersagen. Die Wetterpropheten sind auch nur Menschen, die ihrem Beruf nachgehen. Mal sind die Vorhersagen akzeptabel, mal liegen sie total daneben. Voll überzeugt von den Fähigkeiten der Wetterfrösche, war ich noch nie.

Ich erledige mein stilles Geschäft auf dem Klo, bezahle das Frühstück, nur läppische fünf Euro, und radele bis kurz vor *Bad Sulza.* Dort verlasse ich den *Saale-Radweg.*

„Tschüs, *Sachsen Anhalt",* verabschiede ich mich von meinem Geburtsland. „Oft lasse ich mich nicht mehr blicken."

Von da an schnurrt das Rad durch das Bundesland *Thüringen,* und in dem nehme ich den *Ilmtal-Radweg* unter meine Bereifung. Auch von dessen Existenz hatte ich bisher nichts vernommen, aber auf ihm werde ich zügig nach *Weimar* vorwärts kommen.

*

Vorweg eine wichtige Erfolgsmeldung: Mein Gummibandpatent hat sich bewährt. Die Packtasche sitzt stabil verankert am Gepäckständer, und die Balance ist hervorragend. Ich bin das erwähnte Genie.

Die Fahrt nach *Weimar* verläuft monoton. Ich drohe laufend einzuschlafen. Nur die Konzentration auf den Radweg und die Kraftanstrengung hält mich wach. So erreiche ich *Weimar* in der Mittagszeit.

Obwohl ich vor dreißig Jahren in *Weimar* war, kenne ich mich in der Innenstadt nicht mehr aus. Der Firmenausflug, inklusive Weihnachtsfeier, der hat keine Spuren in mir hinterlassen.

Das Büro hatte zwar Besichtigungen arrangiert, trotzdem fehlt es mir an der Orientierung. Alle Eindrücke sind weggewischt. Noch dazu kündet der wolkenverhangene Himmel von einem Regenschauer am Nachmittag. Es heißt sich unverzüglich auf die Suche nach einem Pensionszimmer zu machen.

Mein lieber Herr Gesangsverein, was ist hier los? Ist der Papst mit seinem Papamobil in *Weimar*? Bereiten sich die Lämmer Gottes mit ihrem Hosianna auf den Besuch ihres Oberhirten vor? Gibt es Freikarten für den Auftritt des Vertreters des Herrn auf Erden?

Quatsch, der Obervater besucht erst im September die Nachbarstadt *Erfurt* und umsonst ist der Tod, doch selbst dass stimmt nicht mehr. Beerdigungen auf dem Friedhof sind für Arme längst eine unbezahlbare Investition.

Ein bezahlbares Zimmer in *Weimar* zu finden, das ähnelt dem Lotteriespiel, denn die erste Stufe der Suche verläuft negativ. Gelinde ausgedrückt, kotzt mich das

Problem an. Die Zimmer in den abgeklapperten Pensionen und Gaststätten sind belegt. Der Zimmermarkt ist leergefegt. Langsam wird die Sucherei zur Zerreißprobe. Zum Teufel mit den Weimarern. Heute ist ein stinknormaler Wochentag. Ist denn hier im Juni schon Hochsaison?

Bei der zweiten Stufe der Suche schlägt sich die Glücksgöttin Fortuna auf meine Seite. Ich spreche in Bahnhofsnähe eine griechisch aussehende Frau an. Sie sitzt vor einem griechischen Restaurant, also vermute ich, sie könnte die Wirtin sein. Die frage ich nach einem Zimmer.

Die Griechin antwortet: „Einen Moment bitte", und schwupdiwupp, noch ehe ich eine weitere Frage stellen kann, ist sie im Lokal verschwunden.

Nach einer Weile kehrt sie strahlend zurück und reicht mir eine kleine Karte.

„Das ist die Visitenkarte einer Pension drei Straßenzüge weiter", erklärt sie mir. „Ich habe meine Schwester angerufen. Die erwartet Sie."

Auch wenn der Papst nicht in *Weimar*, sondern in *Erfurt* verweilen wird, glaube ich langsam an eine höhere Gewalt, denn es klappt mit dem Zimmer. Zwar sind die veranschlagten fünfzig Euro kein Sonderangebot, aber der ist üblich in *Weimar*. Außerdem ist das Zimmer schön und hat unnötigerweise zwei Betten. Ich habe ein Doppelzimmer bekommen.

Okay, das Zimmer ist immer noch besser als eine Besenkammer.

Das Bad ist in einem hervorragenden Zustand. Und ich, wie erwähnt, stinke bestialisch, daher dusche und rasiere ich mich, dann streife ich mir ein frisches T-Shirt über. Erfrischt und sauber kann ich mich wieder unter die Menschheit wagen, was ich auch tue, indem ich ins Zentrum radele.

An einem Fahrradständer kette ich mein Rad an. Dann kaufe ich mir ein Eis und setze mich auf eine Bank gegenüber dem Denkmal mit den verstaubten *Goethe und Schiller*. Mein Geschichtslehrer hatte mit uns Schülern deren Wirken und Walten bis zum Exzess durchgekaut. Zu den Skulpturen gibt es nichts hinzuzufügen, außer, dass der Zuspruch für die berühmtesten Deutschen alle anderen Sehenswürdigkeiten übertrifft. Ich beobachte das rege Treiben um die Denkerfürsten mit Interesse.

Danach unternehme ich einen Fußmarsch durch die Metropole, in der es vor Touristen wimmelt. Durch das, mal mehr, mal weniger Alleinsein auf den langen Etappen bin ich allergisch gegen Menschenansammlungen geworden. Mir geht das stimmgewaltige Kichern und Geplapper der Beteiligten an den Besichtigungsgruppen gehörig auf den Keks, daher verziehe ich mich in ruhigere Seitengassen, die mir anheimelndere Aufenthaltskriterien bieten. *Weimar* muss sich nicht neu erfinden. Die Stadt ist und bleibt eine Kulturhauptstadt, egal wie man's sieht.

Bei dem durch die Gassen schlendern, reaktiviere ich die Eindrücke, die ich bei der Führung mit der Arbeitskollegentruppe gesammelt hatte. In mein Erinnerungsvermögen kehren einige Gebäude von großer Schönheit in meinen Fokus zurück. Neu entdecke ich das autonome Zentrum.

Die heruntergekommenen und buntbemalten Häuser sind für mich ein amüsanter Blickfang. Wahrscheinlich sehen das die Spießer unter den Einheimischen und andere Besucher Weimars entgegengesetzt, und das ist ihr gutes Recht. Für diese Leute ist das autonome Zentrum ein skandalöser Schandfleck.

Bei meinem Besichtigungsrundgang bin ich mehrere Stunden auf Achse, da wird der Himmel bedrohlich dunkel. Hastig kaufe ich eine Pizza Peperoni, und mit der, in einer Verpackungsschachtel auf dem leeren Gepäckständer befestigt, rase ich unter den ersten Regentropfen heimwärts in mein Doppelzimmer.

Eine Pizza habe ich lange nicht mehr vor dem Fernseher verspeist. Sie schmeckt köstlich zur Tagesschau. Danach wollen mir die Augen laufend zufallen, aber ein Anruf bei der Liebsten wird mich sicher aufpäppeln, doch vor dem Gespräch habe ich echt Schiss. Sie kann ungemütlich werden, erzähle ich ihr die *Naumburgeskapade*.

Und so kommt es.

Meine sonst eher sanfte Partnerin reagiert erbost.

„Das war eine Dummheit. Ich bin stinksauer. Du hast doch nicht alle Tassen im Schrank", schimpft sie so energisch, dass das Handy in meiner Hand vibriert.

Dann droht sie mir: „Dein Eigensinn geht mir tierisch auf den Senkel. Den habe ich satt. Wer weiß, wie das mit dir noch endet?"

Sie holt tief Luft. „Komm endlich nachhause", seufzt sie unwiderstehlich. „Wann ist es soweit?"

„Bald, Süße, sehr bald", raspelte ich Süßholz, dann versuche ich sie mit einer Beschwichtigung einzuordnen.

„Nun lass es gut sein und hör auf zu schimpfen", beruhige ich sie. „Es ist ja alles in Ordnung. Nur noch ein wenig Geduld."

Und mit der mir gegebenen Überzeugungskraft fahre ich fort: „Ich werfe nicht die Flinte ins Korn, dafür bin ich zu weit gekommen."

Mein Schatz gibt sich geschlagen.

Sie ist ein wunderbares Geschöpf, wenn sie nicht meckert, obwohl sie auch bei den Schimpfkanonaden fantastisch aussieht. Aber ansonsten ist sie eine treue Seele. Niemals werde ich das Risiko eingehen, diese Frau zu verlieren, indem ich sie enttäusche.

Letztlich telefoniere ich mit der Ex-Arbeitskollegin, die mit ihrem Mann und den Kindern in *Kirchheim* vor den Toren *Erfurts* wohnt. Vor dreißig Jahren hatte ich sie während eines Jobs in Aachen schätzen gelernt.

Der Ex Kollegin verklickere ich: „Mach dich auf mich gefasst. Am Nachmittag rolle ich in dein Dörfchen ein, dann schauen wir uns Fotos von früher an. Vorher besichtige ich die *Erfurter* Innenstadt."

„Mach das, Klaus. Aber bitte beeile dich. Ich freue mich mächtig auf die Bilder" erwidert die Antelefonierte. „Sobald du da bist, veranstalten wir eine Wiedersehensparty."

Die versprochenen Bilder trage ich auf einem USB-Stick bei mir. Es sind Aufnahmen aus dem damaligen Büro, aber auch welche von den Kollegen, so wie sie jetzt aussehen. Die meisten Bilder wurden aufgenommen anlässlich meiner Verabschiedung zum Renteneintritt.

Nachdem ich das Telefonat beendet habe, nehme ich mein Sortiment an Abendmedikamenten zu mir, dabei erinnere ich mich an die verpassten Schlafeinheiten in *Naumburg.* „Gute Nacht, du Rumtreiber", sage ich lächelnd zu meinem Spiegelbild. „Endlich widme ich mich dem Nachholbedarf an Schlaf."

15

Ich verweigere das Aufstehen, so schön ist es im Bett. Die Sonnenstrahlen, die durch die Spalten im Vorhang auf die türkisblaue Tapete schimmern, verleihen dem Zimmer einen südländischen, speziell durch Griechenland geprägten Urlaubseffekt. Über Nacht hat es sich ausgeregnet, ein toller Schachzug vom Wettermanagement. Vielen Dank dem Wetterbeauftragten oder wem auch immer.

Bei Überlegungen, wie ich weiterfahre, vergrabe ich mich noch tiefer unter die Bettdecke. Der Strecke sehe ich unbeschwert entgegen, denn die ist leicht, also habe ich Zeit. Bis *Erfurt* sind's fünfundzwanzig Kilometer. Die sind in meinem durchtrainierten Zustand geradezu ein Klacks. Mögliche Schwierigkeiten schließe ich aus. Zudem ist die Miniaturetappe gut für mein Hinterteil, welches das Stadium des Schmerzbereitens wiederentdeckt hat.

Während ich noch grübelnd daliege, geht mir eine Bahnfahrt von *Erfurt* nach *Aachen* nicht aus den Gehirnwindungen. Mein Hintern würde das Ende der Fahrradtour mit Beifallsstürmen quittieren, außerdem wäre es eine enorme Zeitverkürzung der Tour, die den Vorstellungen meiner Herzallerliebsten entgegen kommen würde.

So gut, so schön, aber wo ist meine Leidenschaft für das Radeln geblieben? Bisher gab's nichts wichtigeres, als mich auf dem Rad fortzubewegen. Wodurch ist die Begeisterung für die Radtour ins stocken geraten?

Das will ich genauer wissen, deshalb spiele ich die Vor- und Nachteile einer Weiterfahrt auf dem Rad gegenüber der Bahn aus. Was verspreche ich mir von der verfrühten Rückkehr nach *Aachen* mit dem Zug?

Für die spricht, dass ich nicht zum Radnomaden verkomme. Dazu kann ich den Kräfteverschleiß drosseln, und meinem alarmfunkenden Gesäß eine Pause zur Regeneration gönnen. Und wichtig ist auch, dass ich die Geduld meiner Liebsten nicht überstrapaziere. Sie erwartet meine baldige Rückkehr. Zudem vermeide ich die ekligen Kletterpartien durch den *Thüringer Wald* und das *Bergische Land*.

Und was spricht für eine Weiterfahrt mit dem Rad?

Dass ich mich an meine Vorgaben halte. Geplant war, dass ich auf Bahnfahrten verzichte. Ich mache die verabscheuenswürdigen Fahrten mit der Bahn nur in Notfällen, das hatte ich geschworen, und diesen Schwur werfe ich nicht über Bord.

Mein Gott, sind Vorsätze so wichtig?

Ich scheiße darauf.

Demnach beschließe ich, meine Bekannte in *Kirchheim* zu besuchen, und danach schleunigst nachhause zu fahren, denn vom Grundsatz her ist das Ziel der Radtour erreicht, und das war das Aufhellen des Hintergrundes meines innerdeutschen Fluchtspektakels.

Meine Eltern habe ich in allen Vorwurfspunkten freigesprochen. Sie waren keine Schmarotzer, die den Westen als Sprungbrett zu eigenem Reichtum benutzt hatten. Sie sind bettelarm gestorben. Das Wirtschaftswunder hatte einen Bogen um sie gemacht.

So traurig es klingt, aber die Eltern waren an den Lebensumständen des goldenen Westens kläglich gescheitert. Wegen der Flucht vor der Saubande an DDR-Vasallen war ihnen ein friedvolles Leben in der angestammten Heimat nicht gegönnt.

Okay, warum noch lange herumlamentieren. Von *Erfurt* werde ich mit dem Zug zu meiner Partnerin heimreisen. Die Grundidee ist tadellos. Auch ein Kurt Tucholsky hätte seine Freude an meinem Geistesblitz, denn der hatte steif und fest behauptet: *Der Vorteil der Klugheit liegt darin, dass man sich dumm stellen kann. Das Gegenteil ist schon schwieriger.*

Er hat ja so recht. Ich kann mich seinen Gedanken bedenkenlos anschließen. Mein Einfall ist schlau. Und weil das so ist, und weil ich mich auf meine Partnerin freue, macht sich ein Anflug an Genugtuung in mir breit. Schon sehe ich mich in absehbarer Zeit in inniger Umarmung mit meiner Liebsten. Die Sehnsucht nach ihr überschreitet das Überdimensionale.

Jawohl, mein Entschluss ist gefasst. Nach der Ankunft in *Erfurt*, radele ich zum Bahnhof. Dort löse das Bahnticket für den nächsten Tag. Zuerst aber freue ich mich auf den Besuch bei der Ex-Kollegin, da wir unser Wiedersehen oft verschoben hatten, stattdessen hatten wir uns jährlich abertausend Karten geschickt, und E-Mails noch und nöcher geschrieben. Und nun ist die Zeit reif für die Umsetzung des Besuchsversprechens.

Die veränderte Situation gefällt mir. Ich bin wieder hochmotiviert. Der Pflege des Körpers widme ich mich wie im Rausch, und ich schlucke die Tabletten. Dann frühstücke ich wohlgelaunt im Frühstücksraum, der mir keine erwähnenswerte Gesellschaft anbietet, nebenher studiere ich die Zeitung.

Das Regionalblatt gibt nicht viel her, nichtsdestotrotz überkommt mich ein gutes Gefühl, als ich mich verabschiede, den Drahtesel bepacke und mich, ein Lied vor mich hinsummend, nach *Erfurt* aufmache.

Wie ein Zugvogel begebe ich mich auf die Kurzetappe, doch trotz Navigationsgerät finde ich keinen Radweg auf den wenigen Kilometern, und das ist sehr unangenehm. Wie kann das sein?

Tja, daran sieht man mal wieder, dass meine Tour nichts zu tun hat mit den geführten Radtouren entlang berühmter Flüsse. Bei denen sind die Abläufe bis ins kleinste Detail durchorganisiert. Das betrifft die Verpflegung wie die Unterkünfte. Nur in die Pedale treten, das machen die Teilnehmer noch selbst. Der gesamte Ablauf strotzt vor Bequemlichkeit.

Ich dagegen quäle mich auf einer stark befahrenen Landstraße mit einer ellenlangen Steigung voran, so atme ich für eine kurze Zeit sehr viele Autoabgase ein, wodurch sich meine Hustenanfälle häufen.

Es ist ein Martyrium, doch das dauert zum Glück nur eine knappe Stunde, dann wird es behaglich. Die nun folgenden geschwungenen Sträßchen durch urige Dörfer und die als Ortverbindung dienenden Alleen, haben das gewisse Etwas. Die landschaftliche Beschaulichkeit strahlt eine besinnliche Ruhe aus.

Am Straßenrand stehen Obstbäume. Der Baumbestand ist eine bei uns zu Hause ausgestorbene Verschönerung des ländlichen Raumes, dazu duftet es wie bei einer Heuernte, denn das Straßenbegleitgrün ist frisch gemäht worden. Die Äcker und Wiesen stehen voll im Saft, so bin ich begeistert von dem anmutigen Bild friedlichen Landlebens.

An den Kirschbäumen am Wegesrand bleibe ich kleben. Es sind zwar keine italienischen Pyrmontkirschen, trotzdem strahlen mich die leckeren Süßkirschen wie rote Rubine an. Frisch vom Baum gepflückt sind die Kirschen ein Gaumengenuss. Sie erinnern mich an die bekannte Pralinensorte.

Ich mache mich über die tief-rote Pracht her, als wären sie das erste Essbare in meiner Ernährungskette. Nähere ich mich einem besonders prall bestückten Kirschbaum, bremse ich ab, und das geschieht oft, ich weiß nicht wie viele Male. Das führt unweigerlich zum Durchfall, deshalb mache ich mir berechtigte Sorgen.

Das Kirschenpflücken wird in kleineren Mengen toleriert. Das erfahre ich später von meiner Ex-Kollegin. Oh, oh, war mein Verbrauch eine kleine Menge?

Aber irgendwann ist die Obstbaumallee zu Ende, da fällt mir eine Episode mit den Kindern ein. Kennen Sie das Kirschkernzielspucken?

Meine Süße, die Kinder und ich, wir haben das Zielspucken in ein auf dem Tisch stehendes Glas bis zur Perfektion vorangetrieben. Unendlich herzhaft haben wir dabei gelacht.

Ich schmunzele noch bei dem Gedanken, schon nähere ich mich dem Stadtgebiet.

Dass *Erfurt* tief im Talkessel liegt, das hatten mir meine Arbeitskollegen verschwiegen. Die hatten die steil abfallenden Straßenverläufe zwar gekannt, sie mir gegenüber aber nicht hervorgehoben. Ein Zweigbüro meines Arbeitgebers in *Erfurt* war der Grund für die wochenlangen Aufenthalte der Kollegen.

Bis zu meinem Renteneintritt waren wir das Haus und Hofbüro der Mülldeponie Schwerborn. Das ist die Ablagerungsstätte für den Hausmüll der Stadt *Erfurt*. Mein letztes Projekt war eine Rekultivierungsmaßnahme auf eben dieser Deponie und das war kein Zuckerschlecken. Bei der Planung hatte man mir Knüppel zwischen die Beine geworfen, denn die alten Seilschaften aus DDR-Zeiten funktionierten noch, und die hätten lieber ein *Erfurter* Büro an unserer Stelle gesehen.

Doch trotz vieler Unzulänglichkeiten hatte ich Spaß an dem Projekt. Aus einer Müllhalde einen Berg mit Erholungswert zu machen, das war eine kolossale Herausforderung.

Soll ich zur Deponie Schwerborn fahren und mir das Ergebnis meines Wirkens in Natura ansehen?

O nein, das lasse ich tunlichst, denn die Deponie befindet sich zwölf Kilometer nördlich der Stadt. Sie liegt also weit abseits meiner Route. Außerdem verliere ich Zeit, die ich besser mit meiner Ex-Kollegin verbringen möchte, anderseits reizt mich die Umsetzung der Rekultivierungsmaßnahme mächtig, die ich am Computer ausgearbeitet hatte, in die Wirklichkeit, also den Ist-Zustand. Na ja, es wäre zwar schön gewesen, aber es soll nicht sein.

Jedenfalls geht es erst einmal vorwiegend bergab. Hat das irgendwann ein Nachspiel?

Pedaltritt für Pedaltritt steuere ich ein großes Einkaufszentrum an. In dem entdecke ich einen Saturn, vor dem ich das Rad abstelle. Das Kartenhandy schreit nach einer Aufstockung.

Es darf nicht passieren, dass ich plötzlich von der Außenwelt abgeschnitten bin. Dann könnte ich keine Telefonate führen, sollte etwas Unvorhergesehenes eintreten. Und noch schlimmer wäre es, wenn sich meine Partnerin unberechtigte Sorgen machen würde, weil sie nichts mehr von mir hört.

Fünfzehn Euro lade ich nach, danach wende ich mich der Weiterfahrt zu.

Doch bevor es dazu kommt, spricht mich ein junger Mann außerhalb des Ladens wegen meines Rades an. Er ist füllig und mustert mich großflächig, dabei stellt er mir die Fragen: „Wohin wolle Sie? Und woher kommen Sie?"

Es ist immer die gleiche Litanei.

Dann erklärt er mir: „Ich habe mir ein E-bike zugelegt", dabei tut er, als sei er ein Fachmann. „Das ist gar nicht teuer. Man hat mich gut damit beraten. Weshalb steigen Sie nicht auf ein Rad mit Elektroantrieb um?"

Ich wimmele ihn ab, indem ich auf die Natürlichkeit und Ehrlichkeit des Radfahrens verweise.

„Elektroräder sind für ältere Menschen bestimmt", antworte ich ohne Scheu. „Sie sollte in jungen Jahren mehr auf die Bewegung setzen. Ihr Körper wird es Ihnen danken".

Ich sehe ihn strafend an, dabei reibe ich mir über den Bauch. Doch hinterher tut mir mein schroffes Zurechtweisen leid. Und einige Stunden später werde ich seinen Standpunkt sogar gutheißen, denn dann bekomme ich die tief ins Tal eingebetteten Lage *Erfurts* knüppelhart und erschwerend zu spüren.

Aber vorerst geht es steil abwärts und ich habe einen Superlauf. Die Räder des Rades laufen rund. Die Vorder- und Hinterradbremsen funktionieren perfekt, was will ich mehr. Ich überschütte mein Fahrrad mit Lobeshymnen. Mein sorgsam ausgesuchtes Modell ist ein unübertroffener Glücksfall.

Potteben wird es in Zentrumsnähe. Ich will zum gut ausgeschilderten Bahnhof durchstochen und das Bahnticket nach *Aachen* lösen, das Vorhaben ist die angedachte Theorie. Habe ich das Bahnticket in der Tasche, dann werde ich die Rundfahrt durch den Altstadtkern starten.

Doch auf dem Bahnhofsplatz eingetroffen, verschiebe ich die Stadtrundfahrt, denn es fängt an zu regnen. Ein Regenschauer zur Unzeit erteilt dem Ansinnen eine Absage.

Ich stelle das Rad im Gebäude ab und löse den Fahrschein. Vierundvierzig Euro für mich und zusätzlich vier Euro fünfzig für das Fahrrad kostet mich der Spaß. Die Preise kenne ich von der vorherigen Bahnfahrt. Die gelten anscheinend überall und scheinen reglementiert für die Reisenden mit Packesel zu sein.

Und da das Regnen konstant weitergeht, gönne ich mir ein Eis.

Jesus Maria, wenn die drei Kugeln man nicht in die Hose gehen. Wie soll das Eis zum Kirschkonsum passen? Ich befürchte Auswüchse für das Geschehen im Darmtrakt, die sich zu einer Mageninhaltsrevolution entwickeln könnten.

Wegen des Regenwetters habe ich seit längerem mal wieder die Muße, eine Zeitung gründlich zu studieren. Ich kaufe mir, als Abwechslung zum örtlichen Regionalblatt, die Süddeutsche Zeitung, denn außer der TAZ kenne ich keine bessere Zeitungslektüre. Während ich lese, würge ich ein lauwarmes Hot Dog hinunter. Eine gesunde Mahlzeit ließ sich in der Bahnhofshalle nicht auftreiben.

Als das Regnen nachgelassen hat, packe ich die Zeitung in den Rucksack und schiebe mein Rad auf den Vorplatz. Meine Packtaschen sind wasserdicht eingepackt, das Zelt und der Zubehör sind in eine Plastikplane eingewickelt und dadurch geschützt. Nun spricht nichts gegen den Besichtigungstrip in das hochgelobte *Erfurter* Zentrum.

*

Ich setze meine Bewegungsmechanismen in Gang und bin bald angetan von den naturgetreu instandgesetzten Altbauten der Innenstadt. Eine Straßenbahnlinie schlängelt sich durch die Einkaufsstraßen. Vor Freude quellen mir Grünen die Augen über, dennoch gilt es mächtig aufzupassen, dass ich mit dem Rad nicht in die Straßenbahnschienen gerate.

Erst kürzlich hatte der *Aachener Stadtrat* den Antrag der *Grünen* auf die Wiederbelebung einer alten Straßenbahntrasse aus Kostengründen eine Absage erteilt. Die Stadt macht diesbezüglich eine Menge Murks.

Bei der Bebauung schneidet *Erfurt* gegenüber *Aachen* glänzend ab, vorbehaltlich dem tollen Viertel, in dem ich wohne, und dem *Altstadtkern* am *Aachener Dom*. Nur etwas stört mich am Erscheinungsbild der Stadt. Können sie sich das denken?

Selbstverständlich stören mich die Plakate mit dem Abbild des Oberhäuptlings der Katholiken. Der gute Benedikt lächelt gütig und großflächig, und das aus Schaufenstern, von Litfasssäulen und Plakatwänden. In jeder Ecke und wo man es nicht vermutet, hängen die Konterfeis des Übervaters.

Bei seinem Anblick stelle sich mir die weltliche Frage: Was macht ein Pabst, wenn er mal muss? Bringen ihn seine Lakaien beim großen Geschäft auf den Pott und ziehen ihm sein Protzgewand aus?

Das darf man doch mal fragen? Oder? Das Klappergestell ist schließlich auch nur ein Mensch aus Fleisch und Blut.

Oder folgende Frage: Trägt Benedikt, muss er mal Wasserlassen, unter dem Gewand eine Auffangflasche für seine Pisse? Ich stelle mir bildlich vor, wie er beim Pinkeln vor Erleichterung strahlt.

Nichts für ungut, aber Scherze über den Pabst sollte man machen dürfen.

Tatsächlich würden mir sogar Plakate mit dem Titel: Marilyn Monroe live, besser gefallen, auch wenn sich die Auftritte durch Marilyns Tod erledigt haben und ich ebenso wenig hingegangen wäre.

Nach gut einer Stunde breche ich meine Erkundungen ab, denn der Regen wird wieder stärker. Und noch halbwegs trocken, stelle ich mich abermals im Bahnhofsgebäude unter. Und diese Maßnahme ist hilfreich, denn der Eis- und Kirschverzehr fordert Tribut. Es ist der zweite Durchfall nach dem Zwischenfall kurz vor *Berlin* auf dem Tankstellenklo.

Doch höre und staune, diesmal ist alles anders, ich bin total von den Socken. Im Bereich der Toiletten stinkt es nicht unangenehm, eher ist die Luft aromatisch rein. Ich genieße erstmals die Vorzüge einer *Wellness Oase* im Besitz der Deutschen Bundesbahn.

Aber trotz der Scheißhausromantik siegt in mir die Erkenntnis, ich werde vorsichtiger sein im Umgang mit größeren Mengen Obst, denn auf ein gutes Eis werde ich schwerlich verzichten können. Was die italienischen Eisdielen betrifft, da bin ich süchtig.

16

Es ist an der Zeit, das ich mich mit *Kirchheim* beschäftige. Körperlich erleichtert bin ich, kaputt weniger. Die heutige Kurzetappe hatte die Wirkung eines mittelschweren Kurzausfluges. Aber wo radele ich lang?

In dem Straßengewusel fehlt das Gespür für die Ausfallstraße aus *Erfurt* heraus. Ich kann nur hoffen, dass ich auf der richtigen Spur nach Kirchheim bin.

Das Regnen hat aufgehört, trotzdem befindet sich der Frühsommer auf dem Rückzug. Auf der Isobarenkarte in der Zeitung ist zwar ein Azorenhoch zu erkennen, das nach einer Isolde benannt wurde, doch hier in *Erfurt* hat das Tief Herkules die Regie übernommen. Der tagelange Kampf gegen die Hitzewelle weicht dem der Schlacht gegen die Wassermassen. Das sind keine berauschenden Aussichten für weitere vergnügliche Radreisetage.

Um meine Ex-Kollegin in *Kirchheim* anzutreffen, hat das Navigationsgerät den Betrieb aufgenommen. Dessen Funktionen sind wie immer auf *„nur Radweg benutzen"* eingestellt. Nun unterhält mich wieder die mir bedingt ans Herz gewachsene Frauenstimme mit ihrer Monotonie.

Eine lachende Stimme aus dem Navi wäre eine hervorragende Idee. „Ha, ha, sie sind ein Dummkopf. Sie haben sich verfahren", könnte sie ausrufen, das wäre ein Brüller.

Na, na, Humor ist, wenn man selbst über sich lacht. Oder wird andersherum ein Schuh daraus?

Andererseits führt mich die Frau humorlos aus *Erfurt* heraus. Und prompt ist es soweit, denn äußerst grausam bekomme ich *Erfurts* Lage im Tal in den Beinmuskeln zu spüren. Es geht erbarmungslos bergauf.

Eine brutale Steigung scheint mit dem Zeichen „unendlich" ausgestattet zu sein, das denke ich bei jedem Kilometer. Kein absehbarer Silberstreif erscheint am Horizont. Ich strampele mir die Lungenflügel wund, bis sie mir aus dem Hals heraushängen, und mein Adrenalinspiegel in schwindelerregende Höhen steigt.

Auf der Straße nach *Arnstadt* halte ich mich links, um irgendwann nach *Kirchheim* abbiegen zu können. Das entnehme ich der Straßenkarte, denn das Navi schweigt sich dazu aus. Hat meine Plackerei der guten Frau die Sprache verschlagen?

Vielleicht bin ich zu ungeduldig, und ich habe die Abbiegestelle noch nicht erreicht?

Ich besitze nicht die geringste Ahnung, wo und wann ich die Straße zu verlassen habe. Schlussendlich bin ich vom stetigen bergauf so zermürbt, dass ich an einem Obstverkaufsstand am Straßenrand meine Ortskenntnisse zu erweitern beschließe, doch bis auf eine Tüte Kirschen kommen keine brauchbaren Erkenntnisse dabei heraus.

Der Kirschenverkäufer fühlt sich hier fremd und orientierungslos, so starre ich ratlos die Obsttüte und dann das Navi an, dem ich grenzenlos vertraut hatte. Danach esse ich die Kirschen in der Nähe des Standes, wohlwissend, dass ein neuerliches Durchfalldebakel droht. Meine Unvernunft ist nicht auszumerzen.

Noch rumort nichts in meinem Bauchinnenraum, wie es auf der Bahnhofstoilette der Fall war, aber wann es anfängt, das ist absehbar.

Trotz allem wird es mir irgendwann zu bunt, denn die Warterei bringt mich nicht ans Ziel, daher radele ich weiter. Aber wohin führt mich die Straße und wie komme ich nach *Kirchheim*?

Auf den letzten Metern habe ich keinen mich erleuchtenden Hinweis gesehen, also werde ich zickig und fluche fürchterlich, dann biege ich, so Gott und der Zufall es wollen, äh, und natürlich das Navigationsgerät, nach *Rockhausen* ab.

Ob das die richtige Wahl war, kann ich nur annehmen, denn abermals setzt mich ein Regenschauer außer Betrieb. Ich flüchte unter das Dach eines Buswartehäuschens, denn seit den Erfahrungen in *Berlin*, fühle ich mich in den Warteeinrichtungen heimisch.

War es damals eine alte Frau, so sind es dieses Mal zwei Schulkinder, die sich zu mir gesellen. Es handelt sich um einen vorwitzigen Jungen mit der sommersprossigen Schwester, einem sehr netten Mädel. Beide sind aufgeschlossen und besonders der Junge schnattert unkontrolliert drauflos.

„Unser Vater kommt von der Arbeit aus Jena vorbei und holt uns hier ab", erzählt er. Zuvor empfiehlt mir der Junge eine Abkürzung nach *Kirchheim*. Er selbst würde die Strecke beim Besuch eines Freundes bevorzugen.

Na gut, er scheint sich auszukennen. Aber kann ich sein Geschwafel ernst nehmen?

Das Auto mit dem Vater hält und nimmt die beiden auf. Und auch ich verabschiede mich von dem Wartehäuschen, denn so langsam habe ich die Schnauze voll. Mir ist nicht danach, mein weiteres Dasein an Bushaltestellen zu verbringen. Es gibt schönere Orte für eine sinnvolle Freizeitgestaltung.

Weil es konstant weiterregnet, nehme ich das Navigationsgerät aus seiner Halterung und stecke es in meinen Rucksack, dann stülpe ich mir die Kapuze über den Kopf. Ich bin unvoreingenommen, daher setzte ich den Ratschlag des Jungen in die Realität um.

„Kinder an die Macht", könnte ich singen, denn den Kindern gehört mehr Vertrauen geschenkt. Sie sind unsere Zukunft. Das sind meine vertrauensvollen Gedankengänge. Und mit denen radele ich ohne Argwohn in mein Verderben.

Leck mich am Arsch, es war die falsche Entscheidung. Den folgenden Schlamassel kann man nicht in Worte fassen. Auf dem Anfangsstück des steil ansteigenden Weges ist es der Regen, der mir zu schaffen macht, doch eine halbe Stunde später wird es extrem eklig. Aus dem harmlosen Weg ist ein lehmig, morastiger Feldweg geworden. Er besteht aus einer zähen Matschpampe, und die ist auch noch klebrig und glitschig. Das Fahrrad rutscht unentwegt weg. Immer wieder bleibe ich in der schmierigen Masse stecken.

Daraufhin flehe ich den Himmel an.

Nichts. Es erfolgt keine Reaktion aus dem Reich des Erleuchteten. Bei Ungläubigen kennt der Herrgott kein Erbarmen.

Brust raus und durch. Den Wahlspruch nehme ich mir zum Vorbild, und ich ackere mich mit einer gehörigen Wut im Bauch voran.

Und warum das alles? Weil ich Vollidiot vergessen hatte, mich über mögliche Zustände der Abkürzung bei Regen rückzuversichern. Die Risiken hätte ich beachten müssen. Letztlich bin ich derjenige, der jetzt durch die Scheiße wate.

Ich sollte weinen, aber ich ächze und fluche, und es regnet und regnet.

Was soll ich noch dazu sagen. Das Fahrrad mit Gepäck ist bald ein riesiger braunverschmierter Aluminiumknubbel. Es ist nicht mehr als Tourengefährt identifizierbar. Und ich sehe aus wie einer, der aus Dummheit in eine Jauchegrube gefallen ist. Meine Verzweiflung ist mit schmutzigen Händen zu greifen.

Bis zu dem Tag hatte ich noch nie Stoßgebete gen Himmel entsandt, jetzt aber verfluche ich meine blödsinnige Idee der *Deutschlandradtour*. Nur einem totalen Schwachkopf fällt solch ein Firlefanz ein.

In meinem von Auflösung geprägtem Gezeter an überirdische Mächte, bezichtige ich mich der grenzenlosen Blödheit. Ich als Rentner habe es nötig, mich durch die Weltgeschichte zu plagen.

Hand aufs Herz. Wie hätten Sie reagiert?

Nach zwei Stunden und einem geprügelten Hund ähnelnd, erreiche ich die asphaltierte Straße nach *Kirchheim*, da hat das Regnen nachgelassen, doch ich bin komplett im Eimer. Ich habe das Rad mehr geschleppt, anstatt damit zu radeln, und in allerhöchster Not hatte ich an ein Ende durch Selbstmord gedacht.

Nachdenklich schaue ich mir mein noch neues Fahrrad an. Es ist gebrauchsuntüchtig. Die Bremsvorrichtungen gleichen zwei Hefeknödeln aus einem Gemisch aus Lehm und Kuhfladen. Bei dem abstoßenden Anblick des Dreckhaufens kullern mir Tränen der Trauer aus den Augen.

Mark Twain rät mir: Trenne dich niemals von deinen Illusionen und Träumen, denn wenn die verschwunden sind, wirst du weiter existieren, aber leider aufgehört haben zu leben.

Ich höre auf den Mann, so folgt meiner Selbstzer-
fleischung die Ernüchterung. Gezwungenermaßen erkenne ich die niederschmetternde Tragik der Situation,
aber ich lasse mich nicht ins Boxhorn jagen.

Jetzt aufgeben?

O nein. Niemals.

Für das Aufgeben bin ich Kämpfertyp nicht zu haben.
Mein Durchhaltewille verbietet mir den schmutzigen
Gedanken. Mein Missgeschick ist zwar eine Tragödie,
aber aus der will ich siegreich hervorgehen. Doch um zu
siegen, bedarf das Fahrrad einer Notreinigung, dann
funktioniert es wieder, denke ich zuversichtlich.

Ich entlade das vermatschte Gepäck und versuche mit
einer Packung Tempotaschentücher der Verunreinigung
zu Leibe zu rücken, wobei sich die Bremsanlage als
schlimmstes Hindernis erweist.

Und siehe da, irgendwann habe ich Erfolg und die
Bremsbacken greifen. Das Vorder- und Hinterrad läuft
wieder rund, dagegen gleiche ich dem Schlammringer,
der im Dreck erstickt, oder den man aus der Kacke gezogen hat. Aber jeder Zweifel an meiner Handlungsfä-
higkeit ist unberechtigt. Ich bin intakt. Und Jammern ist
die unbrauchbarste Form der Schadensbekämpfung.

Also werde ich den Tourfaden wie beabsichtigt wei-
terspinnen und die zwei Kilometer bis *Kirchheim* durch-
halten, radelnd oder schiebend, diese Vorgabe brenne
ich mir ein. Bei meiner Ex-Kollegin findet sich eine
Lösung, wie aus einer verdreckten Person wieder ein
herzeigbares Objekt werden kann.

*

Langsam radele ich auf der Suche nach dem Haus der Ex-Kollegin durch *Kirchheim.* Und wer kommt mir mit dem Auto entgegen?

Eben jene Kollegin mit ihren drei Kindern, die sich auf der Suche nach mir befindet. Frauke hat zwei Mädchen und einen Jungen. Neben ihren zwei eigenen Kindern hat sie sich mit ihrem Mann ein Adoptivkind aus Haiti zugelegt. Mit im Auto sitzen also Kim, Paula und der Nachzügler Moritz.

Als ich mich von unterwegs nicht gemeldet hatte, war sie unruhig geworden und mir die vermutete Strecke entgegengefahren. Aber was sollte sie machen? Woher sollte sie wissen, wo ich mich herumtreibe und auf welcher Straße ich nach *Kirchheim* unterwegs bin?

Und jetzt, wo wir uns sehen, macht sie mir Vorwürfe wegen meines jämmerlichen Anblicks: „Wie siehst du aus, Klaus? Was hast du gemacht?"

Doch die Freude überwiegt.

Wir drücken uns unbändig, trotz meiner schmutzigen Klamotten, wobei die Kinder uns misstrauisch beäugen. Was will der Drecksack von unserer Mutter? Das oder ähnliches werden sie denken. Oder ist es eher so, dass sie mich hochinteressant finden? Danach geleitet mich meine Ex-Kollegin mit dem Auto zu ihrem Haus.

O ha, das Fachwerkhaus hat Klasse. Mit enormer Eigenleistung haben meine Gastgeber das alte Gemäuer in einen Diamanten der bäuerlichen Baukunst verwandelt. Auch der Innenausbau und die Einrichtung verraten viel Geschmack. Man merkt, dass sich die Familie in ihren vier Wänden sauwohl fühlt. Vor allem ist das Gebäude riesig und hat die ausreichende Zahl an Zimmern für zwei Erwachsene und die drei Kinder.

Nach der Besichtigung wird mir sofort klar: Hier geht es zu wie in der Sendung *„hart aber fair"* oder im *„Europaparlament."*

Die Familie schnattert überdreht durcheinander. Ich lebe nicht hinter dem Mond, aber einen ähnlichen Geräuschpegel in einem Wohnhaus habe ich noch nie erlebt. Wie in einem Taubenschlag flattern die Kids mal rein und mal raus. Trotz allem gewinne ich das Gefühl: Bei meinen Gastgebern bin ich in guten Händen.

Sie bitten mich, die verdreckten Klamotten auszuziehen und ich liefere sie ihr für die Waschmaschine. Hinterher wird der Kram durch den Trockner gejagt.

Toll, wie sie mich umsorgen, denn saubere T-Shirts sind rar geworden. Seit *Berlin* war ich sechs volle Tage auf den Radwegen zuhause.

Derweil spritzt der Hausherr mit Moritz mein Fahrrad sauber. Es ist eine Mordsbelustigung für den Nachzügler. Danach kümmert er sich um den Dreck auf dem Gepäck und so sieht der Kram bald wieder wie frisch erworben aus.

Ich dagegen habe deren Aktivitäten dazu benutzt, mich im Badezimmers unter die Dusche zu begeben, alsbald fühle ich mich wieder frisch. Und auch an die Abendmedikamente habe ich gedacht.

Danach nehme ich meine Erzähllust in die Hand, denn der gesellige Abend ist angerichtet. Den Plausch verbringen wir draußen vor dem Haus, denn die Hauswand strahlt ausreichende Wärme aus. Der Regen hat sich nach Norden verzogen.

Reichlich ausgehungert esse ich die deftige und vor Kraft strotzende Gulaschsuppe. Die Art der Zubereitung auf russisch ist mir neu.

Mhmm, saulecker, die Suppe werde ich weiterempfehlen, denke ich. Ich bin dermaßen unverschämt, dass ich zwei Teller von dem Eintopf esse, was von meiner Kollegin mit Genugtuung registriert wird.

Der Hausherr ist weniger verfressen. Er hat inzwischen sein Laptop aufgebaut und ich reiche ihm einen der USB-Stick's mit dem Film der Firmenabschiedsfeier.

Während der Vorführung kratzt sich die Ex-Kollegin am Kopf, dann jault sie auf: „Oh, guckt mal, wie der B aussieht. Der Mann war ein fürchterliches Ekelpaket. Den hatte ich regelrecht gefressen."

„Und der O", witzelt sie weiter. „Der hat sich überhaupt nicht verändert."

„Aber schaut mal, der P."

Sie knufft mich, dann klopft sie sich auf die Schenkel.

„O je, hat der gewaltig zugelegt."

Dann wird sie nachdenklich: „Was hat der P für einen Bauch? Und die gute Lilli. Das war eine Nette. Na ja, euch beide konnte ja nichts trennen. Wie lange habt ihr zusammengearbeitet?"

Fragen über Fragen, bis ihr Wissensdurst gestillt ist und ich von meiner Tour berichten kann, dabei lauschen die Kinder andächtig meiner Erzählkunst. Sie hängen voll innerer Anspannung an meinen Lippen und stoßen sich befürwortend an.

Danach erzählt meine Ex-Kollegin einige Storys von den Kids. Wie sie ihr Adoptivmädchen Kim aus Haiti bekommen haben, und das sich ihr Nachzügler Moritz unproblematisch ins Familiengefüge integrieren ließ. Und auch die freche Paula kommt nicht zu kurz.

Über ihren neuen Job kalauert die Ex-Kollegin weniger euphorisch. „Stell dir vor, ich wurde von der Bundesbahn für eins ihrer Planungsbüros eingestellt. Es ist kein Traumjob, dafür eine halbe Stelle, also gut für die Kids."

Diese sind müde geworden. Sie verabschieden sich von mir mit einem Küsschen auf die Wange.

Als sie der Hausherr ins Bett bringt, äußere ich mich über den Nachwuchs meiner Ex-Kollegin: „Du hast sehr nette Kinder. Vor allem sind es keine Schreihälse."

Ich bin voll des Lobes über ihre Rangen, obwohl ich sie etwas zu ungezügelt und lebhaft finde.

Woraufhin mir meine Gastgeberin erklärt: „Die können auch anders."

Sie bewegt die Handflächen abwägend hin und her und verzieht ihre Mundpartie.

„Durch deine Anwesenheit sind sie in Habachtstellung. Morgen früh erlebst du die Rasselbande, wie sie wirklich ist."

Ihr Mann hatte sich beim Vergangenheitsaustausch im Hintergrund gehalten. Aber nun, da die Kinder im Bett sind, entwickelt auch er rege Mitteilsamkeit. Er erzählt von der Arbeit an dem alten Gemäuer. Welche Tücken durch das altersschwache Fachwerk überwunden werden mussten und allerhand mehr, dabei bin ich ein interessierter Zuhörer.

Doch irgendwann verabschiedete er sich, da er ganz früh rausmüsse. Er wünscht mir alles Gute für meine Tour und verschwindet.

Und nun, wie in *Aachener* Zeiten mit meiner Ex-Kollegin allein, befrage ich sie nach dem Zustand ihrer Ehe: „Sag mal. Dein Mann wirkt dir gegenüber sehr reserviert. Ist alles in Ordnung bei euch?"

„Das täuscht", beruhigt sie mich. „Er kann seine Gefühle vor Außenstehenden nicht so zeigen. Und du bist ihm fremd. Sind wir allein, dann sieht das ungezwungener aus."

Ich bin beruhigt. Sie hat meine Bedenken verscheucht und mir den Wind aus den Segeln genommen. Alsdann quatschen wir lange über die gemeinsamen Jahre, aber irgendwann fordert der verrückte Tag seinen Tribut. Und obwohl es spät ist, wurstele ich das Handy heraus und wähle die Nummer meiner Partnerin.

Die freut sich wegen meiner verkürzten Abwesenheit durch die Bahnfahrt. „Du kannst erstaunlich vernünftig sein", hebt sie mich enthusiastisch aufs Schild. „Aber warum begibst ausgerechnet du dich auf diese Mammuttour? Rekorde aufstellen ist ja schön und gut, nur musst du nicht der Verrückte sein."

„Ach, Schatz. Versteh mich doch bitte. Solange meine Herzkranzgefäße nicht meutern, bleibe ich am Ball", erläutere ich meine Standhaftigkeit. „Vier Tage früher komme ich ja heim."

Mich aus dem Gespräch mit meiner Liebsten gelöst, bespreche ich mit meiner Gastgeberin die Details des nächsten Morgens.

Heraus kommt: Sie weckt mich rechtzeitig, dann frühstücken wir gemütlich, und anschließend fährt sie mich mit dem Wagen und dem Rad auf dem Fahrradständer zum Bahnhof. Spätestens neun Uhr fährt der Zug ab. Unterwegs bringt sie die Kids zum Kindergarten, beziehungsweise zur Schule. Und haben wir uns dann am Bahnhof verabschiedet, dann saust sie los zu ihrem Arbeitsplatz.

Das Programm ist stimmig. Ich verstaue die gewaschenen und durch den Trockner gejagten Klamotten in die Packtaschen. Danach ziehe ich mich in ein für mich freigemachtes Kinderzimmer zur Nachtruhe zurück. Meine Gastgeberin wird die Abfahrt schon richten.

17

Für die Bahnheimreise habe ich meine verwaschene Jeans und die wildledernen Adidas Turnschuhe angezogen. Über den Oberkörper trage ich das T-Shirt mit dem La Gomera Aufdruck und darüber meine Kapuzenjacke. In der Kluft bin ich perfekt auf die warme Luft in den Zugwaggons aufgestellt.

Als wir am Frühstückstisch sitzen, da wird es turbulent. Meine Ex-Kollegin hat nicht zu viel versprochen. Die Kinder brennen ein Feuerwerk der guten Laune ab. Fast hätte ich die Tabletteneinnahme vergessen. Wie bekommt meine Gastgeberin die Dynamik ihrer Kinder auf die Reihe?

Ich habe selbst zwei dieser Racker, und auch die waren keine Kinder von Traurigkeit, aber sie waren besonnener. So ungestüm und dermaßen aus dem Häuschen waren sie selten.

Nun gut, vielleicht verdränge ich manche Phase der ungehemmten Ausgelassenheit?

Rechtzeitig bin ich wohlgesättigt und aufbruchbereit, doch von da an überschlagen sich die Ereignisse, denn ich gerate in Zeitnot. Die Uhr tickte unaufhaltsam gegen mich. Langsam sehe ich meine Felle wegschwimmen. Ich habe mein Gepäck runtergetragen und es einladebereit ans Auto gestellt. Es ist acht Uhr und wir sitzen noch nicht im Auto.

Zu meinem Erstaunen hatte der Gastgeber mein Rad bereits auf dem Fahrradständer befestigt.

Dann ist es zwanzig nach acht, da erst kommt das Signal zum Aufbruch.

„Wir haben noch massenhaft Zeit", beteuert meine Ex-Kollegin, was ich nicht glaube. Unterwegs hält sie auch noch an einem Aussichtspunkt mit Blick über *Erfurt*, doch der Ausblick ist für mich kein Genuss, da ich verständlicherweise hibbelig bin.

Kurz vor neun liefert sie die Kinder ab und ich werde immer fickriger.

„Nun fahr", herrsche ich meine Kollegin an. „Mach hin, überhole."

Aber Frauke bleibt ungerührt. Sie ist die Ruhe in Person und stoppt das Auto tatsächlich fünf nach neun auf dem Bahnhofsvorplatz. Neben ihr sitzt ein klagendes Nervenbündel.

Ich springe aus dem Auto und hebe das Rad aus der Verankerung. Und es in Windeseile bepackt, drücke ich meine Gastgeberin zum Abschied ausgiebig. Dann renne ich, das Fahrrad neben mir herschiebend, zum Eingangsportal. Und von dort erreiche ich über eine Rolltreppe den Bahnsteig.

„Uff, das war knapp", schnaufe ich durch.

Als ich das Fahrrad im leeren Fahrradabteil befestigt habe und auf einen Sitzplatz plumpse, bin ich erleichtert. Zwei Minuten später hätte der Zug ohne mich das Weite gesucht.

Nervenstränge wie meiner Kollegin wären wünschenswert, denke ich. Sie hat sicher die vielzitierten Drahtseile.

Es war wunderbar bei meiner Ex-Kollegin. Ich habe einen vergnüglichen Abend mit Frauke, ihrem Mann und den Kindern verbracht. Das war ein Muss.

Mit dem nötigen Druck habe ich ihr eingetrichtert, dass sie ihren Gegenbesuch in *Aachen* abzuleisten hat. Den hat sie mir fest zugesichert. Meine Partnerin kennt sie nur von Bildern und meine Kinder waren sechs und acht Jahre alt, als sich die Kollegin nach *Thüringen* verdrückt hatte.

Die Weiterentwicklung meiner Kinder hat ihre Neugierde geweckt, welches ausreichende Gründe für ihren Besuch wären. Und wie selbstverständlich würde er ihr ein Wiedersehen mit der ehrwürdigen Kaiserstadt bieten.

„Tschüs, Kollegin", murmele ich in den nicht vorhandenen Bart. „Ich halte dich über alle Entwicklungen auf dem Laufenden."

*

Von *Erfurt* fährt der Regionalzug nach *Bebra*. Dort habe ich den ICE über *Frankfurt* nach *Mainz* zu nehmen, und dann nach *Köln* umzusteigen. Schlussendlich erreiche ich *Aachen* mit einem weiteren Regionalzug. Diese Abläufe habe ich verinnerlicht. Läuft alles normal, dann trudele ich sechzehn Uhr dreißig am Bahnsteig *Aachen Rote Erde* ein. Das ist der voraussichtliche Plan.

Anfangs läuft es nach Plan. Und angenehm ist, dass ich allein im Fahrradabteil sitze, was sich später ändert.

Ein altes Ehepaar steigt mit seinen Rädern, aber ohne Gepäcktaschen in *Gotha* zu. Es sind in sich gekehrte Zeitgenossen, daher keine annehmbaren Gesprächspartner für mich.

Doch das macht nichts, denn ich genieße die Monotonie durch das rollen der Räder auf den Schienen und widme mich dem Lesen. Zum Einkauf einer druckfrischen Zeitung hatte mir die Zeit gefehlt, so ergreife ich die Chance, mich abermals in den Roman der Elke Heidenreich zu vertiefen. Der schlummert seit Tagen in einer der Packtaschen.

Der Zug fährt in den Bahnhof *Bebra* ein. Das erste Zwischenziel ist erreicht, und was ich nicht für möglich gehalten hatte, das tritt ein. Beim Umsteigen in den Schnellzug zum *Mainzer* Hauptbahnhof, muss ich mich in ein total überfülltes Radabteil hineinquetschen.

Um Himmels Willen, und das an einem popeligen Donnerstag. Aber das Gedränge ist die erste Nagelprobe für entsetzlichere Ereignisse.

Eine gute Stunde rattert der Zug nach *Mainz* dahin. Es ist ekelhaft heiß im Fahrradabteil. Wegen der Enge schmore ich auch ohne Jacke im eigenen Saft, und mich bedrückt das eingequetscht zwischen den Fahrrädern auf einem Klappsitz sitzen.

Da.

Es zischt.

Ein stählernes Quietschen. Der Zug stoppt Knall auf Fall. Was ist denn jetzt los, denke ich. Wo sind wir und warum hat der Zug angehalten?

Wir befinden uns einige Kilometer hinter *Gelnhausen*, demnach kurz vor *Offenbach*, aber weit und breit sehe ich keinen als Haltepunkt ersichtlichen Bahnsteig. Wir stehen mitten in der Pampa.

Erst einmal passiert gar nichts. Alle Reisenden schauen sich entgeistert an. Doch dann rüttelt uns die ernüchternde und gleichzeitig alarmierende Durchsage auf: „*Wir bitten um Geduld. Ein Regionalzug ist auf dem*

*Gleis steckengeblieben. Das Reparaturfahrzeug ist un-
terwegs.* "

O je, das kann dauern, denke ich, und das in einem
stinkenden Zugabteil. Ich zähle zwölf Fahrräder, natürlich mit Gepäck, dazu zwei kleine Kinderräder. Wo in
Teufels Namen sind die gewesen?

Die Geduldsprobe hat es in sich, es ist zum Mäuse
melken. Ich bin mächtig angesäuert. Wie komme ich
jetzt nach *Mainz,* wenn sich die Bundesbahn eine Aus-
zeit nimmt? Wer gibt mir einen Garantieschein, dass ich
den Anschlusszug nach *Köln* erreiche? Der geht mir
durch die Lappen, wenn sich nicht bald ein Wunder er-
eignet.

Es rührt sich nichts im Durchsagebereich. Kein Mikro-
phonrauschen, keine Musik in der Warteschleife. Ich
vermute, die Lautsprecheranlage ist kaputt, oder der
Bahn ist der Stop peinlich. Vielleicht ist es die Ruhe
vor dem Sturm?

Und das kann man laut sagen, denn eine Durchsage ist
erschütternd: *„Der Schaden am liegengebliebenen Zug
kann nicht behoben werden. Wir kehren daher nach
Fulda zurück."*

Nein, zum Teufel. Das ist der Supergau. Wieder zurück, anstatt zackig vorwärts zu kommen. Weshalb das?
Es muss doch eine bessere Lösung geben?

Und die folgende Durchsage stiftet Verwirrung.

*„In Fulda können sie auf die S-Bahn nach Frankfurt
ausweichen. Die S-Bahn fährt um 12 Uhr 16 auf dem
Bahnsteig 2 ein."*

Tja, und nun? Was soll mir das sagen? Immerhin bewegt sich unser Zug wieder, wenn auch in die falsche
Richtung.

Und wieder auf dem Weg nach *Fulda* zurück, heißt es
höllisch aufzupassen. Es gilt wachsam wie ein Schieß-

hund zu sein. Da ich den Bahnhof nur von der Durchfahrt her kenne, wird das Umsteigen vollste Konzentration erfordern.

Ich entscheide mich für die S-Bahn. Deren Abfahrtstermin passt in meine Planung. Mal sehen, wohin es die Meute aus dem Fahrradabteil treibt? Die werden das gleiche Ziel haben. An deren Verhalten werde ich mich orientieren.

Also hocke ich gereizt in einem Fahrradabteil, in dem so was wie Untergangsstimmung herrscht. Vor allem einige Mannsbilder regen sich übertrieben auf. Deren Schimpfkanonaden gegen die Bahn erinnern an Morddrohungen. Mir tut die Familie mit den Kindern leid, denn manche Scheußlichkeit, die sich deren Kids anhören müssen, ist katastrophal.

Doch mein Mitleid ist unbegründet. Die Kinder ertragen das Debakel mit erstaunlicher Gelassenheit. Sie kuscheln sich mucksmäuschenstill und schmusig an ihre Eltern. Ihre aufgeweckten Augen verraten nicht die geringste Angst oder gar Panik. Meine Kids waren ähnlich gestrickt, denke ich, zumindest aus der Wahrnehmung des Vaters betrachtet.

Der Zug im Rückwärtsgang fährt in *Fulda* ein. Und wieder quietschen die Räder, als er anhält.

Dann geschieht das Vorhergesehene. Die Schlacht für Mensch und Material setzt ein. War es bisher einigermaßen friedlich geblieben, so beginnt nun ein Hauen und Stechen um das schnellste Herauskommen aus dem Abteil.

„So lassen Sie mich doch durch", schnauzt ein Griesgrämiger. Ein anderer mault: „Machen sie doch Platz." Und ein weiterer murrt: „Ja, geht's denn noch langsamer?"

Solidarität unter Fahrradfreunden sieht anders aus.

Später hechele ich mit hochgehobenem Rad über die Brücke hinüber zur wartenden S-Bahn auf Gleis 2, dabei staune ich über meine Kraft. Die ist eines Freistielringers würdig. Was man alles schafft, wenn man dazu gezwungen ist, das ist sensationell.

Die geschickte Handhabung beim Tragen beruht auf Erfahrungen der Brückenüberquerung vor *Parchim*. Meine damals festgestellten Qualitäten zahlen sich beim Wettrennen um die Plätze nun aus. Nur zwei deutlich Jüngere vor mir sind schneller. Damit weisen sie mir den Weg zum Fahrradabteil der S-Bahn.

An der S-Bahn angekommen, halte ich abrupt inne, denn unerklärlichen Gründen hat sich mein Fahrradhelm verselbstständigt. Den hatte ich auf dem Gepäck befestigt. Ähnlich dem Fehlwurf mit einer Bowlingkugel, purzelt das Ding über den Bahnsteig.

Als ich den Helm mühevoll vor dem Runterpurzeln ins Gleisbett eingefangen habe, befestige ich ihn abermals am Gepäckständer, schon ereilt mich das nächste Dilemma.

Die Rennerei hatte sich nicht gelohnt, denn die S-Bahn ist proppevoll. Ein Hineinkommen erscheint eine Unmöglichkeit zu sein, so überfüllt ist das Fahrradabteil. Es gibt keinen freien Platz. Das Abteil ist am Limit.

„Verdammte Kacke, das hat mir gerade noch gefehlt", schimpfe ich unflätig.

Doch auch ich kann rücksichtslos werden, wenn Not am Mann ist. „Ich muss in das Abteil, koste es was es wolle", sprudelt es aus mir heraus.

Um das zu verwirklichen, wende ich rohe Gewalt an. Es darf sonst was passieren, nur nicht, dass ich in *Fulda* zurückbleibe.

Von da an entwickeln sich tumultartige Zehnarien um die Plätze an der Sonne. Es ist ein Drücken, Drängeln und Schieben. Dennoch finde ich die Zeit, der Familie mit den Kindern zu helfen.

Als sich die Waggontür endlich schließt, sind bis auf die, die resigniert hatten, alle Fahrradfreaks an Bord. Die Aktion grenzte an Zauberei.

Es ruckt kurz, dann setzt die S-Bahn ihre Fahrt in die Metropole *Frankfurt* fort. Erleichtert klopfen sich die Erfolgreichen gegenseitig auf die Schultern. Wie heißt der Text eines saublöden Schlagers?

„Eine Bahnfahrt, die ist lustig, eine Bahnfahrt, die ist schön? Holdrihi, holdriha, holdriho.

Es ist kaum Ruhe im Abteil eingekehrt und wir rattern geräuscharm dahin, da entdecke ich einen aberwitzigen Bahnschwachpunkt, denn der Weg zum Entleerungsdomizil ist zugestellt, dennoch zwängt sich eine hübsche Frau mit Kind durch die kreuz und quer herumstehen Fahrräder. Ihr Ziel ist das Klo mit automatisierter Verriegelung.

Als sie zur Toilette durchgedrungen ist und sich in der befindet, verkennt sie die Vertracktheit der Türschließautomatik, und prompt wird's peinlich, denn der Frau unterläuft ein Missgeschick.

Sie hat gerade die Hose runtergelassen, da springt die Tür auf.

„Huch", schreit die Frau auf und klammert sich an ihr Kind.

Sie befindet sich im Schockzustand, denn sie steht untenherum pudelnackt und mit hochrotem Kopf vor der Menge an Gaffenden.

Ich gestehe, dass ich amüsiert bin, aber die Frau muckt nur kurz auf, dann zieht sie seelenruhig ihre Unterhose hoch und schließt die Tür. Jetzt hat sie die Vorrichtung durchschaut.

Nach ihrer Notdurft schält sie sich samt Kind von der Toilette durch die Schaulustigen, und bei denen ist Heiterkeit Trumpf.

„Ihr Gesäß strahlt wie das Gesicht einer Göttin", bewundert sie ein Lustmolch. „Ein Sonnenuntergang kann nicht schöner sein."

„Mein Gott, was bist du einfallsreich, du Blödmann", schimpfe ich, sodass es der Angesprochene hört..

Der Mann glotzt verstört, und die Frau macht gute Miene zum bösen Spiel, indem sie so tut, als sei nichts vorgefallen.

Sie macht das Richtige, obwohl der Vorfall an ihr nagt, denn sie hat die Gelassenheit, die mir oft abgeht.

*

Es ist nicht nur heiß, sondern auch stickig im Abteil, daher fühle ich mich unwohl im Atmungsbereich. Um meine Stimmung positiv zu beeinflussen, denke ich an meine Partnerin, schon überzieht ein vielsagendes Grinsen meine Mundpartie. Aber prompt verfinstert sich meine Laune, denke ich an das Ende der Tour.

Alles hat ein Ende, nur die Wurst hat zwei.

Den blöden Text könnte ich trällern, doch nach Karnevalsromantik mit Humbatäterä ist mir wahrlich nicht zumute. Ich bin kein Freund von künstlich erzeugten Aufheiterungen.

Doch der Karnevalsquatsch ist nicht mein Thema, mich beschäftigt viel mehr, dass ich in *Frankfurt* die S-Bahn nach Mainz unverzüglich bekommen muss, um nicht in Zeitnot zu geraten.

Dass das so ist, daran habe ich zu knabbern. Und das um so mehr, da in *Frankfurt* eine erneute Schleppmaßnahme ansteht. Der Kladderadatsch mit dem erst hinunter in den Verbindungsgang, und dann wieder hinauf auf den Bahnsteig, wird sicherlich nicht zu einem Spaßprogramm ausarten.

Aber in dem Punkt kann ich Sie beruhigen, denn auch meine vorerst letzte S-Bahn Fahrt habe ich mit leichten Einbußen an Nervenkraft überlebt.

Als ich in *Mainz* angekommen bin und mich aus dem Waggon gepellt habe, wühle ich mich durch ein unüberschaubares Menschengewimmel. Meine nervösen Augen suchen nach dem Abfahrtsgleis, auf dem der Anschlusszug nach *Köln* einfahren müsste. Um das zu finden, spreche ich einen Bahnbeamten an, der mich erfolgreich instruiert.

Das ist ihm hervorragend gelungen, denn blitzschnell habe ich den richtigen Bahnsteig gefunden. Aber von wegen, es verkehren nur moderne Regionalzüge. Das Informationsgelaber des *Erfurter* Schalterbeamten war Humbug. Wo lebt der Mann? Hinter dem Mond?

Der an sich auskunftsfreudige Ticketverkäufer hatte weder den beruflich erforderlichen Durchblick, noch die notwendigen Informationen, denn wie so oft hat der wartende Zug ein hochliegendes Fahrradabteil.

Doch glücklicherweise ist diesmal alles anders, denn ich habe ich Zeit in Hülle und Fülle. Bis zur Abfahrt verbleibt eine halbe Stunde.

Das ist erfreulich, daher nehme ich einen Imbiss zu mir, bevor ich in den Zug einsteigen werde. Ich esse ein aufgewärmtes Pizzastück, das leider nicht satt macht, dabei beschäftigen mich die anstehenden Weiterfahrmöglichkeiten.

Als ich den Fahrplan studiere, verwirrt mich die Zugansetzung. Es stehen zwei Verbindungen nach *Köln* auf der Liste. Beide sollen über *Koblenz* fahren und unterscheiden sich nur in der Abfahrtszeit voneinander. Hat das seine Richtigkeit?

Ich denke über die Vor- und Nachteile der zu unterschiedlichen Zeiten abfahrenden Züge nach. Mit welchem Zug bin ich schneller in *Köln*? Der zehn Minuten früher abfahrende Zug hält nur in *Koblenz*, der andere in jedem kleinen Kaff.

Okay. Eine Entscheidung zu fällen, ist nicht schwer. Meine Wahl fällt auf den fast durchfahrenden Zug. Mit dem treffe ich früher in Köln ein.

Mit Seelenruhe befreie ich das Rad, zuerst vom Zelt und dem Schlafsack, danach von den Packtaschen mit der Gummibandverbindung. Anschließend hieve ich das Rad ins Zuginnere, um es dort mit einem Gurt an der Waggonwand zu befestigen. Jetzt steht das Rad fest verankert und kippt nicht um.

Und über das Ergebnis glücklich, klettere ich wieder auf den Bahnsteig hinunter und schnappe mir den anderen Kram. Und auch das andere Zeug fuhrwerke ich hinauf ins Abteil.

Das hat wunderbar geklappt. So wünscht man sich als Bahnkunde den Einstiegsablauf. Vermeidet man das Abhetzen, dann ist das Umsteigen ein Kinderspiel und gelingt wie im Schlaf.

Vorerst bin ich mutterseelenallein im Fahrradabteil, was allerdings nicht lange so bleibt.

Ein Alleinfahrer, wie ich, gesellt sich zu mir. Und wie selbstverständlich kommen wir ins Gespräch. Er ist auf dem Nachhauseweg und hat den *Donauradweg* sechs lange Tage beackert.

„Vergiss die Donau", erklärt er mir frustriert, danach ergänzt er: „Es gab Tage, da habe ich den Fluss höchstens dreimal beschnuppern können."

Er holt er tief Luft, dann ergänzt er seinen Vortag mit einer weiteren Kritik: „Mit schönen Prospekten werden die Radfahrer verscheißert, denn mit Speck fängt man Mäuse. Die traurige Wahrheit wird unterschlagen."

Er ist aus *Mönchengladbach* und wir haben mit *Köln* das gleiche Ziel. Während der Fahrzeit fachsimpeln wir über andere Radfernwege, dabei legt er mir eine Radtour von Daun in der Eifel, bis hinunter an die Mosel wärmstens ans Herz.

„Radele die leichte Tour zusammen mit deiner Partnerin", rät er mir, denn inzwischen sind wir beim du. Danach erläutert er mir den Grund: „Auf der ehemaligen Bahntrasse geht's konsequent bergab."

Während des Gesprächs verrinnt die Zeit. Als ich das Handy zücke und meine Lebensgefährtin informiere, da sind wir kurz vor *Köln*.

„Hallo, mein Schatz", frohlocke ich. „Gleich bin ich in *Köln*. Sollte der Zug nach *Aachen* pünktlich abfahren, dann beglücke ich dich gegen neunzehn Uhr fünfundvierzig. Mach dich schön für mich. Ich freue mich riesig."

Und die Domstadt *Köln* erreicht, steigen der Donauradler und ich aus. Wir verabschieden uns wie zwei alte Hasen, denen es gelungen ist, die Welt mit dem Rad zu umrunden, denn er hatte mich, ohne eine Pause einzulegen, mit dem kompletten Radwanderroutennetz Deutschlands vertraut gemacht, wofür ich ihm mit einem kräftigen Schulterklopfen danke.

Ich aber will nur noch eins, und das ist mein Heimkommen zu meiner Liebsten. Also begebe ich mich mit Herzklopfen auf meine allerletzte Hatz, denn mir bleiben knappe zehn Minuten für das Umsteigen in den Regionalzug nach *Aachen*.

Mein schweres Monstrum ein letztes Mal die Treppenstufen hinuntergewuchtet, und neun Gleise weiter wieder auf den Abfahrtsbahnsteig hinauf, ähnlich einer früheren Prozedur, bin ich nicht allein. Der Bahnsteig ist rappelvoll mit Wartenden.

Verflucht, wo ist der Zug?

Ich schaue zur Anzeigetafel. Auf der läuft ein Band mit der schriftlichen Durchsage: *Wir bitten um etwas Ge-duld. Die Regionalbahn aus Dortmund hat fünfzehn Minuten Verspätung.*

Verdammter Misst!

Tja, das passt zur Bahn. Das Wort Pünktlichkeit ist ein Fremdwort.

Aber was tun? Rufe ich meine Partnerin an?

Noch nicht, denke ich. Bloß keine Pferde scheu machen. Ich rufe sie erst an, wenn ich Klarheit über die Ankunftszeit habe.

Um mich vom Ärger abzulenken, lockere ich meine Beinmuskulatur, dann stelle ich mein Rad einstiegsbereit auf Höhe des vermuteten Fahrradabteils auf. Leider ereignet sich nichts. Ich starre wie gebannt auf die Anzeigetafel. Auf der läuft der Text mit den fünfzehn Minuten unverändert vom Band.

„Verflixt und zugenäht, ich will nachhause", schnaube ich mit aufgeplusterten Lippen.

Da, eine Durchsage.

Ich halte eine Hand hinter das Ohr und lausche angespannt.

„Am Gleis nach Aachen bitten wir um Geduld. Eine Horde Jugendlicher ist in den Tunnel vor Aachen geflüchtet. Die Polizei löst das Problem."

Was ist passiert?

Eine Horde Jugendlicher hält sich in einem Tunnel versteckt?

Wo bin ich hier? Im Wilden Westen? Eine verrücktere Story hat die Bahn noch nie vom Stapel gelassen.

Ich gehöre zu den unvoreingenommenen Bahnkunden und benutze die Zugverbindungen selten, schließe ich die *„Bahnvergnügungsfahrten"* während meiner Radtour aus, doch die Tunnelstory setzt dem Fass die Krone auf. Bezahlt man die Angestellten der Bahn für ihr närrisches Verhalten?

Als Entschuldigung für die Verzögerung im Bahnbetrieb fällt mir ein, das die Verantwortlichen für die ausgeflippten Jugendlichen nichts können. Deren Verrücktheiten sind höhere Gewalt, entspricht der Sachverhalt mit dem Tunnelspektakel der Wahrheit. Das wäre eine Ausnahmesituation. Sich darüber aufzuregen, das nützt da gar nichts.

Doch das sagt sich leicht, fühlt man sich nicht betroffen. Ich aber bin auf Hundertachtzig und werde ungeduldig. Daher fuhrwerke mein Handy aus dem Rucksack, dann wähle ich die Nummer meiner wartenden Lebensgefährtin.

„Du", melde ich mich. „Ich stecke in *Köln* fest. Irgendeine Dummheit hat ein paar Jugendliche in einen Tunnel getrieben und das kann dauern."

„Wer hat sich in einem Tunnel versteckt?", fragt meine ungläubige Partnerin. „Ein paar Jugendliche?"

„Aber ja."

Meine Liebste stöhnt: „Ach Gott, was für eine verrückte Story. Aber das kennt man ja. Immer Ärger mit der Bahn."

„Das kannst du laut sagen", stöhne auch ich, wonach ich ergänze: „Ich rufe dich an, sobald ich im Zug nach *Aachen* sitze. Okay?"

„Okay, so machst du's", atmet meine Partnerin aus. Sie ist gespickt mit Hoffnung. „Hoffentlich meldest du dich bald, damit ich mit dem Kochen der gefüllten Paprikaschoten anfangen kann."

O je, die Paprikaschoten hätte sie besser nicht erwähnt, denn jetzt dreht sich mir vor Hunger der Magen um. Er knurrt und rumort. Wie verhindere ich, an die Leckerei zu denken?

„Verflixt noch mal. Es ist zum aus der Haut fahren", grummele ich leise. „Nur wegen der Bande Jugendlicher schiebe ich Kohldampf. Hoffentlich schreiten die Bullen erfolgreich ein."

Eine endlose halbe Stunde stehe ich verzweifelnd auf dem Bahnsteig. Alle anderen Mitwartenden geht es ähnlich. Vor Hunger knabbere ich nervös an meinen Fingernägeln.

Dann die erlösende Durchsage: *„Das Problem ist beseitigt. Der Regionalzug aus Dortmund fährt in wenigen Minuten ein."*

„Holla", freue ich mich. „Eine Übernachtung in Köln bleibt mir erspart."

Das mit den Jugendlichen war ein Fauxpas, der viel Akzeptanz erfordert. Aber ich komme heute noch nachhause, das allein zählt, alles andere wäre lachhaft gewesen.

„Bitte Vorsicht am Gleis zwölf. Der Zug aus Dortmund fährt ein."

Und siehe da, das Fahrradabteil des Zuges ist bahnsteiggerecht. Es geht doch. Man darf die Hoffnung nie aufgeben. Auch die Eisenbahner kochen mit Wasser und sind Menschen aus Fleisch und Blut, denke ich mir den Ärger von der Seele, aber leider haben sie auch Fehler und Schwächen.

Trotz allem werde ich mich der Bahn nicht ehrfürchtig vor die Füße werfen. Ich kann ihr bei den selbstverschuldeten Problemen nicht helfen. Ich ganz bestimmt nicht. Auf mich wird sie größtenteils verzichten müssen, denn ich bleibe ein begeisterter Radfahrer, darin bin ich mir sicher.

Nehme ich das Rad, dann weiß ich wenigstens, wann ich ankomme. Darauf kann ich mich dann verlassen. Und durch meine phantastische Tour habe ich mich zu einem Serientäter entwickelt.

Ich beende mein gedankliches Zwischenspiel, denn der Zug fährt an, aber mittlerweile bin ich nicht mehr der einzige Fahrradfahrer.

So geschieht folgendes: Ein mit seinem Fahrrad ins Fahrradabteil Eingestiegener drischt mir eine sperrige Stange an die Birne. Er hatte mich beim Abladen des langen Stabes vom Gepäckständer nicht beachtet.

„He, pass doch auf", schimpfe ich mit schmerzverzerrtem Gesicht und reibe mir die betroffene Stelle am Kopf.

„Tut mir leid", entschuldigt sich der Jungdynamiker. „Das war ein Versehen."

Dann schiebt er seine Glasfieberstäbe auf eine Ablage im Abteil. Ich vermutete, er ist ein Drachensegler, oder wie man die nennt.

Mir vehement den Brummschädel reibend, fingere ich das Handy erneut aus dem Rucksack und wähle meine Partnerin an.

„Jetzt bin ich sicher", melde ich mich bei ihr. „Eben bin ich in *Köln* abgefahren, demnach bin ich acht Uhr zwanzig bei dir. Höchstens, der Tunnel bricht vorher zusammen."

„Spotte nicht", freut sich mein Spatz. „Das bringt Unglück. Ich fange mit dem Kochen an."

„Ich rieche es förmlich. O Mann, ich kann das Festmahl kaum erwarten. Bis gleich, meine Süße. Ich habe dich gern."

„Ich dich auch."

Mit diesen märchenhaften Worten beende ich die wochenlange Reportage über meine Radtour. Und die hat sich gelohnt, denn sie hat mir die gewünschte Gewissheit über die Fluchtgründe meiner Eltern gebracht. Trotz einiger Vorbehalte waren sie alles andere als Schmarotzer oder Wirtschaftsflüchtlinge, egal wie man sie nennt. Die Befürchtung war unbegründet. Ich bin stolz auf die Geschichte der Eltern und habe meinen Frieden mit der von Entsagungen überlagerten Kindheit gemacht

Sorgen mache ich mir allerdings um meine Liebste. Was ist mit ihrer Stimme? Die klingt rau, heiser und kratzig, richtig angegriffen und dumpf. Sie wird doch nicht erkrankt sein?

Gleich werde ich ihre Stimmbandqualität im Originalton erleben, denke ich. Dann vergewissere ich mich darüber, ob ihr angeschlagener Gesundheitszustand einen Grund zur Besorgnis darstellt.

Meine Gedanken gefallen mir nicht und ich schüttele gedanklich den Kopf. Aber Hallo, was für ein Quatsch. So schlimm wird's nicht sein. Ihr oft auftretendes Nebenhöhlendesaster, das hätte sie mir im letzten Gespräch nicht verheimlicht. Ich bin noch nicht daheim, schon mache ich mir Sorgen.

Um mich abzulenken, nehme ich mein Taschenbuch aus dem Rucksack und fange an zu lesen, aber ich finde nicht die innere Ruhe. Es fällt mir zu schwer, mich auf das Geschriebene zu konzentrieren. Zu sehr beschäftigen mich eventuelle Umstände, die mich bei meiner Partnerin erwarten. Jetzt sind es knappe fünfundvierzig Minuten, dann ist mein Glück perfekt und mein von Erfolg gekröntes Abenteuer der Fluchtrückbesinnung ist Vergangenheit.

Ich hatte große Entbehrungen auf mich genommen, doch bald bin ich wieder da, wo ich meine ungewöhnliche Radtour begonnen hatte und wo ich hingehöre. Nach dem langen Entsagen werde ich wieder *Aachener* Luft schnuppern.

Als ich am Haltepunkt *Aachen Rote Erde* mit dem Rad an der Hand den Bahnsteig betrete, bin ich aufgeregt, denn in wenigen Minuten werde ich vor meiner Partnerin stehen und mein Radspektakel beenden.

Sichtlich gelöst, schiebe ich meinen treuen Begleiter zum Fahrstuhl. Mit dem fahre ich schweißfrei in den Parterrebereich der Unterführung.

Das Einkaufszentrum gegenüber gibt es noch und die Bahnunterführung ist wie eh und je schmuddelig, zudem lungert eine große Schar an Zechkumpanen in dessen Nischen herum.

Fluchtartig verlasse ich den unschönen Ort, und als ich mich auf der Straße zu meinem Wohnviertel fortbewege, da fackele ich nicht lange.

Schnell wie die Feuerwehr presche ich über die *Bismarckstraße,* dann durch die *Hasslerstraße* und gelange so in die *Oppenhoffallee.*

Erst vor dem Eingang unseres mir liebgewonnenen Wohngemeinschaftshauses stoppe ich die frohgemute Hatz und steige erregt vom Sattel.

Ich lehne das Rad an die Hauswand, dabei beschaue ich mir die gesund wirkenden Alleebäume und danach unsere mausgraue Fassade. Die ist unverändert mit mir unverständlichen Schmierereien übersät.

Auf die Hauswand gehört ein professionelles Graffiti, denke ich. Den Vorschlag werde ich bei der nächsten Eigentümerversammlung als Diskussionsgrundlage einbringen.

Mit der Hoffnung auf ein positives Ergebnis beende ich den Gedankengang, dann drücke ich ekstatisch auf den Klingelknopf.

Es summt.

Ich stemme mich gegen die schwere Holztür, die weit aufgeht, schon stürmt mir meine Liebste entgegen und wirft sich mir in die Arme.

Wir drücken uns fest und doch einfühlsam, dabei schießen mir Tränen in die Augen, dann schauen wir uns unsterblich verliebt von oben bis unten an.

„Du siehst gut aus", sagt meine Partnerin.

Danach sprechen wir die bedeutsamen Worte: *„Ich freue mich, dass es dich gibt"*, fast gleichzeitig aus.

ENDE

Zeitfracht Medien GmbH
Ferdinand-Jühlke-Straße 7
99095 Erfurt, Deutschland
produktsicherheit@kolibri360.de